轻历史阅读系列　Relaxed History Reading

○　○　○

楚襄　著

华丽南北朝

伐魏

山西出版传媒集团　　北岳文艺出版社
BEIYUE LITERATURE & ART PUBLISHING HOUSE

·大原·

图书在版编目（ＣＩＰ）数据

华丽南北朝·伐魏 / 楚襄著. — 太原 : 北岳文艺
出版社, 2019.4
    ISBN 978-7-5378-5726-0

    Ⅰ. ①华… Ⅱ. ①楚… Ⅲ. ①中国历史－南北朝时代
－通俗读物 Ⅳ. ①K239.09

    中国版本图书馆CIP数据核字（2018）第256208号

书名:华丽南北朝·伐魏	策划:古卫红	责任编辑:韩玉峰
著者:楚　襄	韩玉峰	书籍设计:张永文

出版发行　山西出版传媒集团·北岳文艺出版社
地　　址　山西省太原市并州南路57号
邮　　编　030012
电　　话　0351-5628696（发行部）
　　　　　0351-5628688（总编室）
传　　真　0351-5628680
网　　址　http://www.bywy.com
E - mail　bywycbs@163.com
经 销 商　新华书店

印刷装订　山西人民印刷有限责任公司
开　　本　710mm×1000mm　1/32
字　　数　250千字
印　　张　11.5
版　　次　2019年4月第1版
印　　次　2019年4月山西第1次印刷
书　　号　ISBN 978-7-5378-5726-0
定　　价　42.00元

序

石头城下涛声怒，武骑千群谁敢渡。

黄旗入洛竟何祥，铁锁横江未为固。

前三国，后六朝，草生宫阙何萧萧。

英雄乘时务割据，几度战血流寒潮。

以上是节选自明初高启《登金陵雨花台望大江》中的诗句，"三国"指汉末的曹魏、蜀汉、东吴，"六朝"指前后建都于建康（今南京）的孙吴、东晋和南朝的宋、齐、梁、陈六个朝代。所谓"三国两晋南北朝"，对于国人，大多熟知三国，略知两晋，却少知南北朝。

通常说"魏晋南北朝"，大家想到的也都是魏晋，诸如竹林七贤、五马渡江、王与马共天下、淝水之战等故事，而对于南北朝是相当陌生。

南北朝开始时，北伐有功的刘裕取代东晋，建立南朝宋，为宋武帝；结束时，隋朝攻灭南陈，陈后主带着宠妃张丽华躲至井中。这一头一尾的两段故事国人大多还有印象，对于其中的一百六十多年，很多都是一片空白。

近年来以南北朝为背景的影视剧很多，一则由于南北朝历史之冷僻幽秘,二则由于大众对南北朝历史知之甚少,方便编剧大做文章。作为一名历史爱好者,我想把这段历史好好细说一下,在史籍中寻章摘句,向大众做个普及。如果有对南北朝感兴趣的读者,能够通过此书了解这段精彩纷呈的历史。

刘宋的建立标志着南北朝时期的揭幕。南朝的宋齐梁陈四朝相继更替,北朝的鲜卑北魏分裂为东魏、西魏,东魏后成北齐,西魏后成北周。北周攻灭北齐,隋朝取代北周。隋灭南陈,结束自西晋灭亡以来两百七十余年的分裂,实现第三次大一统。

南朝和北朝都自称是正统,指斥对方是蛮夷。北魏初为代国,祖上拓跋鲜卑首领被西晋封代王,为晋兄弟之邦,自称是黄帝后裔,继承西晋,不承认南方的东晋;南朝刘宋自以承接东晋,才是名正言顺的华夏正朔。

鲜卑北魏早年被发左衽,南朝称其索虏,称北魏太武帝拓跋焘为索虏大帅;南方多水近海,北朝则称南朝为岛夷。

从"南北朝"这个称呼来说,后世则将南朝北朝都视为正统。因为实现大一统的隋朝,既不能否定自己的基本盘北朝,也不能否定南朝汉人政权。

紧接其后的唐朝也一样,李唐和杨隋的祖上都是北周勋贵,出自关陇军事集团。唐代李延寿修史《南史》《北史》,便是将两者一同视为正统的明证。

南北朝时的南北相争,除武力征服之外,北朝为争夺华夏正朔,也是大兴文教。南朝的诗礼簪缨自不必说,北朝的鲜卑北魏迁都洛阳,大举汉化。此时文武不分家,文士知兵略,武将也风雅,这是我喜欢南北朝很重要的一个原因。

杂花生树，群莺乱飞。雪满弓刀，铁马奔袭。南朝之风流蕴藉，北朝之雄峻伟茂，文士和武将的沉吟高歌在时光深处回响。

有陶渊明、谢灵运的山水田园诗，有庾信的《哀江南赋》《枯树赋》，有丘迟的《与陈伯之书》；有民歌《木兰辞》《敕勒歌》，有军乐《兰陵王破阵乐》；有萧统的《昭明文选》，徐陵的《玉台新咏》，还有何承天的新律、祖冲之的圆周率。这一百六十多年，文辞如锦绣，人物如星斗，不应忘却。

隋唐两朝融合南北朝文化，杨李两家都是源自北周的军事贵族，靠马上武功起家，继而习得南朝之文治。唐朝正是兼得南朝北朝两者之长，才有了近三百年的璀璨绚烂。

《华丽南北朝》内容最初是在个人微博连载，每则皆150字以内，力求言简意赅，不做冗言赘语。经过数年打磨，"乃至童子戏，聚沙为佛塔"，最终结集成书。

《华丽南北朝》所述史事，自公元420年宋武帝刘裕代晋建宋，至公元589年隋文帝杨坚遣师灭陈，总计一百六十余年，涉及五百余位人物。内容取材于《南史》《北史》《宋书》《南齐书》《梁书》《陈书》《魏书》《北齐书》《周书》《隋书》《资治通鉴》《廿二史札记》等史籍。

本书为《华丽南北朝》上册，称《伐魏》，史事大概叙述至公元492年，南朝齐武帝萧赜在位，北朝魏孝文帝拓跋宏在位。此为南北朝前七十年，由于篇幅所限，此间拓跋宏的主要事迹在下册讲述。

西方有谚："日光之下，并无新事。"在史书中正是如此。

刘宋的宰相彭城王刘义康首次被贬时，与兄长宋文帝刘义隆辞别,刘义隆痛哭无语。后来刘义隆派亲信僧人慧琳探视,刘义康问慧琳:"弟子有还理不?"慧琳说:"恨公不读数百卷书。"

第二次,部属想拥立刘义康为帝失败,他被贬为庶人。在安成,他一天读书读到西汉淮南厉王刘长之事,叹道:"前代乃有此,我得罪为宜也!"

集王安石、李白、欧阳修、杜牧诗词句:

六朝旧事随流水,四海南奔似永嘉。
棋罢不知人换世,隔江犹唱后庭花。

楚 襄
二〇一八年十二月

目 录

第一章　南朝第一帝，寄奴射天狼

刘裕气吞万里如虎

刘裕是逆袭，慕容垂是二代　对于两位敌国枭杰，北魏明元帝拓跋嗣询问崔浩："裕才何如慕容垂？"崔浩说："胜之。垂藉父兄之资，修复旧业，国人归之，若夜虫之就火，少加倚仗，易以立功。刘裕奋起寒微，不阶尺土，讨灭桓玄，兴复晋室，北擒慕容超，南枭卢循，所向无前，非其才之过人，安能如此！"

刘裕是草根崛起的皇帝　刘裕小名寄奴，出身寒微，年轻时在家务农，以砍柴打鱼及卖草鞋为生，后为东晋北府军的下级军官。刘裕平定孙恩之乱奋起军界，起兵击败夺位的桓玄，执掌东晋军政大权。他灭南燕，平卢循，除刘毅等异己，再北伐灭后秦，收复关中，使东晋疆域史上最大，最终夺位建立刘宋，为宋武帝。

刘裕为谶语延缓称帝　晋安帝司马德宗天生愚笨，不大会讲话，不能分辨寒暑。夺位的楚帝桓玄兵败身死后，军功第一的太尉刘裕主政。刘裕派人将司马德宗勒死,此时他有意夺位,但有图谶说"昌明之后有二帝",前任皇帝晋孝武帝司马曜字昌明。他为应验谶语,便拥立司马德宗的弟弟司马德文继位,为晋恭帝。

晋恭帝司马德文交出帝位 在中书令傅亮的暗示下,当了一年半皇帝的司马德文禅让帝位给宋王刘裕。傅亮将写好的禅位诏书呈给司马德文,让他抄写,他执笔对左右说:"桓玄乱政时,晋室已经失去天下,而由刘公延续至今,已经将近二十年,今天让位的事,本是我甘心的。"延续一百零三年的东晋至此灭亡。

刘裕建立南朝刘宋帝国 刘裕夺位后,当时"七分天下,而有其四"。他进入皇宫,秘书监徐广悲伤哭泣,侍中谢晦说:"徐公有些过分吧。"徐广答道:"你是宋朝的辅臣,我为晋室的遗老,悲欢两事,本来不同。"宋武帝刘裕将退位的晋恭帝司马德文封零陵王,礼遇仿效晋武帝司马炎对待退位的魏元帝曹奂。

刘宋赵宋又称水宋火宋 南朝宋武帝刘裕祖籍彭城,为春秋时宋国故地,因此他在东晋初封宋王,后来夺取政权,国号为宋。史家为与后世宋太祖赵匡胤所建宋朝相区别,称其刘宋。按照皇朝五德终始说,晋为金德,刘宋继为水德,史家便称其水宋。赵宋自以火德,别称炎宋或火宋,宋朝米芾有印章"火宋米芾"。

谢澹为刘裕奉上东晋国玺 谢澹之父为谢安的长子谢瑶,他少历显位,性情放达,不营当世,与范泰为云霞之交。东晋末,刘裕刘毅明争暗斗,堂弟谢混与刘毅交好,他常以为忧,渐渐与之疏远,对弟侄说谢混终当破家,刘裕后击溃刘毅,诛杀谢混。宋武帝刘裕受禅登基,让时任散骑常侍、光禄大夫兼太保的谢澹奉玺。

谢澹说刘裕不用直臣汲黯 谢澹曾陪侍宋武帝刘裕饮宴,酣饮后高声说话,无所顾忌,御史想制止,刘裕以其方外之士,不应约束,但心中不悦,不再任用他。谢澹再次侍饮,喝醉对刘裕说:"陛下用群臣,但须委屈顺者乃见贵,汲黯之徒无用也。"刘裕大笑。汲黯是西汉直臣。宋文帝时,谢澹位至侍中、金紫光禄大夫。

谢澹出言打击自傲的谢晦 谢澹的族侄谢晦为刘宋开国勋臣,赴任荆州刺史前向他拜别,谢晦神色自矜,谢澹问其年龄,谢晦回答说三十五。他笑道:"昔荀中郎年二十七为北府都督,你和他相比已经算老了。"谢晦面有惭色。东晋将领荀羡二十七岁任徐州刺史,都督徐兖二州军事,是东晋建国以来最年轻的刺史。

谢混同被刘裕和谢晦怀念 东晋末,刘裕铲除政敌刘毅后,将支持刘毅的尚书左仆射谢混收捕下狱,隔天将其处死。刘裕随后代晋建宋,在建康南郊设坛接受晋恭帝禅位。当日,谢晦对他说:"陛下应天受命,登坛之日,很遗憾不是谢混奉上玺绶。"宋武帝刘裕叹道:"我也很遗憾,使后生不得见其风流。"

谢混是东晋第一美男才子　其父为谢安的幼子谢琰,他少有美誉,人称风华江左第一,袭爵望蔡公。晋孝武帝司马曜为女择婿,以四位驸马为例,对司徒王珣说:"比得上刘惔、王献之就行,不要像王敦和桓温,有点小富贵,就要干涉别人家事。"王珣推荐谢混,说:"谢混虽不如刘惔,但绝不会比王献之差。"

谢混是东晋皇家的禁脔　晋孝武帝司马曜选定谢混为女婿没多久,因酒后失言被宠妃张贵人所杀,婚事就此耽搁下来。袁崧想把女儿嫁给谢混,王珣对他说:"卿莫近禁脔。"晋陵公主为父守孝三年后,与谢混成婚。东晋初,物资匮乏,公卿以猪肉为珍膳,将最美味的猪脖子肉献给晋元帝司马睿,号称"禁脔"。

谢混写出清华大学校名　钟嵘《诗品》评其诗说"其源出于张华,才力苦弱,故务其清浅,殊得风流媚趣",《南齐书·文学传论》中说"谢混情新"。玄言诗自西晋末兴起,东晋为盛,谢混诗句清新,不随玄言风尚,沈约说他大变太元年间诗风。"水木清华"出自其诗《游西池》:"景昃鸣禽集,水木湛清华。"

谢混为父报仇吃仇人肝　孙恩之乱时,谢混之父谢琰与他两位兄长都被部属张猛杀害。后来刘裕击败孙恩,生擒叛将张猛,送给谢混,他将张猛剖胸取肝,然后生食。桓玄掌权,想以其祖父谢安旧宅为军营,他说:"召伯之仁,犹惠及甘棠,文靖之德,更不保五亩之宅?"桓玄听说后,惭愧而止。谢安谥号文靖公。

宋武帝刘裕开启杀退位皇帝先例　晋恭帝司马德文退位后，与皇后褚灵媛共处一室，为提防被刘裕加害，饮食都出自褚灵媛之手。刘裕让褚灵媛的两位兄长前去探视，她在别室与他们相见。士兵趁机翻墙而入，逼迫司马德文服下毒药，信佛的司马德文不肯喝，说："佛教自杀者不复得人身。"士兵用被子将他闷死。

宋武帝刘裕倡导节俭风　刘裕清简寡欲，严整有度，所穿所住都很朴素，游宴甚稀，妃嫔至少。刘裕攻灭后秦，得其国主姚兴的侄女，过度宠爱致以耽误政务，谢晦稍加劝谏，他便遣走姚氏。岭南进献细布，他厌恶过于精细，耗费人力，让有司弹劾当地太守，将布归还，下令岭南禁做此布，当时内外都不敢奢侈浪费。

宋武帝刘裕的临终遗言　刘裕病危时，告诫太子刘义符说："檀道济虽有干略，但无远志，不像其兄檀韶那么难以驾驭。徐羡之、傅亮应无异心。谢晦多次跟我出征，颇识机变，若有不轨，必定是他。"刘裕在位两年病逝，享年六十岁，司空徐羡之、中书令傅亮、领军将军谢晦、镇北将军檀道济同为顾命大臣。

李贽称宋武帝刘裕为南朝第一帝　王夫之认为刘裕"为功于天下，烈于曹操"。章太炎有言："雪中原之涂炭，光先人之令闻，寄奴、元璋之绩，知其不远。"他小名寄奴，辛弃疾有词："斜阳草树，寻常巷陌，人道寄奴曾住。想当年，金戈铁马，气吞万里如虎。"陆游有诗："寄奴谈笑取秦燕,愚智皆知晋鼎迁。"

王夫之好评宋武帝刘裕　"宋武兴,东灭慕容超,西灭姚泓,拓跋嗣、赫连勃勃敛迹而穴处。自刘渊称乱以来,祖逖、庾翼、桓温、谢安经营百年而无能及此。后乎此者,二萧、陈氏无尺土之展,而浸以削亡。然则永嘉以降,仅延中国生人之气者,唯刘氏耳。""汉之后,唐之前,唯宋氏犹可以为中国主也。"

何去非好评宋武帝刘裕　"宋武帝以英特之姿,攘袂而起,平灵宝于旧楚,定刘毅于荆豫,灭南燕于二齐,克谯纵于庸蜀,殄卢循于交广,西执姚泓而灭后秦,盖举无遗策而天下惮服矣。北方之寇,独关东之拓跋,陇北之赫连耳。方其入关,魏人虽强,不敢南指西顾以议其后。"桓玄名灵宝,何去非为北宋武学博士。

刘裕的顾命四重臣

徐羡之乃刘裕老同事　徐羡之出身寒门,早年与宋武帝刘裕同为晋将桓修的部属,两人得以深交,侄子徐逵之娶刘裕嫡长女,儿子徐乔之娶其第六女。刘裕北伐后秦,他任其太尉左司马,留守建康,担任总摄朝政的尚书左仆射刘穆之的副手。刘穆之去世,他接任其职,刘裕登基后,他任刘宋开国宰相,振兴东海徐氏。

徐羡之是干才宰相　徐羡之出自布衣,没有学问,但有才智器度,与宋武帝刘裕早年结识，因干才得赏识。他得朝野推服，被称有宰臣之望，后任尚书令，又加封司空、录尚书事。徐羡之深沉缜密少言语，不以忧喜见色，擅长围棋，看人下棋又好像不懂，时人以此更加推崇。傅亮、蔡廓常道："徐公晓万事，安异同。"

傅亮是才子秘书　傅亮博涉经史，尤善文辞，桓玄夺位，听说他博学多才，让其整理皇家藏书，后来多在中书省任职。傅亮被太尉刘裕任太尉从事中郎，负责起草所有文书诰命，后随刘裕北伐后秦，升任中书令。刘裕封宋王，想要受禅称帝，但又不好明说，只他从话语中参透刘裕心意，请求回京，为其操办一切。

傅亮是会揣摩上意的秘书　东晋太尉刘裕封宋王后，与朝臣饮宴，说："桓玄篡位，鼎命已移。我首唱大义，兴复帝室，南征北伐，平定四海，功成业著，遂荷九锡。今年将衰暮，崇极如此，物忌盛，非可久安，今欲奉还爵位，归老京师。"群臣都盛赞功德，散席归去，只有中书令傅亮悟出刘裕话里的称帝之意。

谢晦是刘裕的美男谋士　谢晦是谢安二哥谢据的曾孙，谢混的族侄，"美风姿，善言笑，眉目分明，鬓发如墨"，博学多通，时人比作杨修。谢晦深得宋武帝刘裕赏爱，曾与谢混同在，刘裕赞道："一时顿有两位玉人。"他是刘裕的首席谋士，随其北伐收复关中，十策有九出于他，内外大事都被委付，位至卫将军。

谢晦冒死谏宋武帝刘裕　东晋末,谢晦随太尉刘裕征讨荆州刺史司马休之,刘裕嫡女婿、前锋大将徐逵之遇伏被杀。刘裕大怒,亲自披甲,要上岸作战,诸将劝谏,刘裕不从,更加发怒。谢晦上前将其抱住,刘裕道:"我斩卿!"谢晦说:"天下可无晦,不可无公,晦死何足道!"后有将领登岸,敌军退走,这才作罢。

谢晦一言取消王弘相位　谢晦随太尉刘裕北伐,尚书左仆射刘穆之遣使向刘裕汇报,他往往有异议,激怒刘穆之。刘裕想任谢晦为从事中郎,刘穆之坚决反对。后来刘穆之病逝,刘裕悲恸大哭,谢晦心中大喜,当日他被任从事中郎。刘裕想以王弘接任刘穆之职位,他说:"休元轻佻浮躁,不若徐羡之。"王弘字休元。

谢晦为宋武帝刘裕代笔　刘裕有次在彭城举行盛大宴会,一时兴起,索要纸笔作诗。刘裕是行伍出身,识字不多,谢晦担心他作诗有不妥,就起身暗中劝阻,并当即代其为诗一首:"先荡临淄秽,却清河洛尘。华阳有逸骥,桃林无伏轮。"刘裕建宋登基后,谢晦任中领军、散骑常侍,统领宫中宿卫,封武昌公。

谢晦谢灵运共论西晋人　一次宴集,族弟谢灵运问:"潘、陆与贾充优劣?"谢晦说:"安仁谄于权门,士衡邀竞无已,并不能保身,自求多福。公闾勋名佐世,不得为并。"谢灵运说:"安仁、士衡才为一时之冠,方之公闾,本自辽绝。"潘岳字安仁,陆机字士衡,都死于皇权内斗;贾充字公闾,为西晋勋臣。

谢瞻经常训诫弟弟谢晦 谢瞻是谢晦的二哥,族弟谢灵运与谢晦评比西晋的潘岳、陆机、贾充,前两者有才名,后者权位高。谢灵运称赞才冠当时的潘岳、陆机,轻视贾充,谢晦推崇功高位重的贾充,鄙薄潘、陆。他听到后,敛容道:"若处贵而能遗权,斯则是非不得而生,倾危无因而至,君子以明哲保身,其在此乎。"

谢瞻一句话训诫谢灵运 谢瞻的文章之美与族叔谢混、族弟谢灵运相抗,谢灵运父亲谢瑍无才能,任秘书郎早逝。谢灵运好品评人物,谢混忧虑,想要阻止但无办法,认为此事非谢瞻不可。有次出游,谢混让他们同车,谢灵运登车便评比人物。谢瞻说:"秘书早亡,谈者亦互有同异。"谢灵运默然,言论自此衰止。

谢瞻不以位高权重为福 谢瞻六岁能文,诗文为当时才士叹异,与堂叔谢混、族弟谢灵运俱有盛名。谢瞻曾作《喜霁诗》,谢灵运写,谢混吟咏,在座的王弘称三绝。弟弟谢晦被宋武帝刘裕重用,宾客盈门,他惊骇道:"吾家以素退为业,汝遂势倾朝野,此岂门户之福?"用篱笆与谢晦家隔开,说:"吾不忍见此。"

谢瞻不求弟弟升官求降职 谢瞻之弟谢晦是宋武帝刘裕的亲信重臣,他对刘裕说:"臣本素士,父祖位不过二千石,弟年始三十,志用凡近,位任显密,福过灾生,特乞降黜,以保衰门。"前后多次陈奏。谢晦有时告诉谢瞻朝廷机密,他便说给亲友作为戏笑,以绝其言。他后任豫章太守,谢晦权位益重,他越发忧惧。

谢裕同被谢安桓玄看重 谢裕是谢安二哥谢据的孙子,谢晦的叔叔,自幼被叔祖谢安赏爱。当时司马元显掌权,其亲信张法顺权重,百官无不造访,唯他不去,三十岁才任著作佐郎。桓玄起兵诛杀司马元显,见到谢裕后,对四座说:"司马庶人父子怎能不败,让谢景仁三十才任著作佐郎。"桓玄夺位后任他骁骑将军。

谢裕不从皇命感动刘裕 宋武帝刘裕当时仅任参军,拜见骁骑将军谢裕咨询事务,谢裕留他吃饭,饭菜还没做好,楚帝桓玄召见谢裕。桓玄性急,派内侍飞马传诏,顷刻间接连而至。刘裕多次求去,谢裕不许,说:"主上对待臣下,也要合乎道理,我欲与客食,怎能不等?"他安坐饱食后再应召,刘裕非常感动。

谢裕是两位枭雄的亲信 谢裕博闻强识,善叙旧史,代晋建楚的楚帝桓玄每次与他交谈,不觉疲倦。桓玄出行,其他亲信都乘马跟随,只让他同车。刘裕讨平桓玄后,谢裕与百官同见,刘裕看着他说:"此名公之孙。"刘裕想伐南燕,朝臣都说不可,只有谢裕支持。刘裕听从其言,成功灭掉南燕,后来刘裕代晋建宋。

谢裕的近侍是他的痰盂 谢裕严整庄重,喜好洁净,居所净丽,吐痰就吐在左右近侍的衣服上,然后给其一天时间洗衣。他每次要吐痰时,左右都争来接受。刘裕任东晋太尉,执掌军政大权后,大为赏识重用谢裕,相继任他吏部尚书、尚书左仆射,让次子刘义真娶其女为妻。他不久去世,刘裕亲临祭奠,悲恸不已。

谢孺子小郡太守不想当 谢孺子是谢裕的孙子,少与族兄谢庄齐名,多才艺,尤善声律。王彧是他姑姑之子,两人曾饮宴桐台,他吹笙,王彧起舞,继而叹道:"今日真使人飘遥有伊、洛间意。"他初任新安王刘子鸾主簿,后被任庐江太守请辞,宋孝武帝刘骏对有司说:"谢孺子不可屈为小郡。"后来任他司徒主簿。

檀道济是北府军最后名将 檀道济幼年父母双亡,由堂叔檀凭之抚养成人,跟随同乡刘裕,参与击败桓玄,讨平卢循。他因战功不断升迁,从士兵成为大将。刘裕北伐后秦,檀道济与王镇恶同任先锋,连战告捷,攻灭后秦。刘宋首次北伐失败,他赴援前线,数次交战击败魏军,最终因为缺粮,用计"唱筹量沙"成功撤军。

宋武帝刘裕起兵有檀家将 檀凭之是刘裕的京口同乡,其堂侄檀韶、檀祗、檀道济等兄弟五人都是年幼孤儿,他抚养长大,待如亲生。檀凭之与刘裕向来亲密,刘裕起兵讨伐桓玄,他带领侄子们一起加入,后来战死,檀祗代领其兵。檀韶嗜酒贪横,檀祗倨傲豪纵,檀道济最为持重。刘裕建宋,檀氏三兄弟多有战功。

檀道济是《三十六计》作者? 檀道济伐魏缺粮撤军,《南齐书·王敬则传》:"檀公三十六策,走为上计,汝父子唯应急走耳。"这是所知"三十六计"一语最早出处。三十六为虚指,指计谋之多,后人沿用为俗语。北宋诗僧惠洪《冷斋夜话》:"三十六计,走为上计。"《三十六计》当时史书不见记载,应为后人编著。

王弘、蔡廓有家风

王弘风范人称王太保家法　王弘是东晋宰相王导曾孙,司徒王珣之子,为宋武帝刘裕的旧部亲信。其弟王昙首为宋文帝刘义隆心腹。徐羡之召他共谋废宋少帝,后来刘义隆以其非主谋免罪,后任宰相。他位至太保,行为必合礼法,为世人楷模,其举止及公文被后世效仿,称王太保家法,幼子王僧达知名。

王弘说刘裕为帝有天命　王弘少好学,以清悟知名,与谢混交好,刘宋建立后,他以佐命功,任江州刺史,封卫将军。有一次,宋武帝刘裕大宴群臣,说:"我布衣,始望不至此。"傅亮等人便想撰文盛赞刘裕的功德,王弘直率地说:"此所谓天命,求之不可得,推之不可去。"时人都称赞他的言语简要而周到。

王弘年少喜欢玩牌赌博　王弘虽为刘宋朝贵,但轻率少威仪,性格褊隘,有人不顺从,就加以辱骂。他年少时,曾在公城子野的家里玩樗蒲博戏,后来当权,有故人向他求任县令。此人曾和王弘玩樗蒲得罪过他,他诘问道:"君能赌博得钱,何用俸禄?"对方回答说:"不知道公城子野的家在哪里?"他默然不语。

王弘授官骂有官悦无官　王弘负责选拔刘宋官员,将要授官爵于人时,每次都先加以呵斥责备;若是他和颜悦色,交谈甚欢,此人必定无官。有人问原因,他说:"王爵既加于人,又加抚慰,便成与主上分功,这就是奸以事君的人。若求者没有加官机会,无以为惠,又不给点好脸色,便会结怨,我也鄙薄这样做。"

王弘不服孟顗评刘穆之　孟顗是东晋重臣孟昶的弟弟,历任侍中、尚书仆射、散骑常侍、左光禄大夫,为当时显贵。孟顗曾与徐羡之聊及北伐关中之事,感叹刘穆之去世后,便无继任者能谋划。王弘在座,非常不满,说:"昔魏朝酷重张郃,谓不可一日无之。及郃死,何关兴废?"孟顗不悦,众宾客笑着为他解释。

蔡廓严正刚直任御史　蔡廓是东晋司徒蔡谟的曾孙,他是宋武帝刘裕的旧部,博涉群书,言行以礼,刘裕登基后任侍中。刘裕以蔡廓刚直,不容邪枉,又任他御史中丞。他多所纠奏,百官震肃。中书令傅亮时为重臣,学冠当时,朝廷仪典皆由其制定,傅亮每次都咨询蔡廓后再施行,两人若意见不同,他始终不屈从。

蔡廓不给妻子买衣服　蔡廓年纪和职位都不高,但为当时士流所重,逢年过节,都会到他家拜访。蔡廓侍奉兄长蔡轨如父,家事无论小大,都先询问后行,俸禄赏赐,全部交给蔡轨,需要用钱,都去当铺典当。有次他在外,妻子郗氏来信求取夏服,他回信说:"知道要夏服,给事自会提供，不需另寄。"蔡轨时任给事中。

蔡廓不屈宰相徐羡之　蔡廓被徐羡之任吏部尚书，让人对傅亮说："选官都交付给我，可以就任，否则不行。"傅亮告诉徐羡之，徐羡之认为，黄门侍郎以下都可以听从他，自此以上便要共同商议。蔡廓说："我不能为徐干木署纸尾也。"徐羡之小名干木。按照当时惯例，选官文书上，需要宰相与吏部尚书一起签字。

蔡廓可为太平时三公　宋武帝刘裕曾说："蔡廓，可平世三公。"后来刘裕去世，宰相徐羡之因蔡廓严正刚直，不想让他居于要职，任为祠部尚书。其幼子蔡兴宗后任吏部尚书，刚正不阿，有人说："蔡豫章昔在相府，亦以方严不狎，武帝宴私之日，未尝相召，蔡尚书今日可谓能继承。"蔡廓曾任豫章太守。

范泰好酒爱笑非干才　东晋末，范泰与袁湛代表朝廷，向正在北伐的太尉刘裕授宋公爵位及九锡仪仗。刘裕回到彭城，与他一起登城，他有足疾，特许乘舆。范泰好酒不拘小节，通率随性，虽在官署，谈笑无异于私宅，深得刘裕赏爱。他不擅处理政务，因此不被任以要职，后任护军将军，因事被免，第四子范晔知名。

范泰受嘲世代是雄狐　刘宋初，王淮之任御史中丞，被百官所忌惮，自其曾祖王彪之至王淮之，四世居此职，他以此作诗。范泰嘲讽说："卿只懂弹劾之事而已。"他正色答："犹差卿世载雄狐。"范泰家中男女失行，雄狐指好色乱伦之徒。《诗经·齐风》："南山崔崔，雄狐绥绥。"讽刺与异母妹私通的齐襄公。

范泰斥责徐羡之傅亮　宋武帝刘裕登基，任范泰为金紫光禄大夫加散骑常侍，宋少帝刘义符继位，行为不当，他上书极力劝谏。辅政大臣徐羡之、傅亮、谢晦先后杀害刘裕之子刘义真、刘义符，范泰与徐羡之向来不和，见其杀害皇帝及宗王，对亲信说："吾观古今多矣，未有受遗顾托，而嗣君见杀，贤王婴戮者也。"

范泰劝说王弘不专权　宋文帝时，范泰升任侍中，司徒王弘为宰相，其弟侍中王昙首也被重用。他对王弘说："天下务广，而权要难居，卿兄弟盛满，当深存降挹。彭城王，帝之次弟，宜征还入朝，共参朝政。"被王弘采纳，王弘托病，朝政都委任彭城王刘义康。谢晦败亡，女壻入狱，他上书求情，使其女壻免罪。

范泰未封开府王弘哭　范泰博览篇籍，好为文章，爱护奖励后进，孜孜无倦，晚年精诚礼佛，于宅西立祇洹精舍。范泰病逝后，朝廷起初打算追赠开府仪同三司，殷景仁认为他向来声望不高，不能享有如此高位的加封，最终追赠车骑将军。下葬时，王弘抚棺哭道："君平生重殷铁，今以此为报。"殷铁是殷景仁小名。

王淮之有家传青箱学　王淮之的曾祖东晋重臣王彪之博闻多识，熟知朝仪，世代相传，并谙江左旧事，撰写封于青箱，世称"王氏青箱学"。宋文帝时,王淮之历任侍中,后任吏部尚书,因其严厉急躁,不被公卿喜欢,出为丹阳尹。他熟知旧仪,有问必答,宰相刘义康常叹道:"何须高论玄虚,正得如王淮之两三人,天下便足。"

赵伦之是宋武帝的舅舅 赵伦之少时父亲早逝,家中贫困,侍奉母亲非常孝顺,东晋末,他随姐姐赵安宗之子刘裕起兵。在刘裕麾下,赵伦之以战功升任雍州刺史,北伐时遣军大破后秦。他虽外戚贵盛,但处身俭素,性情粗野朴拙,不懂人情世务。刘裕之子宋文帝刘义隆继位后,他和儿子赵伯符先后担任要职领军将军。

赵伦之被范泰出言戏弄 宋武帝刘裕时,赵伦之为帝舅,久任地方大员,颇觉富盛。刘裕之子宋少帝继位,任他护军将军,与资历不符,自以被贬。光禄大夫范泰好戏笑,骗赵伦之说:"司徒公缺,必用你这位老奴。我不说你资历符合何职,总之司徒是外戚中职位高者按照先后次序担任。"他听后大喜,常带酒肴拜访范泰。

赵伯符为政苛暴下属自杀 赵伯符是宋武帝刘裕的舅舅赵伦之的儿子,少好弓马,常披甲捕盗,深得刘裕嘉许。宋文帝刘义隆继位,他升任徐兖二州刺史,苛刻暴虐,吏民畏惧,盗贼远逃。赵伯符后任丹阳尹,对待官吏严酷,有弃官叛逃,有投水而死,典笔吏取笔不如意,鞭五十。其子赵倩娶刘义隆第四女海盐公主。

第二章 刘宋踞南地，拓跋北魏强

拓跋魏的首次南征

于栗磾造桥渡黄河 北魏明元帝拓跋嗣命于栗磾率军进攻刘宋金墉，其河南太守弃城逃走，他被任豫州刺史，镇守洛阳。洛阳荒废已久，于栗磾治城安民，深得百姓之心，拓跋嗣来到黄河渡口盟津，问他：“河能建桥吗？”他说：“杜预造桥，遗事可想。”他编次大船，构浮桥于冶坂，大军顺利渡河后，拓跋嗣深叹赞许。

于栗磾威名比英彭 于栗磾是鲜卑人，原姓勿忸于，能左右驰射，武艺过人，奉命率军自太原从韩信故道开井陉路，以图袭击后燕于中山。北魏道武帝拓跋珪来到后，看见道路修理完毕，顿时大悦，赐其名马。后来获胜，拓跋珪置酒高会，对他说：“卿即吾之英彭。”赐他大量金帛。英彭即汉初大将英布、彭越。

于栗磾不与熊搏斗 北魏道武帝拓跋珪在白登山打猎，看到大熊带着几只小熊，问他：“卿如此勇干，能与之相搏吗？”于栗磾回答说：“天地之性,人为贵。若博之不胜,岂不虚毙一壮士。自可驱致御前,坐而制之。"不久将熊全部擒获,拓跋珪向他致歉。后来关东群盗大起,西河反叛,他受命征伐,所向皆平。

于栗磾人称黑槊公 东晋太尉刘裕北伐后秦,于栗磾担心北魏被侵扰,修筑营垒至黄河岸边,亲自镇守,戒备严密,刘裕忌惮不敢前进。于栗磾好持黑矛,刘裕望而生畏,写信给他,称呼"黑槊公麾下",引述三国吴主孙权借道曹魏讨伐蜀将关羽之事,想借路西上。他上报朝廷,北魏明元帝拓跋嗣赞许,授他黑槊将军。

于栗磾战功在三帝 于栗磾历事北魏道武帝、明元帝、太武帝,讨伐后燕、刘宋、夏国有功,位至镇南将军,又为外都大官,断狱量刑,大有声誉。他自少治军,直至白首,临事善断,所向无前,"魏定中原,于栗磾有武功于三世。兼以虚己下物,罚不滥加,斯亦诸将所希矣。"七十五岁病逝,太武帝拓跋焘深感悼惜。

北魏明元帝拓跋嗣开启首次南北朝战争 宋武帝刘裕攻灭后秦时,拓跋嗣大惧,遣使请和。刘裕去世后,他任司空奚斤为主帅,率公孙表诸将以步骑两万伐宋。奚斤进攻刘宋前哨滑台,宋将毛德祖固守,久攻不下,请求增兵。拓跋嗣怒责奚斤后,亲率大军五万,作为后援。最终奚斤攻破滑台,进逼虎牢,再克洛阳。

毛德祖地道出奇兵 北魏司空奚斤率军围攻刘宋虎牢,守将是其司州刺史毛德祖。毛德祖原为东晋宿将,曾随宋武帝刘裕南征北伐,参与攻灭卢循、刘毅及后秦,多有战功。他在城内掘地,分为六道,一直通向魏军外围,招募四百余敢死士,从地道中突击。宋军从后方掩袭,魏军大惊,被斩首数百,攻城工具被焚烧。

毛德祖计杀公孙表 毛德祖与北魏将领公孙表有旧交,公孙表有权略,他深以为患,与其来往书信,信上故意涂改,暗中派人告诉魏军主帅奚斤。公孙表与太史令王亮曾经同署共事,轻侮王亮,王亮上奏说:"表置军虎牢东,没有占据有利地形,因此不能即时破敌。"魏帝拓跋嗣好术数,派人夜间在帐中将公孙表缢杀。

毛德祖以身殉虎牢 毛德祖为刘宋坚守虎牢,被北魏奚斤、叔孙建围攻二百日,城中劲卒战死殆尽,魏军增兵更多,檀道济、王仲德等三路宋军不敢来援。魏军挖地道泄掉城中井水,人马干渴难耐,在魏军猛攻下,虎牢失陷。将士想扶他逃走,他不愿走,说:"我誓与此城俱毙,义不使城亡而身存也!"最终被俘处斩。

公孙表是儒也是将 公孙表初为游学儒生,出仕南燕,后归附北魏任博士,进《韩非书》,深得道武帝拓跋珪赞赏。公孙表有将略,明元帝拓跋嗣命他讨伐叛胡刘虎,却遭惨败,拓跋嗣深以为恨。他外和内忌,受人鄙薄,曾与封恺为友,为子求娶其侄女被拒。封恺因事被捕,拓跋嗣想要赦免,他力证其罪,使其被杀。

叔孙建是北魏初第一将　叔孙建是北魏道武帝拓跋珪的曾祖母的养子的儿子,他原姓乙旃,少以智勇著称。拓跋珪流亡时,他常追随左右,后击败叛胡刘虎,斩首万余,俘虏十万。刘裕北伐借道于魏,叔孙建与刘裕对话,与长孙嵩各领精兵两千,以观事态。在北魏首次南征中,他攻克刘宋众多城邑,与奚斤攻下重镇虎牢。

叔孙建被刘宋皇帝忌惮　叔孙建沉敏多智,征伐常为谋主,治军清整,号令严明,"在平原十余年,绥怀内外,甚得边称,魏初名将鲜有及之,南方惮其威略,青兖辄不为寇"。北魏太武帝拓跋焘以他威名南震,为宋文帝刘义隆所惮,封他丹阳王,加征南大将军。他后与刘宋名将檀道济交战,断其粮道,迫其撤军。

长孙嵩是北魏开国元勋　长孙嵩原姓拔拔,是鲜卑长孙家族改姓长孙氏的始祖,得北魏道武帝拓跋珪赐名。拓跋珪亡命时,他与同族的长孙肥跟随,是仅次于拓跋氏的力量。长孙嵩宽雅有器度,在多次作战中累著军功,历事三帝,位至太尉、柱国大将军,封北平王。他年老后,太武帝拓跋焘每次出征,他便留守京师。

北魏明元帝拓跋嗣母亲被赐死　拓跋嗣是道武帝拓跋珪的长子,自幼明睿宽毅,非礼不动,拓跋珪甚奇之。后来拓跋珪赐死其生母刘贵人,对他说:"昔汉武帝将立其子而杀其母,不令妇人后与国政,使外家为乱。汝当继统,故吾远同汉武,为长久之计。"他悲伤难止,日夜号泣。"立子杀母"自此成为北魏立储制度。

北魏明元帝拓跋嗣曾经流亡过 因为拓跋嗣的母亲被父亲道武帝拓跋珪赐死,他昼夜哭泣激怒拓跋珪,拓跋珪召他入宫,左右说:"孝子事父,小杖则受,大杖避之。今陛下怒盛,入或不测,陷帝于不义。不如且出,待怒解而进,不晚也。"他忧惧下逃出都城,数年后拓跋珪被次子拓跋绍所杀,他归来杀弟弟拓跋绍继位。

北魏明元帝拓跋嗣有辅政八公 拓跋嗣继位后,诏命长孙嵩、叔孙建、安同、奚斤、崔宏等八位重臣共听朝政,总理万机,时称八公。崔宏是汉人名士,初仕前秦苻坚,再仕后燕慕容垂,后得拓跋嗣之父道武帝拓跋珪重用,为当时北魏汉臣之极。安同是安息王子的后裔,安息即古伊朗,唐代画家陈闳据此绘《八公图》。

北魏明元帝拓跋嗣喜好汉人的阴阳术数 博士祭酒崔浩是白马公崔宏之子,拓跋嗣听崔浩讲解《易经》等,非常赞赏,便命他占卜吉凶,参考天文,解决各种疑难。崔浩将天象人事相结合,综合考察,以人事为主,加天象修饰,言语多有应验。崔浩从此成为拓跋嗣的亲信近臣,经常参与军国要事,深得宠待信任。

北魏明元帝拓跋嗣最爱之人未当上皇后 后秦帝姚兴曾经拒绝拓跋嗣之父道武帝拓跋珪对女儿的求亲,拓跋珪怒而攻秦,后秦大败。拓跋嗣继位后向后秦求亲,姚兴嫁出女儿西平公主姚氏,他很爱姚氏。北魏习俗当皇后要手铸金人,姚氏铸金人不成,无法为后,但礼秩如同皇后,她无子嗣,病逝后被拓跋嗣追封为后。

北魏明元帝拓跋嗣拒绝宋武帝刘裕借道　时为东晋太尉的刘裕向北魏借道进攻后秦,拓跋嗣娶后秦公主,又担心刘裕趁机攻魏,便拒绝刘裕。他遣司徒长孙嵩率步骑十万屯驻黄河北岸,监视晋军。刘裕率大军入黄河西上,两军发生冲突,刘裕遣军抢渡北岸,利用地形布下"却月阵",以两千步兵大破北魏三万铁骑。

北魏明元帝拓跋嗣不敢招惹宋武帝刘裕　东晋太尉刘裕入黄河北伐后秦,拓跋嗣派司徒长孙嵩率军侵扰。刘裕在黄河北岸以两千余士兵和百辆战车布阵,两头抱河,形似新月,称"却月阵"。三万魏军骑兵被诱来攻,宋军先以强弩猛射,后用大锤击槊杀敌,一槊能洞穿三四名魏军。激战整日,魏军大败,不再与晋军为敌。

北魏明元帝拓跋嗣是北魏承前启后之主　拓跋嗣亲自北伐柔然,南征刘宋皆胜,攻占刘宋虎牢,辟地三百里,在此战中染病去世,时年三十二岁。拓跋嗣礼爱儒生,好览史传,"撰《新集》三十篇,采诸经史,该洽古义,兼资文武焉"。他上承父亲道武帝拓跋珪武力建国,后启儿子太武帝拓跋焘扫灭诸国,一统北方。

刘义隆杀三重臣

宋少帝刘义符遭遇政变　他当了近两年刘宋皇帝,那一天,在华林园扮起商人开设店铺,亲自叫卖,又让人开凿水渠,与近侍们引船高歌。傍晚刘义符游玩天泉池,当夜睡在龙舟上,次日,他还没睡醒,大队兵士杀入,两位侍者在他身边被杀。他的手指受伤,被扶到东阁,收走玉玺,群臣对他拜辞,将其送回东宫。

宋少帝刘义符玩丢皇位 刘义符是宋武帝刘裕的长子,小名车兵,刘裕四十多岁才得子,对他非常宠爱。刘裕病逝后,十七岁的他继位,丧期中玩狎失礼,登基后贪玩无度。在位近两年,辅政重臣徐羡之、傅亮对他大失所望,联合谢晦、檀道济,率兵入宫,夺其玉玺。徐傅假借其母太后张阙诏命,废其帝位,贬为营阳王。

宋少帝刘义符玩丢小命 刘义符有臂力,善骑射,解音律,娶晋恭帝的女儿海盐公主司马茂英为妻,因贪玩被废除帝位,送往吴郡幽禁。不久,宰相徐羡之派中书舍人刑安泰带人去杀刘义符,他武勇过人,极力反抗,且战且走,突围出奔。追兵在后面用门闩捶击,他被打倒,邢安泰赶上一刀,将其杀死,年仅十九岁。

檀道济比谢晦淡定 在废除宋少帝刘义符皇位的前几天,领军将军谢晦以领军府的房屋败坏为由,让家人全部搬出。他集合将士在府内守卫,又让中书舍人邢安泰等人在宫中作为内应。在准备行动的前天晚上,谢晦邀请从外入朝的檀道济同睡,他因为紧张而失眠,而檀道济上床就熟睡,他因此佩服檀道济的镇定。

刘义真是文艺美少年　刘义真是宋武帝刘裕的次子,小名车士,封庐陵王,"美仪貌,神情秀彻"。他聪慧好文,与谢灵运、颜延之、僧人慧琳交好,曾说:"得志之日,以灵运、延之为宰相,慧琳做西豫州都督。"宰相徐羡之进言其兄长宋少帝,废他为平民,宋少帝被废,按次序由他继位,徐羡之将十八岁的他杀害。

刘义真是娃娃大帅　刘义真十二岁时,随父亲东晋太尉刘裕北伐,刘裕灭后秦后回朝,留他统兵一万镇守关中。一年半后,晋将互相猜疑,沈田子杀王镇恶,王修又杀沈田子,刘义真再杀王修。诸将不满,人心离散,匈奴赫连勃勃来袭,全军覆没。他侥幸逃回,说:"今日之事,诚无算略。然丈夫不经此,何以知艰难。"

刘义真是轻浮皇子　刘义真被父亲宋武帝刘裕封车骑将军、南豫州刺史,出镇历阳,在赴任前刘裕去世,因服丧所乘之舫单素,不及母亲孙修仪之舫。刘义真与谢灵运、颜延之、僧人慧琳等共同检查部伍,舫内饮宴,使左右取来母亲舫上楼梯,作为己用。他到任对朝廷多有索求,被宰相徐羡之、傅亮等裁减,心中深怨。

刘义真擦肩皇位　刘义真"聪明爱文义,而轻动无德业",父亲宋武帝刘裕登基时,他神色不悦,有人询问,他解释说:"安不忘危,安乐何可恃。"谢晦曾劝说刘裕,以太子刘义符轻佻不宜为嗣。刘裕问次子刘义真如何,谢晦说要造访考察。谢晦来到,他正准备畅谈,谢晦不理睬,回来说他"德轻于才,非人主也"。

刘义隆捡到皇位　刘义隆是宋武帝刘裕第三子,小名车儿,封宜都王,幼时生母胡道安犯错被赐死,他也无宠。刘义隆博涉经史,十八岁的他任荆州刺史,宰相徐羡之废杀其兄宋少帝拥立他,部属对此生疑,只有王华、王昙首、到彦之支持。他对王华说:"你莫非要做第二个宋昌?"汉文帝刘恒被迎立时,宋昌力劝进京继位。

刘义隆登基严阵以待　刘宋尚书令傅亮代表朝廷,去江陵迎接宜都王刘义隆入京继位,刘义隆伤心号哭,感动左右。他向傅亮询问两位兄长宋少帝刘义符、庐陵王刘义真被废杀的始末,哭得更加悲痛,傅亮全身冒汗,无法回应。他命令部属陈兵防卫,建康所来官员不得接近,部将朱容子持刀在他船上的门外守卫。

徐羡之料事不如傅亮　徐羡之和傅亮废杀宋少帝,拥其三弟宜都王刘义隆入京登基,百官新亭迎接,宰相徐羡之问尚书令傅亮:"宜都王可比何人?"傅亮答:"晋景帝(司马师)、晋文帝(司马昭)以上人。"徐羡之说:"必能明我赤心。"傅亮说:"未必。"两年后,宋文帝刘义隆问罪二人,徐羡之自杀,傅亮被处斩。

徐羡之自杀傅亮被杀　宋文帝刘义隆继位第三年,追论宰相司徒徐羡之、尚书令傅亮及荆州刺史谢晦三人杀害其两兄长之罪。徐羡之逃到建康外城,在砖窑中自缢而死,傅亮出逃未遂,被捕后绑到北门斩首。谢晦在江陵被迫起兵,联合北魏将领王慧龙为外援,刘义隆派檀道济、到彦之领军讨伐，一个多月击溃谢晦。

谢晦用兵不如檀道济 徐羡之、傅亮废杀宋少帝后，计划以谢晦占据长江上游，檀道济占据广陵，两人坐拥强兵，足以制约朝廷，他们在中枢掌权，如此可得长久。宋文帝刘义隆赦免檀道济之罪，命他讨伐谢晦，谢晦惶恐不已。檀道济对刘义隆说，谢晦"才略明练，殆为少敌，然未尝孤军决胜，戎事恐非其长"。

谢晦临终前作绝命诗 宋文帝刘义隆下诏征讨谢晦，他率军两万自江陵出击，舟舰连天，旌旗蔽日，叹道："恨不得以此为勤王之师！"后来兵败被杀。其侄谢世基有才气，死前为诗："伟哉横海鳞，壮矣垂天翼。一旦失风水，翻为蝼蚁食。"他应声续上："功遂侔昔人，保退无智力。既涉太行险，斯路信难陟。"

谢晦逃跑胖子弟弟坏事 谢晦兵败后，带着五弟谢遯等七骑逃往北魏，谢遯身体肥壮，不会骑马，一路上耽误不少时间。最终他们被宋军抓获，押送建康斩首，谢晦死时三十七岁。其女为皇弟彭城王刘义康的王妃，聪明有才貌，散发赤足与他诀别，说："阿父，大丈夫当横尸战场，奈何狼藉都市！"行人为之落泪。

徐羡之两个儿子俱被杀 当初徐羡之和傅亮废杀宋少帝刘义符和庐陵王刘义真，迎立时为宜都王的刘义隆，司马王华对刘义隆说："徐羡之中才寒士，傅亮布衣诸生，非有晋宣帝、王大将军的野心，受寄崇重，一时不敢背德。"他被宋文帝刘义隆问罪后自杀，其子徐乔之娶刘义隆六妹富阳公主，与弟徐乞奴一同被杀。

傅亮三个儿子未被杀　傅亮曾去江陵迎接宋文帝刘义隆入京继位，刘义隆追论他和徐羡之杀其二兄长之罪，派人送诏，并说："以公江陵之诚，当使诸子无恙。"傅亮读完诏书说："亮受先帝布衣之眷，遂蒙顾托。黜昏立明，社稷之计也。欲加之罪，其无辞乎！"他被处斩，两子逃亡，幼子流放，都于宋孝武帝时回京。

徐佩之先被赦免后被杀　徐佩之是徐羡之的侄子，弟弟徐逵之是宋武帝刘裕嫡女婿，他得刘裕宠任，位至丹阳尹。徐羡之掌权时，谢晦久病不出，被徐佩之怀疑有图谋，他对傅亮声称徐羡之意，让其作诏处死谢晦，傅亮拒绝。宋文帝刘义隆杀徐羡之及二子，将他赦免，仅是免官。当年冬，他密谋刺杀刘义隆，事泄被杀。

陈郡谢氏被刘宋两帝杀　谢晦被宋文帝刘义隆所杀，是继其族叔谢混被宋武帝刘裕所杀后，其家族遭遇的又一重创。因受他牵连，儿子谢世休、四弟谢𬀩、五弟谢遁及四位侄子谢𬀩之子谢世平、二哥谢瞻之子谢绍、大哥谢绚之子谢世基、谢世猷先后被杀。宋齐以后，谢氏人物凋零，多以文才显名，少有位高权重者。

蔡廓预言徐、傅、谢的结局　徐羡之、傅亮、谢晦废杀宋少帝前，他对傅亮说，如有弑君之名，不能立身于世。三人拥立宋文帝刘义隆，谢

晦出任荆州刺史 与他道别,私下问:"我能免祸吗?"他说:"卿受先帝顾命,任以社稷,废昏立明,义无不可。但杀人二昆,挟震主之威,据上流之重,以古推今,自免为难也。"

刘宋第一次北伐

到彦之挑粪成公侯 到彦之早年担粪为生,东晋末,随刘裕平定孙恩,以军功封侯。刘宋初,他先后随宗室刘道怜、刘义隆驻守江陵,威信为士庶所怀。宋文帝刘义隆登基,他晋爵为公,任中领军,六年后,命他率军五万北伐,收复黄河南岸失地。北魏太武帝拓跋焘依崔浩之计,尽撤碻磝、金墉、滑台、虎牢四镇守军。

到彦之北伐成败将 到彦之为刘宋首次北伐主帅,率王仲德、朱修之、杜骥等诸将由淮入泗进击,占据黄河南岸四镇。三个月后,魏将安颉、王慧龙率军渡河反攻,数日连下金墉、洛阳、虎牢,继而围攻滑台。当时军中缺粮,将士疾疫,他又眼病发作,见各路溃退,便焚烧船只,尽弃军资,步行逃至彭城,被免官下狱。

王仲德伐燕是前锋 王仲德原名王懿,少沉稳有谋,学通天文历算,精解声律,父亲为前秦高官。前秦帝苻坚败亡,十七岁的他与兄长起兵,与后燕帝慕容垂交战,兵败逃走,流落东晋。他因与司马懿重名,以字行于世,果敢有智略,得刘裕赏识,成为其心腹大将。刘裕讨伐南燕,他为前锋,大小二十余战,每战皆胜。

老将王仲德知军机 六十四岁的王仲德随到彦之北伐,北魏撤军,宋军大喜,他说:"胡虏虽仁义不足,而凶狡有余,今敛戈北归,并力完聚,若河冰冬合,岂不能为三军之忧!"指出魏军会卷土重来,到彦之不听,最后果然如此。到彦之撤军时,他说弃船撤退,士卒必散,提议走水路,到彦之不从,最终又如他所言。

王仲德威德镇北境 刘宋初,王仲德任徐州刺史,后随到彦之北伐,献策不被采纳,败退同被免官,后又起用。两年后他又任徐州刺史,封镇北将军,三临徐州,威德著于彭城。次年他兼兖州刺史,六十六岁守卫北境,北魏太武帝拓跋焘叹服。他镇边五年,魏人从未进犯,进号镇北大将军,为朝中武官之首。

檀道济用沙子当军粮 刘宋到彦之北伐败退,魏将叔孙建率军南下,檀道济、王仲德前往增援滑台。檀道济与魏军三十余战全胜,有降卒对魏军说宋军粮尽。他在夜里让士兵清点粮食,高声计数,其实每袋都是沙子,表面少许谷米,叔孙建杀掉降卒。他白衣乘舆,军士披甲,缓慢退军,叔孙建以为有埋伏,不敢追击。

杜骥陷害同僚姚耸夫 到彦之北伐,派他驻守洛阳,洛阳荒废多年,城破无粮。到彦之败退,他想弃城,又担心被处死。宋文帝刘义隆派姚耸夫领兵千余,来洛水打捞一口大钟,杜骥骗其共同守城立功,姚耸夫入城察觉真相后离开。他便弃城,上奏说本想坚守,姚耸夫来后便走,导致军心涣散,刘义隆怒杀姚耸夫。

杜骥八年刺史被称颂 杜骥是西晋名臣杜预的玄孙,他任青、冀二州刺史,在任八年,惠化百姓。自东晋末义熙年间至刘宋末,刺史中只有杜骥、羊穆之两人为吏民所称咏。他随到彦之北伐,设计害死姚耸夫,姚耸夫是当时刘宋偏裨小将中最勇猛者,曾阵斩北魏太武帝拓跋焘的叔父拓跋英文,拓跋焘用马百匹换回首级。

宋文帝刘义隆为兵败赋诗 北魏攻陷滑台,俘虏刘宋守将朱修之,刘义隆感怀作诗,有句:"楚庄投袂起,终然报强仇。去病辞高馆,卒获舒国忧。戎事谅未殄,民患焉得瘳。抚剑怀感激,志气若云浮。愿想凌扶摇,弭旆拂中州。爪牙申威灵,帷幄骋良筹。华裔混殊风,率土浃王猷。惆怅惧迁逝,北顾涕交流。"

宋文帝刘义隆失言问武库 到彦之北伐兵败,军需物资尽弃,武库为之一空,后来刘义隆举行宴会,有北魏归顺者在座,他一时兴起,询问尚书库部郎顾琛:"库中兵器犹有几许?"顾琛诡答:"有十万人仗。"武库的兵器数目为国家机密,向来不言多少,刘义隆发问后便追悔失言,顾琛假言应对,他非常高兴。

南北朝停火和平二十年 宋将到彦之北伐惨败,魏将安颉、司马楚之、王慧龙攻下黄河重镇滑台,司马楚之上书北魏太武帝拓跋焘,请求大举伐宋。拓跋焘以军队久劳不许,征司马楚之为散骑常侍,任王慧龙为荥阳太守。到彦之出征时刘宋军资最盛,败退时全部丢弃,府藏、武库成空，此后二十年两国无大战。

司马楚之是东晋的流亡王子　司马楚之是东晋皇族，少有英气，能折节下士，刘裕诛杀宗室有才望者，他的叔父、兄长都被杀害。司马楚之从建康逃亡，藏匿在汝颍之间，聚众万人，以谋复仇。后来他归附北魏，被太武帝拓跋焘封琅琊王，任安南大将军。刘宋到彦之北伐败走，他攻破其别军，俘虏宋将朱修之等万余人。

司马楚之将刺客变成自己人　刘宋初，他聚众万余人，屯聚长社，图谋光复东晋，宋武帝刘裕对他很忌惮，暗中派出刺客沐谦。沐谦假意前来投奔，受他厚待，沐谦夜间谎称生病，情知司马楚之必来探视，想趁机动手。他果然前来，还提着药罐，沐谦很受感动，拿出席下所藏匕首，坦白实情，从此为之效力。

司马楚之揭秘驴耳失踪真相　北魏太武帝拓跋焘讨伐柔然，让司马楚之督运粮草，有人报告，有头驴子的耳朵不知道被谁割掉了一只。诸将都不解，他说："必定是柔然的探子割走，拿回去为证，敌人很快就会来袭。"他让士兵伐柳为城，灌水成冰，刚刚建好，柔然军队就来了，无法攻破冰木城，只得退兵。

王慧龙是太原王氏璀璨将星　王慧龙是东晋重臣王坦之的曾孙，他幼年聪慧，祖父王愉认为是诸孙之龙而取名，后被刘裕灭族。他得僧人藏匿幸免，归附北魏，多次击退南朝宋将檀道济、到彦之。到彦之给友人萧斌信中说:"鲁轨顽钝,马楚粗狂,亡人之中,唯王慧龙及韩延之可为深悼。不意儒生儒夫,乃令老子讶之。"

王慧龙因为家仇娶妻却禁欲 王慧龙设奇兵击败宋将到彦之北伐,封长社侯,在北魏自以遭难流离,常怀忧心,只为报仇灭宋,作《祭伍子胥文》寄托心意。他是刘宋北伐劲敌,与来犯宋军屡次交战,多有战功。妻子生育一子一女后,他杜绝房事,布衣蔬食,不参加喜庆之事,举止必定依礼,撰帝王制度称《国典》。

宋文帝刘义隆对王慧龙用反间计 王慧龙任荥阳太守十年,农战并修,声威显著,归附者有一万余家。刘义隆让人在北魏散布流言,说"慧龙自以功高位下,欲引宋人入寇,因执司马楚之以叛。"北魏太武帝拓跋焘得知后,赐他玺书说:"刘义隆畏将军如虎,欲相中害,朕自知之。风尘之言,想不足介意。"

宋文帝刘义隆对王慧龙施行暗杀 刘义隆派出刺客吕玄伯,吕玄伯前来诈降,请求王慧龙屏退左右讲话。王慧龙心中生疑,搜其身,得短刀,吕玄伯叩头请死。王慧龙说:"各为其主而已。"将其释放。左右说,刘义隆贼心未止,不杀吕玄伯,无法警戒后来的刺客,他坚持不杀。他病逝后,吕玄伯为他守墓终生。

韩延之用刘裕父亲之名为儿取名 东晋末,韩延之任反对刘裕的荆州刺史司马休之的参军,刘裕招揽他,他回信拒绝说:"刘裕足下:海内之人，谁不见足下此心，而复欲欺诳国士！"刘裕看后叹息，示以下属，说："事人当应如此。"刘裕父名翘，字显宗，他自己取字显宗，为子取名翘，兵败后投奔后秦，后投北魏。

韩延之预言旧都洛阳再成为国都 韩延之在北魏任武牢镇将，封鲁阳侯，一起反对刘裕的东晋同僚鲁宗之葬于洛阳附近柏谷坞，他前来祭拜，想日后也埋葬于此。韩延之对子孙说："河洛三代所都，必有治于此者。我死不用葬北方代地，即可就此。"他死后被埋在鲁宗之墓侧，五十多年后北魏孝文帝迁都，其孙居于此地。

南朝宰相位是尚书令

南朝宰相非三公是尚书令 西晋时，太尉、司徒、司空三公为名义宰相，掌握实权的尚书省长官尚书令为实际宰相。贾充被任尚书令，诏曰："尚书令，百揆之首，总齐机衡，出纳朝政，治绩之所繇也"。到东晋并南朝，三公非宰相，尚书省长官尚书令为宰相位，若有高官加封录尚书事，则为宰相，权重尚书令。

南朝权力核心为朝廷三省 三省即中书省、门下省和尚书省，时为皇权下的朝廷中枢机构，分别负责起草诏书、审议诏书和执行诏书，所谓"中书取旨，门下复奏，尚书施行"。中书省长官为中书监、中书令，以中书监为首，门下省长官为侍中，多人担任，尚书省长官为尚书令、尚书左、右仆射，以尚书令为首。

南朝官员录尚书事权最重　录尚书事是一种加封官职，初设一人，后设多人，魏晋时，有高官加封录尚书事，便位同宰相，曹魏大将军曹爽与太尉司马懿都被封此职。在南朝宋齐其权位百官最高，仅设一人，被封者称"录公"，命为"录命"。录尚书事职无不总，位尊权重，为实际宰相，权臣往往加封后篡位，后被废除。

南朝行政部门有尚书五曹　南朝依照东晋设有五大曹，分别为吏部、祠部、五兵、左民及度支，长官为该曹尚书，和尚书令、尚书左右仆射合称"八座"。五曹为后世六部的前身，左民和度支为户部前身，祠部为礼部前身，五兵为兵部前身，外增工部和刑部。东晋南朝时，三省五曹取代了秦汉以来的三公九卿。

南朝吏部尚书是尚书之首　两晋南朝北朝诸曹尚书中，都是吏部尚书地位最高，因其掌铨选官吏，操用人大权。宋孝武帝刘骏有诏："吏部尚书由来与录共选，良以一人之识，不辨洽通，兼与夺威权，不宜专一故也。"录指录尚书事，为宰相，与吏部尚书共同选官。南朝吏部尚书位高权重，其属官吏部郎也为要职。

南朝御史中丞是监察长官　御史台又称兰台、宪台，负责纠察、弹劾官员、肃正纲纪。其长官御史大夫在秦与西汉是三公之一，为副宰相，后来权位渐轻。南朝时，御史大夫不常设，次官御史中丞实为长官，但不受重视。《通典》有言："江左中丞虽亦一时髦彦，然膏粱名士犹不乐。"王谢大族正支向来不任此职。

南朝有高级闲官散骑常侍 汉有散骑，为皇帝侍从，又有中常侍，性质同，东汉省去散骑，改以宦官任中常侍。魏文帝曹丕合并散骑与中常侍为一官，称为散骑常侍，以士人任职。入则规谏过失，备皇帝顾问，出则骑马散从，是清贵显要之职。在南朝成闲散之职，多为加官及褒赠之官，属集书省，南梁称散骑省。

南朝有高级闲官光禄大夫 大夫为皇帝近臣，汉朝有中大夫、太中大夫、谏大夫，掌顾问应对，长官为郎中令。汉武帝时改郎中令为光禄勋，中大夫为光禄大夫。晋朝加置左光禄大夫、右光禄大夫，在南朝成闲散之职，皆为加官及褒赠之官。加金章紫绶者，称金紫光禄大夫，加银章青绶者，称银青光禄大夫。

南朝有高级官号仪同三司 开府指以自己的名义置幕府、设僚属，是魏晋至元朝时，皇帝对功臣的重赐。汉朝唯有三公、大将军、骠骑将军、卫将军等可以开府，东汉开始有仪同三司的加号，三司即三公，得授者可得到与三公相同仪卫和待遇。至魏晋南北朝，高官加封开府仪同三司，即可开府置官署如同三公。

南朝有重要职位黄门侍郎 黄门侍郎又称黄门郎，秦代初置，即给事于宫门之内的郎官，因宫门漆成黄色而得名，是皇帝近侍之臣，可传达诏书，无定员。汉代沿用，秦汉另有给事黄门，职司相同，东汉并为一官,或称给事黄门侍郎,每天日暮,向宫门青琐门拜,别称夕郎。南朝掌管机密诏书,职位日渐重要。

南朝爵位有王公侯伯子男 西晋定制,爵位依次为:王、公、侯、伯、子、男、开国郡公、开国县公、开国郡侯、开国县侯、开国侯、开国伯、开国子、开国男、乡侯、亭侯、关内侯、关外侯。王只封皇子,公侯伯子男封宗室,后者皆为封功臣,东晋功臣封爵与宗室封爵混用,不加"开国",南朝沿用,陈时有改。

南朝武官最高职衔大司马 西晋至南朝,太师、太傅、太保、太尉、司徒、司空、大司马、大将军皆一品职衔,统称"八公"。太师、太傅、太保称"三师",为上公,太尉、司徒、司空称"三公"或"三司"。太尉、大司马、大将军为武官公,其余为文官公。大司马、大将军亦位在三公上,南朝时不常设置。

南朝将军最高职衔大将军 南朝按魏晋旧制,将军职级最高为大将军,次为骠骑、车骑、卫将军。再次为四征、四镇、四安、四平、左右前后将军,后为征虏、冠军、辅国、宁朔、宁远、龙骧等杂号将军。刘宋时四镇为杂号,中军、镇军、抚军将军在四征后,南齐时三者在四征前。此类皆为虚衔,领兵需皇帝授权。

南朝军队精锐为建康台军 南朝军队分中军和外军,中军即中央禁军,防卫首都建康宫城台城,有事出征,亦称台军,外军分属各地多兼刺史的都督。中军长官为领军将军、护军将军，资轻者称中领军、中护军，下有左卫、右卫、骁骑、游击、前军、后军、左军、右军将军，及屯骑、越骑、步兵、长水、射声校尉。

南朝武官领军将军地位高　领军将军是南朝中央禁军的最高长官，次为护军将军，皆为实职非虚衔，凡是任将军者，皆敬领军护军。领军将军因掌握禁军兵权，地位显赫，实权很大，非皇帝亲信不能担任。宋前废帝被杀后，太皇太后诏书开首称"司徒、领护军……"尚书、中书、门下三省长官皆列领军之后。

南朝首都建康西有石头城　楚威王灭越国，筑城清凉山，称金陵邑，吴大帝孙权在金陵邑基础上修建要塞，名为石头城。诸葛亮出使东吴，叹道："钟山龙蟠，石头虎踞，此帝王之宅。"石头城控制秦淮河入江河口，是南朝首都建康的西大门。宋武帝刘裕始设领石头戍事，负责石头城防务，担任者多为宗室诸王。

南朝首都建康隶属丹阳郡　战国时，楚国称金陵邑，秦灭楚后，改称秣陵县，三国时孙权改称建业，作为东吴首都。西晋初，以秦淮河为界，将其一分为二，南设秣陵县，北设建邺县。西晋末，避讳晋愍帝司马邺，改名建康。它后为东晋南朝首都，行政上属于扬州丹阳郡，晋元帝司马睿将丹阳太守改称丹阳尹。

南朝首都建康有三座内城　东晋首都建康内有三城，东府城、西州城、台城,沿用至南朝,台城是东晋至南朝时的中央政府和皇宫所在地,因为尚书台在内,被称台城。西州城初为扬州治所,东晋权臣司马道子任扬州刺史时,将治所迁到建康东部自己住宅里,称东府,东晋末被扩建成东府城,后在南梁时被焚毁。

南朝有两大重镇荆州扬州 "江左大镇,莫过荆扬",谢安有言:"荆扬相衡,则天下平。"《宋书》称:"荆扬二州,户口半天下。江左以来,扬州根本,委荆以阃外。"又称"江左以来,树根本于扬越,任推毂于荆楚。"南朝的两州刺史皆为宗室诸王或皇帝亲信,当时荆州治所在江陵,扬州治所在首都建康。

南朝有四大高门王谢袁萧 东晋至南朝,自北方南迁的士族形成四大望族,琅琊王氏、陈郡谢氏、陈郡袁氏、兰陵萧氏,称侨姓。自孙吴以来,江南本地望族称吴姓,有吴郡顾陆朱张四大姓,义兴周氏、吴兴沈氏两大豪强。周沈因与东晋政权交恶被打压,吴四姓一直被侨姓压制,后来沈氏自南朝刘宋以军功振兴。

南朝官职被世家大族掌控 魏文帝曹丕采用吏部尚书陈群建议,制定九品官人法,即"九品中正制"。州郡的中正以九品评选人才,推荐吏部选官,沿用到两晋南朝,形成"上品无寒门,下品无士族"。晋臣段灼称:"今台阁选举,徒塞耳目,九品访人,唯问中正。故据上品者,非公侯之子孙,则当涂之昆弟也。"

南朝有特殊地区侨郡侨县　东晋在南迁北人所居南方州郡中,暂立北方州郡名称,后逐渐划定实土。南朝自刘宋起,多有增改,和北朝数州同名,如兖州原在山东,在广陵设南兖州,雍州本自关中,从荆州分立雍州,设在襄阳。司州原在洛阳一带,在信阳又立司州,原有州郡下又设侨郡侨县,设置分合,错综复杂。

南朝北朝互称对方是蛮夷　北魏初为代国,祖上鲜卑首领被西晋封代王,自称晋兄弟之邦,黄帝后裔,承接西晋,不承认南方的东晋。南朝刘宋以承接东晋,为华夏正朔,双方都以正统自居。北魏鲜卑早年被发左衽,南朝称其索头虏、索虏,称北魏太武帝拓跋焘为索虏大帅。南方多水近海,北朝称南朝皇帝为岛夷。

南朝刘宋国土有二十二州　宋孝武帝刘骏改革后,有青州、冀州、司州、兖州、徐州、豫州、南兖州、南豫州、南徐州、扬州、江州、荆州、郢州、湘州、雍州、益州、梁州、秦州、宁州、广州、交州、越州。南朝实行州郡县三级制,长官分别为刺史、太守、令。郡为王封国,长官称内史,为公封国,长官称相。

第三章　帝焘如项羽,崔公似张良

拓跋焘北朝武功第一

北魏太武帝拓跋焘是北朝武功第一帝　明元帝拓跋嗣死后,其汉人妃嫔杜氏所生的太子拓跋焘继位,时年十七岁。他整顿吏治,国力大增,先后亲征平灭夏国、北燕、北凉,一统北方,又击溃高句丽、柔然、吐谷浑,与南朝刘宋交战接连获胜。拓跋焘小名佛狸,是鲜卑名音译,宋廷有诏:"斩佛狸首,封万户侯。"

北魏太武帝拓跋焘十七岁首战败柔然　柔然可汗大檀得知明元帝拓跋嗣病逝,率领六万铁骑侵入云中,掠杀吏民。十七岁的拓跋焘亲率轻骑连夜赴援,两军相遇,柔然大军将魏军包围有五十多重,魏军将士大惧。战场矢石如雨,左右死伤相继,拓跋焘神色自若,魏军军心安定,射杀其大将于陟斤,柔然溃逃。

北魏太武帝拓跋焘爱给敌国人取外号　拓跋焘认为柔然人智力低下,打仗胜少败多,嘲讽他们是不会思考的虫子,下诏全国对柔然改称"蠕蠕"。刘宋在长江南方，不擅骑兵擅长水战，被他蔑称是水中龟鳖。征伐柔然时，有大臣提出提防刘宋偷袭，拓跋焘嘲笑宋文帝刘义隆道："龟鳖小竖，自救不暇，夫何能为！"

北魏太武帝拓跋焘颁布汉字书写格式　格式称："在昔帝轩，创制造物，乃命仓颉因鸟兽之迹以立文字。自兹以降，随时改作，故篆隶草楷，并行于世。然经历久远，传习多失其真，故令文体错谬，会义不惬，非所以示轨则于来世也。孔子曰，名不正则事不成，此之谓矣。今制定文字，世所用者，颁下远近，永为楷式。"

北魏太武帝拓跋焘将柔然人圈养收税　拓跋焘亲征三战柔然获胜，第三次彻底将其击溃，柔然兵众西逃，部落四散。魏军分兵搜讨，纷纷归降，获戎马畜产无数，车辆庐幕百万。他又击败高车，将两族的降民迁往漠南，东至濡源，西至五原阴山，三千里中，使其耕牧收取贡赋，北魏民间的马匹牛羊及毡皮因此减价。

北魏太武帝拓跋焘用裙子作绳逃命　二十岁的拓跋焘率轻骑三万突袭夏国，激战中被马摔下，幸得堂兄大将拓跋齐护卫，上马再战，杀敌十余人，流箭中掌，奋击不辍。夏军大败，拓跋焘领数人追击，直入其都城统万，拓跋齐苦劝不听，夏人关闭城门。他与拓跋齐潜入皇宫，找到宫女裙子，系在橥上，吊出城外逃脱。

鲜卑北魏与匈奴夏国是宿敌　代王拓跋什翼犍把女儿嫁给匈奴铁弗

部首领刘卫辰,刘卫辰多次背叛前秦和代国,代国被前秦所灭,后得拓跋什翼犍之孙北魏开国皇帝拓跋珪复兴。拓跋珪击败刘卫辰,处死其宗族同党五千多人,投尸黄河。仅刘卫辰三子刘勃勃逃走,后创建夏国,改名赫连勃勃,其母苻氏为前秦皇族。

鲜卑北魏与匈奴夏国成亲家 北魏太武帝拓跋焘再次大举攻夏,夏帝赫连昌仓促出城迎战,大败逃往上邽,都城统万被轻易攻下。拓跋焘将他的三位姐妹纳为皇妃,后来其中一位被立为皇后。北魏攻上邽,赫连昌被魏将安颉所擒,他被押送到魏都平城,拓跋焘对其礼遇有加,将妹妹始平公主嫁给他,封他秦王。

安颉是伊朗王子后裔 安颉是北魏开国将领安同的次子,先祖是西亚安息国王子,东汉至洛阳,家族自汉至魏晋,后避乱辽东。安同之父出仕前燕,安同在草原经商,后追随道武帝拓跋珪,安颉辩慧多策略,最有父风。他初为内侍长,监察百官,无所回避,曾上奏父亲不法之事,明元帝拓跋嗣因其忠心,特别信任。

安颉勇擒夏帝赫连昌 北魏司空奚斤追击夏帝赫连昌,安颉为监军侍御史,当时马多病死,士众缺粮,奚斤筑垒自守,派人取粮,却被赫连昌击败。安颉求战被奚斤拒绝,奚斤说应等待援兵,他选马两百,招募死士,出城与赫连昌激战。当时风沙四起,天色昏暗,赫连昌战马失蹄,坠马被擒,安颉因功封西平公。

安颉击败到彦之北伐　刘宋大将到彦之攻占黄河四镇，与流亡夏帝赫连定互为声援，北魏太武帝拓跋焘亲征赫连定，派安颉进攻到彦之，宋军渡河出击，被安颉大败。他接着渡河攻陷洛阳、虎牢，又与司马楚之攻克滑台，俘虏宋将朱修之等一万余人，晋爵西平王。他为将善抚士卒，病逝后归降的宋兵无不叹惜。

奚斤从司空免为厨子　奚斤是北魏道武帝、明元帝、太武帝三朝重臣，位至司空，封宜城王，恩宠时为北魏第一。奚斤率军追击夏帝赫连昌，赫连昌被部将安颉所擒，自深以为耻。他轻骑追击继任夏帝赫连定，因军中缺粮，被赫连定击溃俘虏。太武帝拓跋焘攻破赫连定后，将其免官为宰夫，让他背着酒食跟从车驾还都。

奚斤善谈先朝旧事　奚斤原姓达奚，聪辩强识，善于谈论，远说先朝故事，深为听者赞叹，有几十位妻妾，二十多个儿子。有一次，北魏明元帝拓跋嗣前往云中，奚斤留守京城，有将领聚众谋反，被其设计歼灭。拓跋嗣称他"辩捷智谋，名闻遐迩"，他后与匈奴夏国交战兵败被俘，被太武帝拓跋焘免官后又得起用。

韩茂狂风举旗不倒　韩茂十七岁时，膂力过人，尤善骑射，北魏明元帝拓跋嗣亲征丁零，他为中军旗手。当时大风，诸军旌旗皆倒，韩茂在马上持旗，始终不倒。拓跋嗣惊异询问，让左右记下，找来试以骑射，更加惊奇，任他虎贲中郎将。后来韩茂为太武帝拓跋焘的大将，追随征讨夏国、北凉、柔然皆战功显赫。

韩茂之敌应弦而亡 韩茂随北魏太武帝拓跋焘征讨战无不胜,壮勇无比,初次进攻夏国大破夏军,后攻其都城统万再次获胜。讨伐北凉,韩茂任前锋都将,战场阻他之敌,莫不应弦而倒,深得拓跋焘称赞。其后他从征柔然,数战大捷,再征悬瓠,屡破宋军,又随拓跋焘南征,后被任侍中、尚书左仆射、征南将军。

韩茂威名吓退宋将 韩茂沉毅笃实,虽不通文学辞章,但每次论议合理,为将善于抚众,勇冠当世,为北魏朝廷称许,位至尚书令。韩茂随太武帝拓跋焘南征,魏军渡过淮河,刘宋降者相继,被拓跋焘任徐州刺史,负责招抚降军。后来拓跋焘去世,宋文帝刘义隆遣将檀和之进攻济州,他受命迎战,檀和之不战而逃。

夏帝赫连定死前攻灭西秦 夏帝赫连昌被北魏俘虏后,其弟赫连定称夏帝,西秦国王乞伏暮末受北凉所迫,想归附北魏,但被赫连定拦阻。赫连定围攻西秦都城南安,乞伏暮末出降,不久被赫连定所杀,西秦亡。赫连定不敌北魏,欲渡黄河进攻北凉,半渡时遭吐谷浑王慕璝袭击,兵败被俘,送往北魏处死,夏亡。

西秦国王乞伏暮末帮母亲报复 乞伏暮末是前任西秦国王乞伏炽磐之子,在位连年与北凉交战,政刑残酷无度,部众多有叛离。尚书辛进曾与乞伏炽磐共同出游,辛进用弹弓击鸟,误中乞伏暮末的母亲,使其面上受伤。乞伏暮末继位后,询问母亲面伤的原因,母亲说出实

044

情,他听后大怒,杀掉辛进,并杀其五族二十七人。

西秦国王乞伏暮末被弟弟谋刺　乞伏暮末之弟乞伏轲殊罗与父亲的妃子秃发氏私通,他知道后加以责骂,乞伏轲殊罗非常忧惧,与叔父合谋刺杀乞伏暮末。乞伏轲殊罗计划带着被俘的北凉王子投奔北凉,让秃发氏偷取寝宫钥匙,秃发氏紧张下偷错。守门者告诉乞伏暮末,他将叔父、秃发氏及党羽全部捕杀,赦免乞伏轲殊罗。

北魏太武帝拓跋焘自信有天命　拓跋焘常让被俘的匈奴夏帝赫连昌随侍在侧,还单独与其并骑打猎,有时两人深入山谷。赫连昌魁岸俊美,素有勇名,曾俘杀东晋大将朱龄石,群臣都认为这样太过冒险,拓跋焘说:"天命有在,亦何所惧!"依旧与其亲近。六年后,赫连昌西逃,途中被魏军擒杀,几位弟弟皆被处死。

北魏太武帝拓跋焘被宋民欺骗　刘宋平民颜白鹿私入魏地,被魏将擒获要处死,他诈称青州刺史杜骥有意投魏,遣他为使。颜白鹿被送到魏都平城,拓跋焘喜道:"杜骥和我外公一家。"拓跋焘让崔浩写信给杜骥,遣将领兵迎接,攻冀州治所历城。杜骥派兵援救,魏军进攻兖、青、冀三州,大肆杀掠,刘宋北境动荡。

北魏太武帝拓跋焘轻敌险被俘　拓跋焘率军讨伐山胡部落,每天只带数十骑登山临视,山胡酋长白龙在周围十余处埋伏精兵,发起突袭,他坠马几乎被擒。内入行长陈建以身相护,大呼奋击,杀胡数人,身上受伤十余处,他才得以幸免。其后魏军大破山胡,斩白龙,屠其城。内入行长为皇宫卫队长官,选勇力之士担任。

北魏太武帝拓跋焘杀人常后悔 拓跋焘壮健鸷勇,临城对阵,亲犯矢石,左右死伤相继,神色自若,将士因此畏服,为其尽力效死。拓跋焘为人节俭,穿衣饮食,只求够用,"听察精敏,下无遁情,赏不遗贱,罚不避贵",经常说:"法者,朕与天下共之,何敢轻也。"但是他性格残忍,杀人果决,往往杀后又后悔。

北魏太武帝拓跋焘死刑要复核 拓跋焘引礼入律,确立死刑复核制度,规定地方死刑案件要奏报中央,由皇帝亲自过问,查明全无疑问或冤屈,方可执行死刑。在汉代,只有俸禄两千石以上官吏或重犯,处死前皇帝需要复核。后来南朝宋孝武帝刘骏有规定,凡死刑重犯必须上报朝廷,隋文帝杨坚首创死刑三复奏的制度。

北魏太武帝拓跋焘灭北燕 北燕帝冯弘数次向北魏朝贡求和,但仍被攻击,因此也曾遣使向南朝刘宋称藩纳贡。拓跋焘命古弼、拓跋娥清率军一万,再攻北燕,冯弘带领宗族随高句丽援军撤退,逃往高句丽,临行焚烧宫殿,大火十天不灭。北燕就此灭亡,古弼酒醉未能追击冯弘,与拓跋娥清同被废为守门士卒。

刘宋使者王白驹扬威高句丽 北燕帝冯弘流亡高句丽,号令如在北燕,高句丽王高琏嫌恶,冯弘有意归附刘宋。宋文帝刘义隆遣使王白驹率兵七千来迎，让高琏出资遣送。高琏派将领孙漱、高仇袭杀冯弘，王白驹率军反击，杀高仇，擒孙漱。高琏抓捕王白驹，请求刘义隆拘押其回国，刘义隆将其下狱，不久释放。

朱修之与毛修之的密谋

古弼有外号笔头　古弼是鲜卑人，原姓吐奚，少忠谨，好读书，善骑射。北魏明元帝拓跋嗣赐名笔，取其直而有用，后改名弼，说他有辅佐之才。古弼头尖如笔，太武帝拓跋焘戏称"笔头"，怒时骂"笔头奴"，时人称笔公。他正直有将略，率军灭北燕，平氏族，"谋军辅国，远略正情，有柱石之量"。

古弼是北魏国宝　魏帝拓跋焘前往河西打猎，命古弼选送良马，他却送来劣马，拓跋焘大怒道："尖头奴，敢裁量朕也！朕还台，先斩此奴。"消息传来，属官为其忧惧，古弼说北狄南虏窥伺边境，是他之忧，良马以备军用，是为战事远谋，能让国家有利，为此何惧一死。拓跋焘听后叹道："有臣如此，国之宝也。"

古弼称社稷之臣　北魏太武帝拓跋焘有次出猎，获取麋鹿数千头，征召五百辆牛车前来运送，接着古弼就对随从说："笔公必定不给，你们不如用马运得快。"没多久，古弼奏表来到，说今秋的粮食在田野里被兽类窃食，请稍缓求取牛车，以便收取粮食。拓跋焘对左右说："笔公果如朕所料，可谓社稷之臣。"

古弼在皇帝面前打人　有一次,贫民乞求将皇家园林赐为农田,古弼入宫上奏,北魏太武帝拓跋焘正在和给事中刘树下棋。他等候很久,也没机会奏事,便起身揪住刘树的脑袋,拉下座位,手搏其耳,拳殴其背,怒道:"朝廷不治,是你的罪过!"拓跋焘失色放棋道:"不听奏事,错在朕。刘树何罪? 快停手!"

朱修之谋刺北魏太武帝拓跋焘未遂　朱修之是晋将朱序的孙子,刘宋首次北伐死守滑台,城破被俘。拓跋焘以其有气节,任侍中、云中镇将,嫁皇族之女。朱修之一心归宋,妻子流泪询问,被感动但也没说。他随拓跋焘伐燕,联络降魏的前东晋将领毛修之,伺机袭杀拓跋焘,毛修之不从,他逃亡北燕,后来渡海归宋。

朱修之王弘两人曾祖也为上下级　东晋时,朱修之的曾祖朱焘早年为王导部属,位至平西将军,祖父朱序任豫州刺史,父亲朱谌任益州刺史,朱序在淝水之战有奇功。朱修之自州主簿升任司徒从事中郎,王导的曾孙王弘时任司徒,宋文帝刘义隆对他说:"卿曾祖昔为王导丞相中郎,卿今又为王弘中郎,可谓无愧于祖先。"

朱修之廉洁还百姓钱吃姐姐粗饭　宋孝武帝时,朱修之任雍州刺史,参与平定皇叔刘义宣叛乱有功,改任左民尚书、领军将军。离任时他秋毫不犯,统计所用牛马谷草以私钱偿还百姓。朱修之很节俭,从未照顾在乡下贫寒的姐姐,曾去探视,姐姐故意给他吃菜羹粗饭,他说:

"这是贫家好食。"饱餐而去。

毛修之是北魏大将兼大厨 毛修之是晋将毛宝的曾孙,东晋末为刘裕大将,在关中被夏国擒获,后又被北魏俘虏。毛修之擅长南方菜肴,为某尚书做羊羹汤,尚书献给太武帝拓跋焘。拓跋焘品尝后大喜,任他太官令,主掌御膳,封南郡公。后以从征北燕战功,他升任抚军大将军、金紫光禄大夫,官位仅次于司徒崔浩。

毛修之设计斩杀楚帝桓玄 东晋末,毛修之任荆州刺史殷仲堪的参军,殷仲堪被桓玄逼迫自杀,他通晓音律又能骑射,得桓玄赏识任用。桓玄称楚帝,被刘裕讨伐,兵败从建康逃回江陵。毛修之的家族势力都在蜀地,他力诱桓玄入蜀,又联络时为叔父毛璠送丧来江陵的队伍,致使桓玄出城与送丧船队相遇,受突袭身亡。

朱修之为毛修之洗清冤枉 两人同在北魏为降将时,交情很好,毛修之问朱修之刘宋主政者是谁,朱修之说是殷景仁。毛修之笑道:"我当年在南方,他还是小孩,以后如果回去,还要穿戴衣冠到他门下伺候吗?"当时,宋人都说毛修之劝诱北魏太武帝拓跋焘侵宋,朱修之归宋后,为其极力辩白,抨击流言。

一起谋杀事件引发魏凉之战 北魏太武帝拓跋焘将妹妹武威公主嫁给北凉国王沮渠牧犍,沮渠牧犍被迫废黜原王后,立武威公主为后。沮渠牧犍与嫂子李氏私通。李氏向武威公主下毒,拓跋焘得知后,派医师乘驿站马车火速赶往,得以救治。他索要李氏,沮渠牧犍不交,便大怒亲征北凉。

北魏窦太后坐镇皇城退柔然　窦氏是太武帝拓跋焘的乳母,拓跋焘自幼离开生母杜氏,被窦氏抚养长大。他继位后,杜氏已被处死,尊窦氏为保太后,后改封皇太后。窦太后训教内外,很有声誉,恬素寡欲,喜怒不形于色,好扬人之善,隐人之过。拓跋焘征北凉,柔然趁机入侵,她发号施令,遣将调兵将其击退。

北魏太武帝拓跋焘灭北凉　北魏围攻北凉都城姑臧,其国王沮渠牧犍出降,北凉亡,北魏自此统一北方,沮渠牧犍是五胡十六国的最后一位君主。沮渠牧犍先前把妹妹兴平公主送给拓跋焘为妃,他后娶拓跋焘的妹妹武威公主为王后,被俘后,拓跋焘以妹婿之礼相待。八年后,有人密告他谋反,被拓跋焘赐死。

北魏太武帝拓跋焘灭佛教　关中胡人盖吴起兵叛乱,聚众十余万,拓跋焘率军亲征,驻军长安,在一所寺庙中发现武器,以及藏有女子的密室,他盛怒下将全寺的僧侣活埋。在司徒崔浩的煽动下,他颁布灭佛令,杀光长安所有僧侣,命监国太子拓跋晃调动军马,在全国范围毁寺庙,焚佛经,史称"太武灭佛"。

矮将军陆俟计杀盖吴　陆俟是鲜卑人,原姓步六孤,少聪慧,任冀州刺史,时论州郡治功,他与河内太守丘陈同为北魏第一。陆俟击败盖吴叛军,俘虏盖吴叔父,众将说处死,他却将其及全家赦免,使其潜回,将盖吴刺杀。《魏书》评价他"威略智器有过人者",北魏太武帝拓跋焘赞叹他:"卿身乃短,虑何长也?"

矮将军陆俟计杀刘超　关中胡人刘超聚众万余叛乱,北魏太武帝拓跋焘派陆俟出镇长安,不予兵马,想他用计平定。陆俟单骑上任,发文招抚,刘超不降,他便带二百骑拜访,刘超警备森严,他纵酒尽醉而还。不久,他选精兵五百,伪称出猎再访刘超,告别时装醉,上马大呼,手斩刘超,士卒应声出击,大破叛军。

北魏公主为爱情叛国　杨保宗是氐族首领,被叔父杨难当夺位,他投奔北魏,太武帝拓跋焘将一位皇族公主嫁给他。他谋叛被魏将拓跋齐察觉,被诱捕送到魏都平城杀害。公主曾劝说杨保宗,后来又与他同心,有人问公主:"为何叛父母之国?"公主说:"事成,为一国之母,岂比小县公主!"拓跋焘将她赐死。

罗结活了一百二十岁　罗结是鲜卑人,原名叱罗结,早年追随北魏道武帝拓跋珪,又历事明元帝拓跋嗣、道武帝拓跋珪,位至侍中、外都大官,总三十六曹事。罗结一百零七岁精神不衰,深得拓跋珪信赖,一百一十岁退休,筑城居住于大宁东川,称罗侯城。朝廷每有大事,都前来咨询,他一百二十岁去世。

魏收评太武帝拓跋焘　《魏书》曰:"世祖聪明雄断,威灵杰立,藉二世之资，奋征伐之气，遂戎轩四出，周旋险夷。扫统万，平秦陇，翦辽海，荡河源，南夷荷担，北蠕削迹，廓定四表，混一戎华，其为功也大矣。遂使有魏之业，光迈百王，岂非神睿经纶，事当命世?"时称南朝刘宋岛夷，北方柔然蠕蠕。

沈约评太武帝拓跋焘 《宋书》曰："佛狸篡伪，弥煽雄威，英图武略，事驾前古，虽冒顿之鸷勇，檀石之骁强，亦不能及也。西吞河右，东举龙碣，总括戎荒，地兼万里。虽裂土分区，不及魏、晋，而华氓戎落，众力兼倍。"拓跋焘小名佛狸，冒顿为西汉匈奴单于挛鞮冒顿，檀石为东汉鲜卑首领檀石槐。

南北朝第一谋臣崔浩

崔宏前秦后燕都被赏识 崔宏是曹魏司空崔林之后，少有隽才，称冀州神童。前秦帝苻坚的弟弟阳平公苻融任冀州刺史，对其虚心礼敬，任他为阳平公侍郎、冀州从事。崔宏出总州务，入为宾友，处事决断无滞，苻坚征任其为太子舍人，被他推辞。前秦灭亡，他被后燕帝慕容垂任用，立身雅正，在战乱中仍励志笃学。

崔宏为鲜卑北魏定国号 崔宏在后燕任高阳内史，北魏道武帝拓跋珪来攻，他弃官逃走。拓跋珪向来闻其才名，将他求得，任黄门郎，与谋臣张衮对总机要，创建制度。北魏初为代国，东晋使者前来，拓跋珪想重定国号，崔宏说："魏是大名，州之上国，为革命之征验，利见之玄符。"他建议称魏,被拓跋珪采纳。

崔宏为鲜卑北魏建制度　北魏道武帝拓跋珪来到邺城,询问史事,他对答如流,拓跋珪赞许。他被升任吏部尚书,北魏官制朝仪、礼乐律令,都由其决定,总管三十六曹,职权如同尚书令。崔宏深得信任,势倾朝廷,但俭约自居,不营产业。他家徒四壁,出无车乘,母年七十,供养无重膳,拓跋珪得知更加器重。

崔宏为北魏道武帝讲史　崔宏讲解《汉书》,至娄敬建议汉高祖刘邦嫁女匈奴,道武帝拓跋珪赞许后嗟叹良久,后将诸公主都嫁给臣属之国。崔宏不直言也不诌谀,陈说前代废兴之由,很合其意。拓跋珪晚年好怒罚大臣,唯他无事,封白马侯,与鲜卑功臣同列,但更为宠信。他后又得明元帝拓跋嗣信重,晋爵为公。

崔浩与父崔宏同被宠任　崔浩初任著作郎,北魏道武帝拓跋珪以其工书,常置左右。拓跋珪晚年严厉,近臣都想避开,唯他恭勤不怠,有时终日不归,拓跋珪派人送去御粥。明元帝拓跋嗣继位,让他讲经,称其"博闻强识,精于天人之会",使参与机要。每至郊外祭祀,他与父亲白马公崔宏并乘轩轺车,时人羡慕。

崔浩是南北朝第一谋臣　崔浩出身清河崔氏,其父崔宏任吏部尚书,封白马公,为北魏当时首席汉臣。崔浩"少好文学,博览经史,玄象阴阳,百家之言,无不关综,研精于理,时人莫及","纤妍洁白,如美妇人。而性敏达,长于谋计。常自比张良"。他承袭父爵,位至司徒,谋略过人,屡献良策,为太武帝拓跋焘统一北方立下大功。

崔浩评价前朝将相　崔浩曾对北魏明元帝拓跋嗣说:"臣曾经私下评论近代将相臣子,王猛治理国家,是苻坚的管仲;慕容恪辅佐幼主,是慕容𬀩的霍光;刘裕平定祸乱,是司马德宗的曹操。"两人聊到深夜,拓跋嗣非常高兴,赏赐崔浩醇酒三十升,水精盐一两,说:"朕品味卿的话,就如同这盐酒,要与卿共享它们的美味。"

崔浩娶妻郭家两姐妹　崔浩之父崔宏为北魏重臣,他二十岁时,太原士族郭逸将女儿嫁给他,又有一女嫁给其弟崔恬。崔浩的才华当时还未显露,并不为人所知,郭逸之妻王氏是刘宋镇北将军王仲德的姐姐,很看重他,自以为得婿。没多久崔浩妻子病逝,王氏深以为恨,又将幼女嫁给他,郭逸及宗族对此极为不满。

崔浩不信道家不信佛　崔浩熟读儒典,不好老庄,说:"此矫诬之说,不近人情,必非老子所作。老聃习礼,仲尼所师,岂设败法之书,以乱先王之教。"崔浩以佛祖为胡人之神,尤不信佛法,说:"何为事此胡神!"妻子郭氏诵读佛经,他怒而焚烧,将纸灰撒入厕所。堂弟崔模见佛像必拜,即使其在粪土,被他嘲笑。

崔浩因母亲信奉道教?　崔浩的母亲是西晋名士卢谌的孙女,东晋天师道变民军首领孙恩的妹夫卢循和他是表兄弟,孙恩、卢循起兵相继败亡。崔浩曾被群臣诋毁导致去职，期间他拜北魏天师道领袖寇谦之为师修道。陈寅恪指出，卢家为天师道世家，所以崔浩与寇谦之有契合，最主要是因其少时受其母的家庭教育。

崔浩献策攻刘裕　东晋太尉刘裕攻打后秦，向北魏借道，北魏群臣都认为"宜先发军断河上流，勿令西过"。崔浩反对，认为应该"纵裕西入，然后兴兵塞其东归之路，所谓卞庄刺虎，两得之势也"。明元帝拓跋嗣担心中计不从，派长孙嵩率十万步骑阻拦，刘裕以却月阵大破三万魏军，拓跋嗣悔恨未听崔浩之言。

崔浩反对伐刘宋　宋武帝刘裕去世，北魏明元帝拓跋嗣计划南征，崔浩认为于礼不宜发丧，说刘裕刚死就去进攻，刘宋必定团结拒战，不如待其强臣争权，伺机出击。拓跋嗣锐意南征，反问："刘裕因姚兴死而灭其国，裕死我伐之，何为不可？"他说："兴死，二子交争，刘裕才伐秦。"拓跋嗣大怒，不从其言。

崔浩提议掠宋地　北魏明元帝拓跋嗣南征，讨论先攻城还是先略地，奚斤说先攻城，崔浩以南人善守，说"不如分军略地，至淮为限，列置守宰，收敛租谷。滑台、虎牢反在军北，绝望南救，必沿河东走。若或不然，即是圈中之物。"公孙表也说攻城，拓跋嗣便未纳崔浩之言，魏军强攻，虽然获胜，但伤亡惨重。

崔浩进言灭夏国　北魏伐夏，时遇风雨，飞沙蔽天，魏军逆风，不利作战,宦官赵倪对太武帝拓跋焘说应该撤军。崔浩呵斥道:"这是什么话! 千里制胜,一日之中,岂得变易? 贼前行不止,后已离绝,宜分军隐山,掩击不意,风道在人,岂有常也。"拓跋焘便兵分两路,潜入夏军后方,顺风出击,夏军大败。

崔浩进言伐柔然　北魏太武帝拓跋焘欲伐柔然,群臣担心刘宋来袭而反对,举荐曾经劝谏前秦帝苻坚南征的太史令张渊、徐辩劝阻。拓跋焘让崔浩与他们辩论,崔浩言辞犀利,张、徐不敌,二人曾是夏帝赫连昌的臣子,崔浩问夏国未灭之前有何征兆。当时被灭国的赫连昌在座,二人惭愧不能答,拓跋焘大喜出征。

崔浩预言柔然战　北魏大攻柔然,寇谦之问崔浩可否攻克,崔浩说:"必克。但恐诸将犹豫,前后顾虑,不能乘胜深入,使不全举。"柔然溃败西逃,诸将疑有伏兵,太武帝拓跋焘停止追击,寇谦之以崔浩之言相告,未被采纳。后有降卒说柔然溃不成军,追兵不至,得以缓缓西逃,因此幸免,拓跋焘很是后悔。

崔浩进言平河东　北魏河东薛永宗和同族薛安都叛乱,太武帝拓跋焘亲征,临近其营垒,问崔浩:"今日可击不?"崔浩说:"永宗未知陛下自来,人心安闲,北风迅疾,宜急击之,须臾必碎。若待明日,恐其见官军盛大,必夜遁走。"拓跋焘便率军进攻,薛永宗大败,与家人皆赴汾水而死,薛安都逃亡刘宋。

崔浩改字《急就章》 《急就章》原名《急就篇》,是汉元帝命黄门令史游为儿童识字而编写,从汉魏至隋唐一直是通用童蒙课本。崔浩工于书法,很多人托他写《急就章》,他从青年到老年,不辞辛苦,写下无数。北魏初为代国,《急就章》内有人名"冯汉强",他必写成"冯代强",以示不敢犯国,其谨慎如此。

崔浩被皇帝赞美 北凉官员前来魏都朝贡,北魏太武帝拓跋焘在宴会上手拉崔浩,说:"所说的崔公,就是眼前这位,他才略之美,当今无比。朕做任何事情,一定先征询崔公的意见,成败在胸,毫无不符之处。"拓跋焘任崔浩为司徒,长孙道生为司空,让乐工作歌颂扬群臣,有辞:"智如崔浩,廉如道生。"

长孙道生与堂叔都是三公 长孙道生是北魏太尉长孙嵩的堂侄,忠厚廉谨,为道武帝拓跋珪内侍左右、出入诏命的四亲信之一。后至太武帝拓跋焘,长孙道生参政提议多合时机,为将有权略,征柔然获大捷,灭夏国为前驱。刘宋首次北伐,他追击宋将檀道济,升司空,封上党王,与堂叔长孙嵩皆位列三公,世人认为荣耀。

长孙道生马鞯几十年不换 长孙道生廉洁俭约,位至司空,而衣不华饰,食不兼味,一副熊皮马鞯使用数十年不换,时人比作晏婴。住宅矮小简陋,子侄趁他在外,大加修缮,有堂有廊,他回家后叹道:"昔霍去病以匈奴未灭,无用家为,今强寇尚游魂漠北,吾岂可安坐华美也!"严厉斥责子侄,毁掉宅第,其恭慎如此。

寇谦之将北魏变成神权君主国 寇谦之之父为前秦太守,兄为北魏刺史,寇氏为东汉末汉中张鲁治下大族。他在嵩山修道三十年,自称太上老君授其天师之位,改革创建新天师道,成为北方道教领袖。崔浩将他力荐给太武帝拓跋焘,他声称太上老君封拓跋焘"太平真君",拓跋焘改年号为太平真君,封其国师,亲受符箓。

寇谦之确立北魏国策后文先武 匈奴夏帝赫连勃勃病亡,其子赫连昌继位,对于伐夏,北魏朝臣意见不一,崔浩主战,长孙嵩主和。太武帝拓跋焘倾向主战,但意志不坚定,请来天师寇谦之询问吉凶。他在宫中,大做法事,对拓跋焘说:"此战必克,陛下以武应天运,当以兵定九州,后文先武,以成太平真君。"

寇谦之与崔浩互学儒道 崔浩朝中被排挤时,向寇谦之学道,寇谦之每次听其谈论历代王朝治乱之事,经常通宵达旦,毫无懈怠,认为崔浩是当世的皋繇。寇谦之自称行道隐居,不营世务,如今当上国师,也要兼修儒学,让崔浩为他撰写古代帝王的治典。崔浩著书二十余篇,"上起太初,下至秦汉变弊之迹"。

寇谦之十几年修建天宫 寇谦之作为北魏国师、道教天师,向太武帝拓跋焘进言修建静轮天宫,他说:"今陛下以真君御世,建静轮天宫之法,开古以来,未之有也。"他称"建静轮天宫之法",应该也指道教修炼之法。天宫修了十余年未成,太子拓跋晃对父亲拓跋焘说:"欲上与天神交接,功役万计,终年不成。"

寇谦之死后北道无领袖 寇谦之认为道教已是北魏国教,不赞成灭佛,劝说司徒崔浩无果。静轮天宫竣工一直无期,有一天,他对弟子们说:"我在世时,你们可得荣华,一旦我去世,这天宫难成。"没多久,他在尚未完工的天宫里逝去,享年八十三岁。几年后,北魏帝拓拨焘拆除天宫,他死后弟子没有一个成名的。

成公兴是天师寇谦之的老师 成公兴曾在寇谦之姨母家当佣工,寇谦之见他身体强壮,将其带回家使用。有一次,寇谦之用《周髀算经》演算天文没有算对,怅然若失,他一旁指点,顷刻算出,寇谦之大为叹服。其后,成公兴携带寇谦之修道,先后隐居华山嵩山,他后被道教传为仙人,寇谦之后来成为北魏道教领袖。

成公兴是数学家殷绍的老师 北魏太武帝拓跋焘在位时,殷绍为算学博士,任职东宫,被太子拓跋晃欣赏。殷绍擅长天文算学,著有《四序堪舆》,当时特别流行,他自述师承,称在后秦时遇上游遁大儒成公兴,从师学习《九章算术》。成公兴又将他先后推荐给两位僧人,继续学习算学术数,数年后大有所成。

崔浩谋国不谋身

崔浩是北魏太武帝拓跋焘的第一谋臣 拓跋焘每次用兵,事先必定问计崔浩,崔浩算无遗策,他曾指着崔浩对新降的高车酋长说:"你们觉得此人瘦弱,不能弯弓持矛,但他胸中所怀,强过兵甲。朕虽有征伐之志而不能自决,前后有功,都是此人所教。"他每次到崔浩家,崔浩仓促间奉上简陋饭菜,他必定举筷。

崔浩是北魏太武帝拓跋焘的第一重臣 拓跋焘曾从容地对崔浩说:"卿才智渊博,事朕祖考,忠著三世,因此朕对卿亲重,希望凡有所思,直言相谏,助朕治国,不要有所隐瞒。朕有时虽然当时迁怒,或者不听,但事后必定会深思卿言。"他对诸位尚书说:"凡军国大计,卿等所不能决,皆先咨浩,然后施行。"

崔浩、李顺是姻亲也是政敌 李顺出身赵郡李氏,博涉经史有才策,知名于世,初任北魏中书侍郎。太武帝拓跋焘征柔然,他以筹略之功被赏识,升任奋威将军,拓跋焘再伐匈奴夏国,欲以他为前锋统帅,被崔浩阻拦。崔浩弟娶李顺妹,其弟之子又娶李顺女,但崔浩很轻视李顺,李顺也不服崔浩,两人互相猜忌。

李顺受赏只要书 北魏太武帝拓跋焘伐夏,李顺先有谋功,后在夏都统万城下决战时,他率军击破夏帝赫连昌的左军,又立战功。拓跋焘攻克统万后,赐诸将珍宝财物,李顺坚持辞让,只取数千卷书,深得拓跋焘赞赏。他又跟从拓跋焘击溃继任夏帝赫连定,因功一路加官晋爵,拓跋焘对其宠待有加。

李顺预言北凉事 在崔浩的进言下,他以北魏重臣多次出使北凉,太武帝拓跋焘询问他北凉国事,其后一一应验。拓跋焘大喜,对他说:"卿言蒙逊死,今则验矣。又言牧犍立,何其妙哉!朕克凉州,亦当不远。"赐他绢千匹,良马一匹,进号安西将军,对他宠待更厚,政事大小让他全都参与,招致崔浩厌恶。

崔浩一言杀李顺 李顺作为北魏使者,北凉经常对他行贿,崔浩密言于太武帝拓跋焘,拓跋焘不信。李顺多次拖延伐凉,声称凉州缺水草,不宜远征,崔浩与他争辩。拓跋焘后至北凉都城姑臧,发现水草丰饶,对他深以为恨。灭凉后,李顺认为封赏不均被人告发,崔浩又以水草事进言,拓跋焘大怒,将其处死。

崔浩仰慕太原王氏 崔浩之弟崔恬把女儿嫁给东晋降将王慧龙,王慧龙出身太原王氏,是东晋重臣王坦之曾孙,家族遗传酒糟鼻被称"齄王"。崔浩看到王慧龙的鼻子说:"果然是王家男儿,真是贵种!"并多次称赞。北魏元老长孙嵩说他叹服南人,鄙薄鲜卑人,太武帝拓跋焘大怒,将他召来训斥,他脱帽叩头谢罪。

崔浩创造指腹为婚 崔浩的侄女嫁给王慧龙,女儿嫁给卢遐,两人怀孕时,他说:"你们将来所生,都是出自我家,可指腹为亲。"多年后,王慧龙之子王宝兴迎娶卢遐的女儿,他制定仪式,亲自监督,对客人说:"此家礼事,宜尽其美。"后来崔浩、卢遐被杀,卢妻被赐给高车人,王宝兴卖尽家产,将岳母赎回。

崔浩很轻视诸葛亮　崔浩认为前东晋将领毛修之是中原旧门，虽不博学，但也涉猎书传，便与其论史，他大赞陈寿《三国志》，说"有古良史风"。毛修之说："当年在蜀中，听长者说，陈寿曾为诸葛亮门下书佐，犯事被打百下，因此论武侯说：'应变非其所长。'"崔浩认为此非挟恨之言。诸葛亮的确不过如此。

崔浩论诸葛亮　"可以赵佗为偶，而以管萧之亚匹，不亦过乎！""且亮既据蜀，弗量势力，严威切法，控勒蜀人，欲以边夷之众，抗衡上国，出兵陇右，再攻祁山，一攻陈仓，疏迟失会，摧衄而反，后入秦川，更求野战，魏人知其意，以不战屈之，智穷势尽，发病而死，由是言之，岂合古之善将，见可知难乎？"

崔浩得罪北魏太子拓跋晃　崔浩曾推荐数十名士人直接从平民上任郡守，拓跋晃说："先征之人，也是州郡长官之选，在职已久，勤劳未答，应先补郡守，以新征者代为郎吏，并且地方官治民，需要有经验的人。"他力争让自己推荐的人上任。高允听后说："崔公恐怕难免祸害！为达目的与上方争胜，将来如何？"

智者崔浩身亡族灭　太武帝拓跋焘命崔浩负责编修北魏国史，他成书后刻于石碑，往来路人观看，鲜卑贵族看到后，指控其暴扬国之恶事。拓跋焘召崔浩责问，他惶恐无言，拓跋焘震怒下，将他处死并诛其五族。七十多岁的他被送往刑场，士兵们往他身上撒尿，"呼声嗷嗷,闻于行路,自宰司之被戮,未有如浩者"。

崔浩死因探秘

崔浩在北魏谋叛被杀? 《宋书》记载,刘宋大将柳元景的族弟柳光世在北魏任河北太守,崔浩是他姐夫,他后投刘宋,声称"浩密有异图,光世要河北义士为浩应。浩谋泄被诛,河东大姓坐连谋夷灭者甚众"。有人认为崔浩修史罪不至死,实因谋反被杀,但当时崔浩已七十多岁,妻子为郭氏,此说被大多史家否定。

崔浩想光复汉族被杀? 《宋书》记载,北魏司徒崔浩谋叛鲜卑,事泄导致被杀,被吕思勉赞同,他说:"浩仕魏历三世,虽身在北朝,而心存华夏,魏欲南侵时,恒诡辞饰说,从谋匡救,而又能处心积虑,密为光复之图,其智深勇沈,忍辱负重,盖千古一人而已。"大多史家不认同,认为崔浩不支持南侵是反对冒进。

崔浩写《魏史》为何被杀? 《魏书》记载,北魏太武帝拓跋焘的祖父道武帝拓跋珪是代王拓跋什翼犍之孙。《晋书》记载,拓跋珪是拓跋什翼犍之子,代国被前秦击败,拓跋珪缚父请降。周一良考证,拓跋什翼犍在儿子拓跋寔死后,娶新寡的儿媳贺氏,崔浩在北魏《国记》所写或许是此事,成为他被问罪的导火索。

崔浩死于鲜卑汉文化冲突? 田余庆说:"国史所录的一些拓跋故

事,在昔本为旧俗使然,无关风化,在今则不合常道,有悖人伦。史臣直笔招祸,最易在此方面产生。"周一良说代王拓跋什翼犍娶新寡儿媳贺氏,生北魏道武帝拓跋珪,此事被崔浩写进国史,刻于石碑,接受汉文化的鲜卑贵族对此感到深恶痛绝。

崔浩死于他的门第理想国? 陈寅恪认为:"崔浩之死,或以为是华夷之辨的民族问题,或以为是佛道之争的宗教问题,其实不然,其主要原因应在社会阶级方面,即崔浩欲'齐整人伦,分明姓族'。"出身高门清河崔氏的他,想要恢复汉族门第制度,以此选拔官员,表弟卢玄劝他三思,他未听从,得罪鲜卑贵族。

崔浩之死北魏太武帝拓跋焘后悔 "国史之狱"引爆北魏鲜卑贵族与汉人士族的矛盾,崔浩被杀并灭族,当时"清河崔氏无远近,范阳卢氏、太原郭氏、河东柳氏,皆浩之姻亲,尽夷其族"。后来拓跋焘北巡阴山,传闻宣城公李孝伯病逝,他叹道:"李宣城可惜!"接着说:"朕失言,崔司徒可惜,李宣城可哀。"

崔浩之死引起《魏书》作者魏收感慨 "崔浩才艺通博,究览天人,政事筹策,时莫之二,此其所以自比于子房也。属太宗为政之秋,值世祖经营之日,言听计从,宁廓区夏。遇既隆也,勤亦茂哉。谋虽盖世,威未震主,末途邂逅,遂不自全。岂鸟尽弓藏,民恶其上?将器盈必概,阴害贻祸?何斯人而遭斯酷,悲夫!"

崔浩是北魏称雄的谋主　唐代宰相朱敬则谈论汉至隋朝的谋臣，说："至若陈平、荀彧、贾诩、荀攸、程昱、郭嘉、田丰、沮授、崔浩、张宾等，可谓天下之菁英。"唐人苏图元称："张宾崔浩，曾施神国之谋。荀彧田丰，亦运制胜之策。"宋人李石称："魏起燕代，用兵中国，浩为谋主，帷幄坐胜，所至策勋。"

崔浩在诗中被后世称赞　宋人邵雍《观南北朝吟》："方其天下分南北，聘使何尝绝往还。偏霸尚存前典宪，小康犹带旧腥膻。洛阳雅望称崔浩，江表奇才服谢安。二百四年能并辔，谩将夷虏互为言。"清人田雯《读崔浩传》："桃简原来才艺绝，甲兵壁垒自填胸。平生合是留侯侣，只少功成访赤松。"他小名桃简。

崔浩自比张良后人评价　北宋秦观说："史称崔浩自比张良，谓稽古过之，以臣观之，浩曾不及荀贾，何敢望子房乎？夫子房之于汉，荀攸贾诩之于魏，浩于元魏，运筹制胜，算无遗策，实各一时之谋臣也。"南宋陈亮说："夫崔浩之佐魏，料敌制胜，变化无穷，此其智之不可敌，虽子房无以远过也。"

崔浩名列二十位军事家　杜牧列数周至唐朝兵家说："周有齐太公，秦有王翦，两汉有韩信、赵充国、耿恭、虞诩、段颎，魏有司马懿，吴有周瑜，蜀有诸葛武侯，晋有羊祜、杜公元凯，梁有韦睿，元魏有崔浩，周有韦孝宽，隋有杨素，国朝有李靖、李勣、裴行俭、郭元振。"崔浩是其中唯一没有统兵的谋臣。

李孝伯是崔浩的接班人　李孝伯是儒士李曾之子，李顺堂弟，"少传父业，博综群言，美风仪，动有法度"，北魏太武帝拓跋焘对李顺说："真卿家千里驹也。"崔浩被杀后，北魏军谋政略都出于他。关于李顺被杀，拓跋焘对他说："卿从兄往虽误国，朕意亦未便至此。由浩谮毁，朕忿遂盛。杀卿从兄者，浩也。"

李孝伯才辩南朝士人赞　李孝伯被北魏太武帝拓跋焘委以军国机密，甚见亲宠，升任北部尚书，待以宰辅之礼，以跟从征伐的谋功将其封侯。拓跋焘后来率军大举进攻刘宋，围攻徐州彭城，李孝伯在城下与刘宋官员张畅对答，两人互相诘难。他风容闲雅，应答如流，被张畅及左右叹服，拓跋焘大喜，将其晋爵为公。

李孝伯美名南朝皇帝知　李孝伯气度恢宏高雅，通达政事，北魏不论朝野贵贱，都对其推重。太子拓跋晃曾向父亲太武帝拓跋焘进言广征俊才，拓跋焘说："朕有一孝伯，足治天下，何用多为？假若再次求访，他这样的如何可得？"后来魏臣李彪出使南齐，齐武帝萧赜问道："孝伯于卿远近？"他为远人所知若此。

李曾不任小吏回家讲课　李曾少时学郑玄注《周礼》《左氏春秋》，以教授儒典为业，郡中三次征其任功曹不就。门生劝他，他说："功曹之职，虽说乡选高第，只是一郡吏。北面事人，亦何容易。"他被州府征任主簿，到官月余，叹道："梁叔敬曾说：州郡之职，徒使人劳，道之不行,身之忧也。"便还家讲授。

李曾儒士治郡盗贼畏惧 北魏道武帝拓跋珪征拜李曾为中书博士,他后任赵郡太守,令行禁止,劫盗逃窜,得明元帝拓跋嗣嘉许。并州丁零族人多次为害,知道李曾能得百姓死力,忌惮不敢入境。贼匪在常山郡得一死鹿,说是得于赵郡,被首领责备,命其将鹿送还原处,邻郡作歌谣:"诈作赵郡鹿,犹胜常山粟。"

第四章 贤臣并高士,元嘉盛名长

刘义隆的四位贤臣

宋文帝刘义隆有四贤臣 王华、刘湛、王昙首、殷景仁同任侍中,"风力局干,冠冕一时,同升之美,近代莫及",他们共同参与宋廷机要,实为宰相之职。有一次,刘义隆与四人同在宫中宴饮,非常愉快,散席后四人离开,刘义隆目送他们的背影良久,叹道:"此四贤一时之秀,同管喉唇,恐后世难继!"

王昙首是琅琊王氏的仁勇之士 王昙首是王导的曾孙,王弘的幼弟,明智有器量,喜愠不见于色,兄弟分财,他只取书籍。东晋北伐后秦时,王昙首参与修复洛阳帝陵,进见太尉刘裕,刘裕说:"此君并膏粱世德,乃能屈志戎旅。"他回答说:"既从神武,自使懦夫立志。"在座的谢晦赞道:"仁者果有勇。"

王昙首是刘宋皇家的宰相之才 宋武帝刘裕在彭城举行宴会,众人赋诗,王昙首最先写好,刘裕问王弘说:"你的弟弟和你比如何?"王弘说:"如果只像下官,家门希望何处寄托?"刘裕大笑。宜都王刘义隆出任江州刺史,他任其长史,刘裕对儿子刘义隆说:"王昙首沈毅有器度,宰相才也,汝每事咨之。"

王昙首拒绝升官 宋文帝刘义隆平定谢晦后,准备加封有谋功的王昙首,在宴会上举酒相劝,手抚御座说:"此坐非卿兄弟,无复今日。"王昙首说:"近日之事,衅难将成,赖陛下英明速断,故罪人斯戮。臣等虽得仰凭天光,效其毫露,岂可因国之灾,以为身幸。陛下虽欲私臣,当如直史何?"加封只好作罢。

王昙首死得太早 当初王昙首与堂兄王华、到彦之都力请宋文帝刘义隆入京继位,后来刘义隆收捕徐羡之、平定谢晦,是他得力谋划。王昙首三十七岁病逝,病危时刘义隆亲临探视,异常悲痛,叹道:"王詹事患病不能救,是国家的衰运。"有位中书舍人说:"王家欲衰,贤者先殒。"刘义隆说:"这是我家的衰落。"

王华叹息宰相太多 王华是王导曾孙,王弘堂弟,刘裕引为参军,宋武帝刘裕登基,任他为三子荆州刺史刘义隆的参军。徐羡之废宋少帝立刘义隆,王华力请刘义隆接受,后谋诛徐羡之,他终生不饮酒,不参加宴会。宋文帝刘义隆重用王弘、王昙首兄弟,地位与其相当,他常叹道:"宰相顿有数人,天下何由得治?"

殷景仁少年当佳婿 殷景仁少有大成之量,东晋司徒王谧见到后,便把女儿嫁给他,他初为太尉刘裕的参军,很受赏识。殷景仁"学不为文,敏有思致,口不谈义,深达理体,至于国典朝仪,旧章记注,莫不撰录",识者都知道他有大志。宋武帝刘裕登基,任他太子中庶子,他后得宋文帝义隆重用,位至尚书仆射。

殷景仁卧床当宰相 王弘、王华、王昙首相继病逝后,宋文帝刘义隆重用殷景仁、刘湛。殷景仁被刘湛嫉恨,称病回家,卧床五年,虽不见刘义隆,但密表来去,一天数十。朝政无论大小,刘义隆都会问他,此事极为隐秘,无人知晓。后来刘义隆收捕刘湛的那天,他让人整理衣冠,因装病太久,左右都不明其意。

刘湛自比管仲诸葛亮 刘湛少有度量才干,不尚浮华,博涉史传,熟知前朝旧典,常自比管夷吾、诸葛孔明。刘湛不为文章,不喜谈议,东晋末初任太尉刘裕参军,很受赏识,谢晦、王弘并称他有器干。宋武帝刘裕登基,派四子彭城王刘义康出镇寿阳,任他为其长史,他刚严用法,贪赃百钱以上者就杀,官吏震肃。

刘湛训诫刘宋皇家子 宋武帝刘裕病逝,刘湛时任刘裕次子庐陵王刘义真的长史,禁止刘义真在服丧期设置酒宴。刘义真向左右索来鱼肉珍馐,刘湛看到后,正色道:"公当今不宜有此设。"刘义真说:"晚上太冷,一碗酒又何妨! 长史与我一家,希望不要见怪。"他说:"既不能以礼自处,又不能以礼处人。"

刘湛轻视王华、王昙首　当时王弘为宰相，堂弟王华、弟弟王昙首同被宋文帝刘义隆重用，刘湛自认才能不亚于王华、王昙首，不愿外调。刘湛被王弘等人斥责，心中愤愤不平，常说："二王若非代邸之旧，无以至此，可谓遭遇风云。"汉文帝刘恒初封代王，被大臣迎立为帝，后以"代邸"指入嗣帝位的宗王旧府。

刘湛视宰相如小功曹　刘湛为东晋尚书左仆射刘柳之子，自负志气，效仿汉臣汲黯、魏臣崔琰，长子取名黯，字长孺，次子取名琰，字季珪，生女就杀掉，被士流不解。他与殷景仁同被宋文帝刘义隆重用，并为宰相，常说："今世宰相有何难做，就像汉代南阳郡的一个功曹。"刘宋初，只有他与王华不做矫饰，得官就做。

刘湛、殷景仁好友成仇　刘湛、殷景仁曾同被宋武帝刘裕许以宰相之位，他们素来交好，后来殷景仁向宋文帝刘义隆举荐征用刘湛，他先是感激殷景仁，同被重用，又心生猜忌。刘湛认为殷景仁离间他和刘义隆，他向执政的司徒彭城王刘义康进谗，构陷殷景仁，还派人对其伺机行刺，殷景仁叹道："引之令入，入便噬人。"

刘湛夺权未捷身先死　刘湛善论治国之道，熟知前朝旧事，每次入宫进见，待到晚上才回去。宋文帝刘义隆一度病危，他以幼主不堪大任，意图拥立其弟彭城王刘义康。刘义隆对近侍说："刘湛刚回朝时，与他交谈，常看天色早晚，怕他要走。现在也看天色，是怕他不走。"刘湛入中枢第十年，与三子被刘义隆捕杀。

殷景仁杀友精神错乱　宋文帝刘义隆将刘湛下狱，殷景仁负责审问这位昔日好友今朝政敌，刘湛被处死没多久，他开始有些精神异常。他从宽厚变得苛暴，问左右："今年是男成婚多，还是女出嫁多？"当年冬天大雪，他忽然惊问："庭中怎么有棵大树？"又说："是我错了？"后来病逝，有人说是刘湛鬼魂作祟。

陈郡谢氏与庐江何氏的国器

谢弘微是谢家子弟最佳　谢弘微是谢安四弟谢万的曾孙，深得族叔谢混亲重，谢混说："此儿深中凤敏，方成佳器。"谢混曾在酣宴时，作韵语劝诫众族侄，对谢瞻、谢晦、谢灵运多诫厉之言，唯对谢弘微独尽褒美。宋文帝刘义隆为宜都王时，他任宜都王文学，后任尚书吏部郎、右卫将军，参予机密，与王华等并称五臣。

谢弘微族叔谢混最推崇　谢混风格高峻，很少与人交往，唯与族侄谢灵运、谢瞻、谢晦、谢弘微共赏文学而聚会，游宴后住在乌衣巷，称作乌衣之游。谢混有诗："昔为乌衣游，戚戚皆亲侄。"当时，一般士流无人敢登门造访谢家，谢瞻等甚有才辩，谢弘微每次都以简约之言使其折服，被谢混所敬贵，称他微子。

谢弘微兄弟被谢混点评　谢混对谢瞻等族侄说："汝诸人虽才义丰辩，未必皆惬众心，至于领会机赏，言约理要，故当与我共推微子。"他常说谢瞻刚躁负气,谢灵运博而无检,谢晦自知而纳善不周,假若立下大功,终亦以此为恨,对谢弘微则无非议,又说:"微子异不伤物,同不害正,若年迫六十,必至公辅。"

谢弘微不负婶婶的重托 东晋末,太尉刘裕杀尚书左仆射谢混,命其妻晋陵公主改嫁,公主无奈只得将家业委托给族侄谢弘微。谢弘微对待有如公事,一钱尺帛出入,都记录在册。九年后,公主被允许回到谢家,她见到家里房屋修整,仓廪充盈,一切如故,叹道:"仆射平生重此子,可谓知人。仆射为不亡矣。"

谢弘微不争谢家的财产 谢弘微少时成孤儿,过继给族叔谢混的二哥谢峻,谢峻被叛将杀害。谢混被宋武帝刘裕所杀,妻子晋陵公主后来去世,留下大额家产及十来处园宅,还有其他各处祖上的家业,奴仆数百人。众人都说室内资财宜归谢混二女,田宅童仆应属谢弘微,他却一概不要,用自己的钱埋葬婶婶晋陵公主。

谢弘微鄙薄亲戚争家财 谢弘微不要族叔谢混家产,谢混的女婿殷睿夺走妻妹等女性亲属的部分财产去还赌债。妻兄刘湛对他说:"天下事宜有裁衷。卿此不治,何以治官。"他笑而不答。有人对此非议,他说:"亲戚争财,最为鄙陋,今女眷们尚能无言,岂可引导相争。今分多共少,不至有乏,身死之后,还有何关。"

谢弘微是位保密好御厨 谢弘微原名谢密,后以字行于世,位至侍中,"居身清约,器服不华,而饮食滋味,尽其丰美"。谢弘微善于烹制美食,宋文帝刘义隆曾让他下厨,事后有人好奇,问皇上爱吃什么,他含糊其辞,绝不透露分毫。他在临终前,对左右说:"有二封皇上手敕,在领军刘湛到前烧掉,千万别打开。"

谢弘微怒掀棋盘的征兆　谢弘微性情宽厚,少有喜怒,一次与友人下棋,友人西南角上棋势不妙,旁边一人说:"西南风急,或有覆舟者。"友人醒悟救局,他大怒掀翻棋盘。有人说谢弘微这是到了暮年,果然他在这年去世。宋文帝刘义隆叹道:"谢弘微、王昙首年逾四十,名位未尽其才,此朕之责也。"他有子谢庄。

谢弘微胜过王惠与王球　有人问史官:"王惠何如?"回答说:"令明简。"又问:"王球何如?"回答说:"倩玉淡。"又问:"谢弘微何如?"史官回答:"简而不失,淡而不流,古之所谓名臣,弘微当之。"王惠字令明,王球字倩玉,二人为堂兄弟,同为王导曾孙。他们都淡然处世,谢弘微为官务实。

何尚之从赌徒成为名相　何尚之出身庐江何氏,曾叔祖是东晋重臣何充。他少时顽劣好赌,成年后以节操见称,得谢混欣赏交游,后为太尉刘裕主簿,跟随北伐有功。何尚之雅好文学,深受宋文帝刘义隆赏识,委以要职,任三朝尚书令。他为人俭约,车服从简,妻亡不娶,从无姬妾,从不举荐亲戚故旧,成为刘宋贤相。

何尚之是高官也是学者 何尚之任丹阳尹时，立宅建康南门外讲授玄学，学子慕名而来，人称南学。王球常说："尚之西河之风不坠。"他也常说："球正始之风尚在。"何尚之察觉左卫将军范晔有异志，请求宋文帝刘义隆将其外调，范晔谋反，刘义隆赞赏他有先见之明。刘义隆修建园林，外出巡游，都被他劝谏停止。

何尚之、刘湛是亲家政敌 何尚之的女儿嫁给刘湛之子，但他与刘湛关系并不亲密，刘湛作为司徒刘义康的亲信，夺其丹阳尹职位，改任他祠部尚书，领国子祭酒。他对此非常不满，后来宋文帝刘义隆诛杀刘湛，任他吏部尚书。南朝首都建康隶属丹阳郡，丹阳尹作为京畿地方行政长官，职位关键特殊，皇帝亲信才可得任。

何尚之提倡用佛教维稳 当时僧人慧琳撰文扬儒抑佛，言论得到衡阳太守何承天赞赏，刘宋朝臣就儒佛展开激辩，有官员上奏限制塔寺兴建及佛像铸造。刘义隆询问何尚之，何家世代礼佛，他也笃信佛教，说佛教可使人弃恶扬善，让刘义隆坐享太平。刘义隆大喜，称赞他说："释门有卿，亦犹孔氏之有子路。"

何尚之救刘宋将领家眷 何尚之深受宋文帝刘义隆倚重，刘宋二次北伐，后勤军需都委派他管理。太子刘劭发动政变夺位，进何尚之为司空、领尚书令，他被迫接受。刘劭的三弟武陵王刘骏等镇将旋即率军，讨伐刘劭。当时讨逆军将佐的家眷都在建康，刘劭意图全部诛杀，他说杀了只会增加敌方斗志，刘劭这才作罢。

何尚之年老辞官又复起　何尚之七十一岁辞官作《退居赋》,时人都认为他会复出,没多久他果然回朝,袁淑作《真隐传》嘲讽。何尚之在家常戴鹿皮帽,加封开府时,沈庆之在殿上调侃他说:"今日何不著鹿皮冠?"沈庆之多次请辞,他加以劝说,沈庆之说:"沈公不效何公,去而复还也。"他七十九岁病逝任上。

沈演之断案用疑罪从无　沈演之出身吴兴沈氏,高祖是东晋车骑将军沈充,父亲沈叔任为宋武帝刘裕旧部,有平蜀之功。沈家世代为将,他却折节好学,每日读《老子》百遍,以义理知名。沈演之任散骑常侍时,东部各郡遭受水灾,他受命巡视,就地处理政事,赈灾时不忘给新生儿口粮,案件有证据不足的,全部释放。

沈演之无相之名有相之实　沈演之十一岁时,东晋尚书左仆射刘柳说他:"此童终为令器。"他与殷景仁向来交好,被宋文帝刘义隆赞许,任他侍中、右卫将军,说他"清业贞审,器思沈济"。沈演之与左卫将军范晔共掌禁军,参与机密,范晔谋反被他发觉,密奏刘义隆。他深得刘义隆信任,虽然未任宰相,但权责无异。

沈勃将家雅士受贿流放　吴兴沈氏是江东豪族,沈演之为刘宋重臣,其子沈勃好为文章,善弹琴,能围棋,但很贪财。沈勃任太子右卫率时,宋明帝刘彧让他回乡募兵,他大肆受贿。刘彧得知大怒,下诏斥责他"自恃吴兴土豪",索贿无度,念其父功绩,不加重罪,将他流放陕西,后来回朝,被宋后废帝刘昱所杀。

宋文帝刘义隆有十二重臣　刘义隆在执政初,重用王华、刘湛、王昙首、殷景仁、谢弘微。刘湛获罪被杀,其余相继病逝后,又重用沈演之、庾炳之、范晔。范晔谋反被杀,庾炳之被免官,他后又重用江湛、徐湛之、何尚之、王僧绰。沈演之、何尚之去世,最后江湛与徐湛之并居权要,前后辅政大臣共有十二位。

宋文帝刘义隆创分科学校　刘义隆雅好艺文,在首都建康设置儒、史、玄、文四大学馆,由四位名士分别授课。儒学大师雷次宗主持儒学馆,太子率更令何承天主持史学馆,丹阳尹何尚之主持玄学馆,司徒参军谢元主持文学馆。刘义隆此举首次将文学和儒学并列,四馆各自根据专业招生,开创了中国分科教育的先例。

宋文帝刘义隆的元嘉之治　司马光说刘义隆:"帝性仁厚恭俭,勤于为政,守法而不峻,容物而不弛。百官皆久于其职,守宰以六期为断,吏不苟免,民有所系。三十年间,四境之内,晏安无事,户口蕃息,出租供徭,止于岁赋,晨出暮归,自事而已。闾阎之内,讲诵相闻,士敦操尚,乡耻轻薄。江左风俗,于斯为美。"

第一位黑衣宰相

僧人慧琳是刘宋的黑衣宰相　慧琳好谈笑,长于著作,早年被庐陵王刘义真推荐给三弟刘义隆,深得宠信。宋文帝刘义隆继位后,常与他共论机要。慧琳家门前常有车数十辆,每日筵席七八桌,他穿高屐,披貂裘,设置通呈、书佐等职位,权如宰辅。当时僧衣黑色,有人慨然道:"遂有黑衣宰相,可谓冠履失所矣。"

僧人慧琳是一位异端佛教徒　慧琳精通儒道经典,厚孔孟老庄,薄释迦牟尼,撰有《白黑论》,以代表儒道的白学先生与代表佛家的黑学先生相互辩难,对于佛教的空幻之说、来生报应等颇多讥评。他在文中称"周、孔疑而不辩,释迦辨而不实",佛教"徒称无量之寿,孰见期颐之叟?咨嗟金刚之固,安觌不朽之质?"

庾炳之多面密使　领军将军刘湛与尚书仆射殷景仁不和,朝臣只能二者选其一依附,只有庾炳之游走于二人之间,暗中尽忠宋文帝刘义隆。殷景仁称病不上朝数年,刘义隆经常命他前去暗通消息。后来刘湛被捕杀,他为尚书吏部郎,与右卫将军沈演之同参机密,后升任侍中、吏部尚书,内外归附,势倾朝野。

庾炳之大有洁癖　庾炳之是东晋重臣庾冰的曾孙,他性格急躁,喜怒形于色,年轻时敢与谢晦争辩,被人赞赏,后来身居权位,因无术学不被推崇。庾炳之很爱洁净,士大夫来造访的,离开还没出门,他就让人清洗座位。陈郡殷冲也好洁净,他的侍童非净浴新衣不得近左右,士大夫稍微不整洁被宽容,与庾炳之好洁的习惯相反,常被人讥讽。

庾炳之索贿要驴 庾炳之时任吏部尚书,以前交恶的刘德愿有精美琵琶相赠,他便与之交好,启用其子,任刘道锡广州刺史,获赠白檀木牵车。有次某客来访,庾炳之问:"有好牛不?"答:"无。"又问:"有好马不?"答:"无,有头好驴。"他便说:"是我很想要的。"有人受他举荐为官,嫁女资费被他全部索取。

庾炳之小事免官 有一次,任吏部尚书的庾炳之请假回家,两位属官令史钱泰和周伯齐来他家询问事务,钱泰善弹琵琶,周伯齐善歌,一起饮酒作乐,二人被他留宿。当时规定,令史咨事不得在外留宿。庾炳之被弹劾,宋文帝刘义隆以事小想宽恕,尚书右仆射何尚之多次陈奏,揭发其选官索贿等诸多过失,最终他被免官。

庾登之第一次被免官 庾登之是庾炳之的兄长,少时勤勉努力,虽然学问不大,但善于交际,王弘、谢晦都是他相知好友。东晋末,刘裕任镇军将军,他为其参军,以讨伐桓玄功封男爵。刘裕北伐,庾登之以母老向刘穆之求任郡守。当时士庶都害怕远征,他三心二意,刘裕大怒,将其免职,大军出发后又任他西阳太守。

庾登之第二次被免官 谢晦为抚军将军、荆州刺史,请求庾登之任长史、南郡太守。他和谢晦都是曹家女婿,名位相同,成为谢晦佐官,心中不悦。庾登之每次见谢晦,都要箱囊几席全备好,一样不齐就不入座,谢晦对他宽容。宋文帝讨伐谢晦,谢晦让他留守,他不同意。谢晦败亡,他以没有参与免罪,去职遣返回家。

庾登之第三次被免官　庾登之因谢晦事被免官,后被宋文帝刘义隆起用为七弟衡阳王刘义季的长史,刘义季年少,政务都由他处理。庾登之后任南东海太守、尚书吏部郎、司徒左长史,司徒彭城王刘义康独揽政事,不爱属下插手,他性情刚烈,常常陈述己见。刘义康不悦,将他出为吴郡太守,他被发现贪赃,因此免官。

庾登之兄弟邻郡当太守　庾登之因贪污被免职,弟弟庾炳之时为临川内史,他随其到临川郡,悠闲自得,当地吏民全都轻视侮慢他。没多久庾登之被任豫章太守,豫章临川两郡相邻,他便顺路到任。豫章郡更为繁华宏大,迎接他的仪仗排场显赫,士人都很惊叹,他后来位至江州刺史。郡内有封国,长官不称太守称内史。

羊玄保总是有好官做　羊玄保善弈棋,宋文帝刘义隆与他以郡相赌,他获胜被任宣城太守,后历任会稽太守、吴郡太守。刘义隆以羊玄保廉素寡欲,经常授以名郡,他不营财利,处家俭薄,为政虽无干绩,但离开后吏民经常想念他。刘义隆曾说:"人仕宦非唯须才,然亦须运命,每有好官缺,我未尝不先忆羊玄保。"

羊戎说话喜欢用双声　羊戎是羊玄保之子,少有才气,但轻薄无行,语好为双声。江夏王刘义恭一次设斋,让其布置座席,他认为座席狭窄,便展开更宽,说:"官家恨狭,更广八分。"刘义恭笑道:"卿岂唯善双声,乃辩士也。"双声指两字声母相同,王国维在《人间词话》中说此处"官家更广"四字,皆从k得声。

羊戎因言论获罪身死　宋文帝刘义隆喜欢与羊戎之父羊玄保下棋,一次宫使至,羊玄保问:"今日皇上为何召我?"他回答:"金沟清泚,铜池摇飏,既佳光景,当得剧棋。"羊玄保嫌其轻狂,说:"此儿必亡我家。"后来羊戎与王僧达诽谤时政,被宋孝武帝刘骏处死,羊玄保谢罪说:"臣无金日磾之明,以此上负。"

日本天皇很想成刘宋将军　东晋曾封高句丽国王为征东将军、百济国王为镇东将军,《晋书》称为倭王赞的日本天皇向东晋遣使,却不被重视,没有封号。宋武帝刘裕登基后,又将两王加封为征东大将军、镇东大将军。倭王赞立刻遣使刘宋,但是宋廷仍未赐封,只说"倭赞万里修贡,远诚宜甄,可赐除授"。

日本天皇向刘宋求封将军　《宋书》所载倭王珍是日本反正或仁德天皇,他仿照高句丽和百济两国国王所获封号,向宋文帝刘义隆求取被封"使持节、都督倭、百济、新罗、任那、秦韩、慕韩六国诸军事,安东大将军、倭国王"。倭王珍试图以此让宋廷授权他控制朝鲜半岛,刘义隆只封其为"安东将军、倭国王"。

日本天皇如愿成刘宋将军　宋文帝刘义隆封天皇倭王珍为安东将军、倭国王,还答应其请求,授予倭国十三人为将军。虽然这次倭王珍没有如愿被封为安东大将军、都督六国诸军事,但比起未获任何封号的倭王赞有很大进步。日本天皇获得刘宋的将军封号比高句丽国王晚了二十五年,比百济国王晚了二十二年。

日本天皇如愿都督六国军 《宋书》所载倭王济为允恭天皇,宋廷让他继承前任倭王珍的"安东将军、倭国王"封号。在刘宋被北魏猛攻后,倭王济被宋文帝刘义隆封为"使持节、都督倭、新罗、任那、加罗、秦韩、慕韩六国诸军事"。最后他又被加封安东大将军,成为得到刘宋加封的位阶最煊赫的日本天皇。

《世说新语》总编刘义庆

王球简贵不交游 王球是东晋宰相王导曾孙,司徒王谧之子,少与堂兄王惠齐名,"美容止"。他自以名门公子,简傲高贵,向来不好交游,门前无异客。当时殷景仁、刘湛并执重权,王球和他们虽有姻戚,却不往来。他好文学,只与颜延之等交好,在刘宋不求权势,但身居高位,历任中书令、吏部尚书、尚书仆射。

王球挥扇退舍人 中书舍人秋当得宋文帝刘义隆亲幸,造访王昙首不敢坐。另有位中书舍人得宠遇,刘义隆对他说:"卿欲作士人,得就王球坐,才是被认可。殷景仁、刘湛士庶混杂不行,如造访王球,可称旨就席。"他来到后,王球举扇说:"不能如此。"他退回启奏,刘义隆说:"我也无奈。"二王为族兄弟。

王球低调会选官　王球的父亲王谧在刘裕布衣时，就赏识刘裕，后来刘裕执掌东晋朝政，对王谧厚待。刘裕封宋王后，任王球为世子中舍人，其子宋文帝刘义隆为宜都王时，刘裕任他宜都王友。王球任吏部尚书时，很少见客，也不看求官书信，但选官有序，朝野称赞。他向来体弱，素有脚疾，多次辞职，没有子嗣。

王履慌乱不穿履　王履是王球的侄子，依附彭城王刘义康，与刘湛深交，并有异志，王球多次训诫，他不听从。刘湛被杀当夜，王履吓得赤脚来见王球，王球命人为其取履，先温酒给他，说："平日所言何如？"他惊惧无语，王球缓缓道："阿父在，汝何忧。"命左右扶郎还斋。宋文帝看王球情面，他得免死。

王惠是王氏之美　王惠是王导曾孙，少与堂弟王球齐名，自幼平易质朴，恬静不交游，为叔父司徒王谧所知。陈郡谢瞻有才辩风度，曾与族中兄弟拜访王惠，谢瞻谈论锋起，文史间发，王惠时相酬应，言清理远，谢瞻等惭愧而退。宋武帝刘裕听闻其名，询问亲信其族兄王诞，王诞说："惠后来秀令，鄙宗之美也。"

王惠言如万顷陂　王惠时任宋王刘裕世子长史，刘裕表弟刘怀敬出任会稽内史，送者倾都，他也前去。回来路遇堂弟王球，王球问："向何所见？"他说："唯觉逢人耳。"王惠与谢灵运不相识，有次交谈，谢灵运多言，辞义锋起，他只在恰当时说。在座的荀伯子后对人说："灵运固自萧散直上，王郎有如万顷陂焉。"

王惠佳选郎中令　王惠曾临曲水，风雨暴至，坐者皆驰散，他缓慢起身不异常日，不以沾濡而改。刘宋初建，需置郎中令，宋武帝刘裕难有人选，对傅亮说："今用郎中令，不可令减袁曜卿也。"既而说："我有人选了。"便任命王惠。郎中令为九卿之一，汉武帝改称光禄勋，是皇宫大总管，袁涣字曜卿，为曹魏郎中令。

王惠问田食何用　宋少帝时，宰相徐羡之任蔡廓吏部尚书，蔡廓不就，以王惠代替，王惠被召便上任。他从不待客，有人与书求官，就聚于阁上，等他离职，书信印封如初。时人以蔡廓不任王惠就任，事异而意同。兄长王鉴颇好敛财，他问："为何要田？"王鉴怒道："无田何由得食？"他又问："为何要食？"

荀伯子玩乐丢官　荀伯子是汉末名臣荀彧之后，祖父是东晋骠骑将军荀羡。他少好学，博览经传，但性情通率好为杂戏，游乐乡里，因此不被任清贵之职。著作郎徐广看重荀伯子才学，举荐他为著作佐郎，助撰《晋史》。他后任御史中丞，勤谨尽职，内外忌惮，所奏劾皆深相谤毁，有的延及祖先，又间杂嘲戏，被时人非议。

荀伯子轻视谢晦　荀伯子出身颍川荀氏，得到妻弟陈郡谢氏的重臣谢晦推荐，入朝为尚书左丞，又出任临川内史。琅琊王氏的王弘称赞他说："沈重不华，有平阳侯之风。"平阳侯指汉相曹参。他常以门第之美而自矜，对王弘说："天下膏粱，唯使君与下官耳。宣明之徒，不足数也。"膏粱指名门望族，谢晦字宣明。

裴松之注解《三国志》 裴松之之父祖都为东晋高官，他任司州主簿时跟随刘裕北伐，深得刘裕赏识，被其称赞有庙廊之才，他后为宋文帝刘义隆亲信，官至太中大夫。陈寿所撰《三国志》，好读文史的刘义隆认为太过简略，让裴松之作注，他所据史料可考者多达一百四十余种，完成后刘义隆大赞说："此为不朽矣。"

刘义庆世路艰难不骑马 刘义庆是宋武帝刘裕的侄子，袭爵临川王，少善骑术，被刘裕称赞说："这是我家的丰城宝剑。"东晋末，年少的他随刘裕北伐，刘宋建立，十八岁的他任侍中。后来堂弟宋文帝刘义隆登基，他被重用，位至尚书左仆射。他后以"世路艰难，不复跨马"，请求外调任荆州刺史，八年政绩颇佳。

刘义庆作民歌《乌夜啼》 《旧唐书·音乐志》载："元嘉十七年，徙彭城王义康于豫章。义庆时为江州，至镇，相见而哭。文帝闻而怪之，征还宅，大惧，伎妾夜闻乌夜啼声，扣斋阁云：'明日应有赦。'其年更为南兖州刺史，作此歌。故其和云：'笼窗窗不开，乌夜啼，夜夜望郎来。'"刘义康为宋文帝弟，刘义庆为其堂兄。

刘义庆是名士故事集《世说新语》总编 刘义庆为刘宋临川王，任荆州刺史，简朴寡欲，爱好文辞，堂弟宋文帝刘义隆写信予他，常多加斟酌。他招聚鲍照、袁淑等才士，后任江州刺史，集结文人编写《世说新语》，记载汉魏至东晋人物逸事。鲁迅称赞"记言则玄远冷隽，记行则高简瑰奇"，称其为"名士的教科书"。

刘义庆是玄幻故事集《幽明录》总编　《幽明录》原书已散佚，鲁迅辑得二百六十五则，编入著作《古小说钩沉》。"幽明，有形无形之象"，以喻鬼神灵怪变幻无常，其主题有战乱、饥荒、死亡、爱情。现存四十多则有人与神鬼妖之恋，其中许多故事被后世取材，如"刘阮遇仙"，"柏枕幻梦"题材影响甚大。

五柳先生陶渊明

陶渊明是第一隐士　陶渊明又名陶潜，曾祖陶侃是东晋太尉，外公孟嘉是当时名士。他九岁丧父，与母妹三人度日，少有高趣，博学善文，"颖脱不羁，任真自得"。四十来岁的陶渊明任彭泽县令，郡中派来督邮，县吏说："应束带见之。"他叹道："我岂能为五斗米，折腰向乡里小儿。"便辞官归隐，自号五柳先生。

陶渊明归隐的真相？　东晋末，陶渊明先后出仕五次，第一次为州祭酒，第二次入桓玄军幕，第三次为镇军将军刘裕参军，第四次为建威将军刘敬宣参军，第五次任彭泽县令。他在桓玄军中任期不满三年，却是他出仕最长的一次。后来桓玄称楚帝被刘裕击败，刘裕为东晋太尉掌权后，他先主动求任彭泽县令，后又辞官退隐。

陶渊明头巾滤酒 陶渊明性嗜酒,饮必醉,有人来访,不论贵贱,只要家中有酒,必与同饮,若先醉,便对客人说:"我醉欲眠,卿可去。"有次重阳节家中无酒,陶渊明在宅边的菊花丛中久坐。正好王弘派人送酒来了,他随即就喝,喝醉才回去。某次郡将来访,他所酿的酒好了,取下头上所戴葛巾滤酒,滤完又戴上。

陶渊明有琴无弦 每到夏夜,陶渊明高卧北窗下,清风吹来,自称羲皇上人,即伏羲氏以前的人。他不解音律,常备素琴一张,没有琴弦,每次酒会,就抚琴说:"但识琴中趣,何劳弦上声。"陶渊明于宋文帝元嘉四年病故,隐居不仕的这二十多年是他创作田园诗最丰富的时期。他病逝后,好友颜延之撰《陶征士诔》。

陶渊明、颜延之是酒友 颜延之任始安太守时,经过浔阳,每天都到陶渊明家饮酒,每次都要酣饮至醉,王弘邀请颜延之赴宴,都找不到人。颜延之临走时,留一笔钱给陶渊明买酒,他全部送给酒家,以便一来就有酒喝。李白有诗:"颜公二十万,尽会酒家钱。"皮日休有诗:"从此问君还酒债,颜延之送几钱来。"

陶渊明不与王弘结交 刘宋名臣王弘任江州刺史时,慕名来访,陶渊明却称病不见,王弘多次派人去等候他。有一次,王弘获悉他将要前往庐山,便让他的一位老友携酒,与众人在半途迎候。陶渊明看到有酒,就在野外的亭子里和他们举杯痛饮,高兴得忘记要出行。王弘这时出来相见,他也没有不满,一起欢宴终日。

陶渊明拒绝檀道济馈赠　刘宋名将檀道济任江州刺史时,亲自到陶渊明家拜访,这时他染病在身,卧床不起。檀道济劝他说:"贤者处世,天下无道则隐,有道则至。今子生文明之世,奈何自苦如此?"他说:"潜也何敢望贤,志不及也。"檀道济赠给他米肉,被他拒绝。宋武帝刘裕代晋建宋后,他有诗《咏荆轲》。

陶渊明是隐士也是豪士　陶渊明在辞官退隐前,诗作慷慨激昂,朱熹说:"渊明诗,人皆说平淡,余看他自豪放,但豪放得来不觉耳。其露出本相者,是《咏荆轲》一篇,平淡底人如何说得这样言语出来。"龚自珍有诗:"陶潜酷似卧龙豪,万古浔阳松菊高。莫信诗人竟平淡,二分《梁甫》一分《骚》。"

陶渊明是南梁萧统偶像　陶之诗文在陶渊明在世时影响一般,钟嵘《诗品》列其诗为中品,称其为"古今隐逸诗人之宗"。南梁昭明太子萧统对陶渊明推崇备至,亲自为他编集作传,《陶渊明集》是中国文学史上的首部文人专集。萧统称赞他"文章不群,辞采精拔,跌宕昭彰,独超众类,抑扬爽朗,莫之与京"。

陶渊明是唐宋文人偶像　白居易说陶渊明"尘垢不污玉,灵凤不啄腥",自称"异世陶元亮",欧阳修说:"晋无文章,唯陶渊明《归去来兮辞》。"还说:"吾爱陶渊明,爱酒又爱闲。"苏轼写下一百零九首和陶诗,晚年说自己"无所甚好,独好渊明之诗",辛弃疾差不多每十首词中就有一首其中化用陶渊明的诗文。

陶渊明是田园诗派祖师 陶渊明流传至今的诗作一百二十余首,有饮酒诗、述怀诗、田园诗,田园生活是重要题材。苏轼说:"渊明诗不多,然其诗,质而实绮,癯而实腴,自曹、刘、鲍、谢、李、杜、诸人,皆莫及也。"元好问说他:"一语天然万古新,豪华落尽见真淳。"沈德潜说他:"六朝第一流人物,其诗有不独步千古者耶?"

谢灵运是山水诗派祖师 谢灵运自幼聪慧,博览群书,文章之美江左莫逮,十八岁袭爵康乐公,后降为侯,世称谢康乐。钟嵘《诗品》论刘宋诗,称他"为元嘉之雄,颜延之为辅"。他是曹植的粉丝,曾言:"天下才有一石,曹植才高八斗,天下人共一斗,我独占一斗。"李白是他的粉丝,说:"吾人咏歌,独惭康乐。"

谢家玉树谢灵运

谢灵运名字暗藏天师道符号 谢灵运是东晋名将谢玄的孙子,谢安为其曾叔祖,其父谢瑍有些弱智。谢家信奉天师道,认为子孙难得,把四岁的他送到吴郡钱塘天师道大师杜炅的道馆中寄养,他十五岁才回到建康家中,因此小名客儿。陈寅恪考证说,"灵"字是天师道的符号,如东晋末起兵的天师道首领孙恩,字灵秀。

谢灵运穿衣服引领刘宋时尚 谢灵运性奢豪,车服鲜丽,所穿衣裳与所用器物,经常更改旧制,被世人效仿。他二十一岁出仕,曾任东晋大将刘毅的参军,再为太尉刘裕的参军,后入朝为秘书丞。刘宋建立,他任太子左卫率,爵位由公降侯,宋少帝继位,他被司空徐羡之排挤出京,任永嘉太守,一年后称病返乡隐居。

谢灵运杀死小妾情夫被免职　谢灵运时任太子左卫率,军士桂兴与他的小妾偷情,他杀死桂兴,弃尸河流。他被尚书仆射王弘奏弹,宋武帝刘裕将其免官。宋少帝继位,谢灵运被徐羡之打压离京,宋文帝刘义隆登基后,任他秘书监,负责整理皇家藏书。他撰写晋史,又升任侍中,所受赏遇优厚,诗书被刘义隆称为二宝。

谢灵运是名士兼户外探险家　谢灵运自以为名士,才能足够参与朝政,但宋文帝刘义隆只把他当文人才子,每次他陪侍饮宴,刘义隆只是与他闲谈。王昙首、殷景仁等人声名不及他,却被重用,他心中不平,经常称病不入朝,驱使公役,大造园林。他喜欢登山探险,有时出城游玩,十几天不回,既无表奏,又不请假。

谢灵运发明登山鞋"谢公屐"　谢灵运家资丰厚,奴童众多,喜欢率众徒步登山,专挑幽峻险远之地。他登山穿着一种特制的木鞋,鞋底安有两个木齿,上山去其前齿,下山去其后齿,便于在山路行走,后人争相效仿,称为"谢公屐"。李白有诗:"谢公宿处今尚在,绿水荡漾清猿啼。脚着谢公屐,身登青云梯。"

谢灵运的探险队吓坏地方官　有一次，谢灵运率徒众数百，一路伐木开道，从始宁的南山，直奔临海，始宁今属浙江省嵊州市，临海是今浙江省临海市。他们声势浩大，临海太守王琇大为惊骇，以为是山贼来袭，后来才知道是谢灵运。谢灵运力邀王琇一同游山，王琇不肯，他赠诗调侃："邦君难地崄，旅客易山行。"

谢灵运、孟顗两人结怨　谢灵运称病归乡，二次隐居会稽，日夜游宴受弹劾后被免官。会稽太守孟顗礼佛精恳，他对孟顗说："得道应须慧业文人，生天当在灵运前，成佛必在灵运后。"孟顗深恨此言。会稽东门有回踵湖，谢灵运请求为田得宋文帝允许，此湖多水产为百姓爱惜，孟顗坚执不与，他说孟顗是因决湖有害生灵。

谢灵运拒捕身首异处　会稽太守孟顗诬告谢灵运有异志，他上表辩解，被宋文帝刘义隆任为临川内史，他在郡游玩，荒废政务被有司弹劾。宰相刘义康遣使收捕，他兴兵拒捕，并作诗："韩亡子房奋，秦帝鲁连耻。本自江海人，忠义感君子。"他兵败后被流放广州，有人招供受其指使劫狱，刘义隆以叛逆罪将他处斩。

谢灵运死于矛盾人格？　谢灵运出身高门，恃才自傲，刘宋的开国皇帝宋武帝刘裕最初只是其祖父谢玄创建的北府军中的一位大兵。他最终因涉及谋反被杀，毛泽东评价说："此人一辈子矛盾着。想做大官而不能，'进德智所拙'也。做林下封君，又不愿意。一辈子生活在这个矛盾之中。晚节造反，矛盾达于极点。"

谢灵运胡子成为文物　谢灵运晚年信佛,获罪被杀临刑时,自愿把好看的须髯割下,布施给祇洹寺的僧人,用来装饰维摩诘佛像,一直保存到唐朝。两百多年后,唐中宗李显的女儿安乐公主听说该寺维摩诘佛像的胡须是南朝名士谢灵运的,就剪去了一半,准备玩斗草游戏时使用,剩余的她不想别人得到,便将其丢弃。

谢惠连才子无官运　谢惠连是谢安幼弟谢铁的曾孙,谢灵运的族弟,幼而聪敏,十岁便能写文章,深得谢灵运赞赏,谢灵运说:"每有篇章,对惠连辄得佳语。"谢灵运有次写诗整日不成,梦到谢惠连,即成佳句"池塘生春草"。他爱幸于会稽郡吏美男杜德灵,居父丧期还向其赠诗,招来非议,以其轻薄无行,不得仕进。

谢惠连才子惜早夭　谢惠连作《雪赋》"以高丽见奇",谢灵运每见其新作,都说:"张华重生,不能易也。"他年少才高,仕途失意,二十七岁便病逝,钟嵘《诗品》评价说:"小谢才思富捷,恨其兰玉夙凋,故长辔未骋。《秋怀》《捣衣》之作,虽复灵运锐思,亦何以加焉。又工为绮丽歌谣,风人第一。"

谢惠连、刘义宗争爱　刘义宗是临川王刘义庆的弟弟,幼为伯父刘裕所爱,取字伯奴。宋武帝刘裕登基后,他任太子左卫率。门人杜德灵雅有姿色,为刘义宗所爱宠,谢惠连亦爱幸之,为其赋诗十余首。杜德灵暴横打人,被他藏匿,事发他被免官。他爱士乐施,兼好文籍,官至南兖州刺史,有子刘秉。

谢灵运、陶渊明在白莲社有不同待遇 谢灵运负才傲物,与庐山东林寺住持高僧慧远交谈后,他肃然心服。慧远招聚百余位僧俗,讲学结社,谢灵运为慧远凿二池,引水遍栽白莲,遂称白莲社。谢灵运请求入社,慧远以其心杂不许,慧远屡招陶渊明,陶渊明不入社。后人为诗:"元亮醉多难入社,谢公心乱入何妨。"

陶渊明、刘遗民、周续之被称"浔阳三隐" 刘遗民原名刘程之,自负其才,不侣流俗,早年任过参军,先后受侍中谢琨、太尉刘裕举荐皆不就。他被刘裕称为遗民,在东晋末去世。周续之兼通儒道佛三学,多次拒绝晋将刘毅、刘裕的征辟,后至刘宋入京讲学。他们二人都归隐庐山,师从高僧慧远,名列白莲社十八高贤。

高僧慧远兼通儒道佛是一代宗师 慧远俗姓贾,少通儒家五经与道家老庄之学,听高僧道安讲解般若经后,拜师出家。东晋江州刺史桓伊建庐山东林寺,慧远后为住持,他内通佛理,外善群书,吸引众多僧俗,使庐山成为当时南地佛教中心。他为佛教净土宗始祖,知名弟子俗家有宗炳、刘遗民、周续之、雷次宗等。

俊逸鲍照与狂诞颜延之

鲍照与谢灵运、颜延之并称"元嘉三大家" 《许彦周诗话》评鲍照诗

《行路难》:"壮丽豪放,诗中不可比拟。"杜甫称赞李白如"俊逸鲍参军",王夫之说他"一以天才天韵吹宕而成,独唱千秋,更无和者",胡应麟称他"上挽曹、刘之逸步,下开李、杜之先鞭",沈德潜说他"如五丁凿山,开人世所未有"。

鲍照才尽背后另有真相　鲍照"文辞瞻逸,尝为古乐府,文甚遒丽",二十四岁时,想拜见爱好文学的刘宋临川王刘义庆,但不被所知,便呈诗言志,得到刘义庆赞赏,任他临川国侍郎。后来,宋孝武帝刘骏任鲍照为中书舍人,刘骏好写文章,经常自谓人莫能及。他写文章便故意多用鄙言累句,很多人都说他才尽。

鲍照作赋大赞扑火飞蛾　鲍照的赋文现存十篇,其中的最短者是《飞蛾赋》,仅有七十五个字。全文:"仙鼠伺暗,飞蛾候明,均灵舛化,诡欲齐生。观齐生而欲诡,各会性以凭方。凌燋烟之浮景,赴熙焰之明光。拔身幽草下,毕命在此堂。本轻死以邀得,虽糜烂其何伤!岂学山南之文豹,避云雾而岩藏。"

鲍照是不愿被埋没的才子　鲍照青年时想拜见刘宋临川王刘义庆,有人说:"卿位尚卑,不可轻忤大王。"他怒道:"千载上有英才异士沉没而不可闻者,安可数哉!大丈夫岂可遂蕴智能,使兰艾不辨,终日碌碌,与燕雀相随乎?"钟嵘《诗品》评价他:"才秀人微,取埋当代。"后在宋明帝时的战乱中,他为乱兵所杀。

鲍令晖是南朝知名女诗人　鲍令晖是鲍照的妹妹，鲍照曾以西晋才子左思、左棻兄妹自比，钟嵘《诗品》中论其诗"往往崭绝清巧，拟古尤胜"。她有诗《拟青青河畔草》："袅袅临窗竹，蔼蔼垂门桐。灼灼青轩女，泠泠高台中。明志逸秋霜，玉颜艳春红。人生谁不别，恨君早从戎。鸣弦惭夜月，绀黛羞春风。"

颜延之、谢灵运齐名　颜延之好读书，无所不览，文章之美，冠绝当时，与谢灵运并称颜谢。他们二人的诗文，时人称自西晋潘岳、陆机后，文士莫及。他曾询问鲍照自己与谢灵运的诗作优劣，鲍照说："谢五言（公如）初发芙蓉，自然可爱，君诗如铺锦列绣，亦雕缋满眼。"汤惠休说："谢诗如芙蓉出水，颜如错彩镂金。"

颜延之对周续之　刘宋初，儒学隐士周续之被征召入京，宋武帝刘裕亲临学馆，朝中英才毕至，颜延之时任太子舍人，位卑却被列入上席。刘裕让他问难周续之《周礼》的"三义"，周续之自恃能言善辩，却被他以简要论说接连挫败。刘裕又让他独自详叙，他言约理畅，旁人莫不称赞，皇子庐陵王刘义真对他厚待。

颜延之狂士自许　颜延之少时孤贫，家居陋室，三十几岁才结婚，生性嗜酒，陶渊明是他的最佳酒友。宋文帝刘义隆询问他几个儿子的才能，颜延之回答说："竣得臣笔，测得臣文，㕀得臣义，跃得臣酒。"何尚之嘲弄问："谁得卿狂？"他说："我的狂他们都不可及。"其长子颜竣后为宋孝武帝刘骏的心腹重臣。

颜延之脱衣醉歌　颜延之酒后肆意直言,人称"颜彪",宋文帝刘义隆召见他找不到,他喝醉在酒馆裸体高唱挽歌。僧人慧琳为刘义隆赏爱,被召见坐独榻,颜延之不悦,一次他酒醉对刘义隆说:"昔同子参乘,袁丝正色。此三台之坐,岂可使刑余居之。"刘义隆脸色大变。汉文帝曾与宦官赵同共乘一车,被袁盎劝谏。

颜延之玩世善对　颜延之疏诞好酒,经常触怒权贵,居身俭约,不营财利,布衣蔬食,独酌郊野,中书令王球与之交好,经常接济他。刘宋太子刘劭夺位,各路讨伐,声讨檄文是其子颜竣所写,刘劭见到大怒,质问他颜竣之罪。他回答说:"竣尚不顾老臣,何能为陛下。"明人张溥说他:"玩世如阮籍,善对如乐广。"

颜延之直斥袁淑　尚书令傅亮自以文辞他人莫及,颜延之自负其才,不为之下,傅亮大为忌恨。颜延之后以才学得宋文帝刘义隆赏识,时人都推崇敬服,唯有袁淑年纪小他一半,却不推重他。他当众愤怒地指责袁淑说:"昔陈元方与孔元骏齐年文学,元骏拜元方于床下,今君何得不见拜?"袁淑无言以对。

颜延之触怒刘湛　颜延之言语辞意激扬,每次都触犯权要,见刘湛、殷景仁身居要职,心中愤愤不平,经常说:"天下事岂一人之智所能独了。"他年轻时曾任刘湛之父刘柳的主簿,便对刘湛说:"我名器不升,是因为当过你家小吏。"刘湛听后深以为恨,向宰相彭城王刘义康进

096

言,将其贬出京城,出任永嘉太守。

颜延之失意咏五君 颜延之因为触怒重臣刘湛被贬,心怀怨愤作《五君咏》,借竹林七贤抒怀,山涛、王戎因显贵被免,刘湛得知后大怒。咏嵇康:"鸾翮有时铩,龙性谁能驯。"咏阮籍:"物故不可论,途穷能无恸。"咏阮咸:"屡荐不入官,一麾乃出守。"咏刘伶:"韬精日沉饮,谁知非荒宴。"此四句为其自叙。

颜延之戏言嘲何偃 宋孝武帝刘骏继位,长子颜竣得到重用,颜延之因此被任金紫光禄大夫,兼湘东王师。颜延之曾与何偃一同跟随刘骏到南郊去,何偃在路上远远地呼喊他:"颜公!"他觉得何偃太轻佻,便出言嘲讽。他回答说:"我既非三公之公,又非田家之公,也非你家阿公,为何见呼为公?"何偃羞惭而退。

颜延之爱骑马闲逛 颜延之的长子颜竣位高权重,但供给的钱财他都不接受,依旧身穿布衣住在茅屋。颜延之曾乘着瘦牛笨车,路遇颜竣的仪仗队,就绕道而行。他喜欢骑马在街巷游逛,遇见老友就在马背上索取酒食,得到便开怀畅饮,欣然自得。他曾对颜竣说:"我一生最不喜欢见到大官,今日却不幸见到你。"

颜延之骂儿子颜竣 长子颜竣时为刘宋重臣,有一天,颜延之早晨前往颜竣府第,遇到宾客盈门,而颜竣还躺着没有起床。颜延之发怒说:"恭敬自谦,是福气的根基。骄矜傲慢,是灾祸的起点。何况你是出自粪土当中,而升到云霞之上,骄气不可长,这样难道能持久吗?"他去世后没多久,颜竣为宋孝武帝刘骏所杀。

颜延之、何尚之是猴　颜延之、何尚之志趣相投,自幼交好,喜欢互相开玩笑,他们都身材矮小,何尚之说颜延之是猿,颜延之说何尚之是猴。有一次,两人同游太子西池,颜延之问路人:"我们两个谁像猴子?"路人指着何尚之说:"他很像"。颜延之听后正在一旁偷着乐,路人又说:"他是像猴子,你是真猴子。"

颜延之伤情哭爱妾　颜延之有个爱妾,没有她在跟前,他便吃不好,睡不安。爱妾凭着得宠,摇荡座椅上的颜延之,使他摔伤,其子重臣颜竣便杀了她。颜延之哀痛至极,常常坐在其灵位哭着说:"是贵人杀你,不是我杀你。"有年冬天,他在灵位前哭着,忽然看见爱妾推倒屏风来压他,因害怕而摔倒,生病后去世。

王弘之不攀交名士　王弘之少孤贫,为外公高士何准抚育,被族叔王献之及太原王恭器重。晋安帝时,王弘之升任司徒主簿,后因病归家,又被卫将军桓谦起用为参军。当时名士殷仲文离京回姑苏,百官送者倾朝,桓谦要他同去。他回答说:"凡祖离送别,必在有情,下官与殷风马不接,无缘虚从。"桓谦赞许其言。

王弘之钓鱼不卖鱼　王弘之性好山水,又好钓,上虞江有一处名三石头,他常垂钓于此。有不认识他的路人问:"渔师得鱼卖不?"他说:

"亦自不得，得亦不卖。"日暮时，王弘之装上鱼进入上虞外城，经过亲朋旧友门口，分别放一两条鱼在门内离去。始宁沃川有佳山水，他依岩筑室而居，深得谢灵运、颜延之钦重。

王弘之穿貂裘采药　宋文帝登基时，王弘之得族兄尚书右仆射王敬弘举荐，被征任散骑常侍不就，王敬弘脱下貂裘送他，他穿上采药。王弘之去世后，颜延之想为他作悼词，写信其子说："君家高世之节，有识归重，豪翰才士本应被记述。何况我仰慕其风范，私下以叙德为己事，但恨短笔不足书美。"悼词最终未成。

清高宗炳与博雅何承天

宗炳拒绝宋武帝刘裕　宗炳的祖父任宜都太守，父亲任湘乡令，母亲师氏聪辩有学义，教授诸子，他居丧守礼，被乡闾称道。东晋时，两任荆州刺史殷仲堪、桓玄任宗炳为主簿，他都不就。刘裕后任荆州刺史，任他主簿，他也不就，询问原因，他说："栖丘饮谷，三十余年。"得刘裕赞许，以其家贫，多次馈赠。

宗炳两任皇帝都不理　宗炳妙善琴书，精于言理，每游山水，往辄忘归，其妻罗氏亦有高情，与他意趣相投。宋武帝刘裕任东晋太尉时，征他为掾，登基后又征他为太子舍人，都不应命。宋文帝刘义隆继位，两次征召宗炳，他也都不应，皇弟衡阳王刘义季任荆州刺史，亲至其家，与之欢宴，任他咨议参军，他不出任。

宗炳莲社十八高贤最年少　东晋末,庐山东林寺住持高僧慧远倡建白莲社,集结高僧隐士一百二十三人,谈儒论道,结社学佛。以慧远为首十八人,十二僧六俗,称东林莲社十八高贤,有周续之、雷次宗等名士。前来求学的二十七岁的宗炳亦在其中,他在庐山不到两个月,兄长南平太守宗臧找来,将他强行带回。

宗炳善作一笔画藏一百事　宗炳善琴书图画,中年再次隐居庐山,深受宋武帝刘裕赏识,是南朝刘宋的名士画家。东晋末,时为车骑将军的刘裕东征刘毅,特地上山拜访,他献一笔画,画一百事,刘裕回赠以犀柄麈尾。苏轼见到友人收藏的宗炳一笔画,题诗:"宛转回纹锦,萦盈连理花。何须郭忠恕,匹素画缫车。"

宗炳最早提出山水画理论　宗炳所撰《山水画序》是中国第一篇山水画论,"万趣融其神思",提出"畅神"说,认为这是山水审美中的最高享受。他论述透视原理:"今张绢素以远映,则昆、阆之形,可围于方寸之内。竖画三寸,当千仞之高,横墨数尺,体百里之迥。"还著有探讨绘画技法的《狮子击象图序》。

宗炳为慧远维护知识产权　隐士雷次宗与宗炳都曾求学于高僧慧远,同列莲社十八高贤。雷次宗后被宋文帝刘义隆征至建康教授儒学,为太子诸王讲解慧远为二人讲过的《丧服经》,并根据其讲义,编著《略注丧服经传》。宗炳得知后,写信斥责雷次宗说:"昔与足下共于释和尚间面受此义，今便题卷称雷氏吗？"

宗炳室内挂画当卧游山水 宗炳好山水，爱远游，西陟荆巫，南登衡岳，晚年想隐居衡山，后因病回到江陵，叹道："老疾俱至，名山恐难遍睹，唯当澄怀观道，卧以游之。"凡所游历名山，宗炳都作画挂于室内，说："抚琴动操，欲令众山皆响。"当世只有他会弹古琴曲《金石弄》，宋文帝刘义隆派乐师向他求学。

宗炳《明佛论》称神不灭 宗炳信奉佛法，师从精习儒道佛的高僧慧远，僧人慧琳撰《白黑论》质疑佛理，何承天赞同送给他看。他逐一批驳后撰《明佛论》反击，又名《神不灭论》。他力证人死精神不灭，因果报应轮回，众生皆有佛性，人人皆可成佛，儒道佛三教一体。何承天撰《达性论》反驳，两人展开激辩。

雷次宗撰江西首部地方志 雷次宗少入庐山，师从高僧慧远，从之学三礼、毛诗，成为儒佛兼通的学者。雷次宗深得宋文帝刘义隆欣赏，先后两次被召入京开馆讲学，被授官职不就，当时十三岁的齐高帝萧道成就读其学馆。他曾经在老家豫章郡南昌讲学，撰写《豫章记》记载当地风俗民情，是江西地区最早的地方志。

宋文帝刘义隆借佛教治国 疑佛者慧琳、何承天与信佛者宗炳、颜延之论战，刘义隆对何尚之说："范泰、谢灵运常言，六经典文，本在济俗为政必求性灵真奥，难道不以佛经为指南吗？颜延之折《达性论》，宗炳难《白黑论》,明佛汪汪,尤为名理并足,开奖人意。若使率土之滨,皆敦此化,则朕坐致太平矣,夫复何事?"

何承天是文理通才　何承天博通经史,诗文典雅,能弹筝,擅弈棋,精于天文历法,兼通音律。何承天将长达八百卷的《礼论》删改成三百卷本,上表指出沿用的《乾象历》有误,编著更加精准的《元嘉历》。他将圆周率计算准确至小数点后两位,音乐上提出世界史上最早有记载的十二平均律数列,撰写国史未成去世。

何承天是博雅高士　何承天博知古今,为时人所重,张永挖掘玄武湖发现一古墓,墓上得一铜斗,宋文帝刘义隆以此询问群臣。何承天说:"此亡新威斗,王莽三公亡,皆赐之。一在冢外,一在冢内,时三台居江左者,唯甄邯为大司徒,必邯之墓。"张永开启古墓,又得一斗,有一石铭"大司徒甄邯之墓"。

何承天被人叫奶妈　何承天五岁失父,母亲是东晋秘书监徐广的姐姐,聪慧博学,他自幼受母亲教导,读遍儒史百家,成为晋宋盛名才士。何承天历任衡阳内史、御史中丞,晚年仕途不畅,多次因事丢官。他七十多岁任著作佐郎,其他佐郎都是世家年少,有人调侃叫他奶母,他说:"卿当说凤凰带九子,怎说是奶母!"

何承天知机助刘裕　东晋末,何承天任太尉刘裕的参军,刘裕讨伐荆州刺史刘毅,派诸葛长民留守建康,诸葛长民意图作乱。刘裕的谋主丹阳尹刘穆之心忧，故意秘问何承之关于刘裕西征成败，他说不担心西征，归来应多加提防。刘穆之听后叹道："不是你我听不到这种实话，我想做回以前丹徒刘郎，恐怕再也不能了。"

何承天献计给谢晦　宋文帝刘义隆征讨荆州刺史谢晦时，何承天任谢晦的咨议参军，谢晦问计于他。何承天认为投奔北魏是上策，其次"以腹心领兵戍于义阳，将军率众于夏口一战"，若兵败便从义阳逃去北魏。谢晦沉思良久说："荆楚用武之国，兵力有余，且当决战，走不晚也。"谢晦两策皆不用，后来兵败身死。

何承天反佛撰《报应问》　何承天撰《报应问》指责佛教的因果报应，言其"乖背五经，故见于先圣"，支持僧人慧琳质疑佛理的《白黑论》。何承天称"华戎自有不同，何者？中国之人，禀气清和，含仁抱义，故周孔明性习之教；外国之徒，受性刚强，贪欲忿戾，故释氏严五戒之科"。他认为佛教的理论不适合中国。

何承天反佛撰《达性论》　隐士宗炳著《明佛论》，称人死神不灭，佛教与儒道不冲突，将人与其他生灵并称"众生"，力证因果报应及轮回。他著《达性论》反驳，称人"形毙神散，犹春荣秋落"，人是万物之灵长，不能与飞禽走兽并称"众生"，其他生灵应为人所用。信佛的宗炳与颜延之撰文与他反复论战。

何承天谈兵撰《安边论》　何承天是南北朝的史学家、数学家、天文学家,东晋末,他久经军旅,多次担任宿将的参军,刘宋时,他又随到彦之北伐。宋文帝刘义隆向群臣征求抵御北魏之策,时任御史中丞的他根据南北军国形势,撰写《安边论》上书。此文为南朝防御战略思想的重要来源,后在唐宋兵学界产生较大影响。

何承天才高位不高　宋文帝时,谢晦出镇江陵,到彦之北伐都请何承天为属官。他性格刚愎,轻视同僚,被上司殷景仁厌恶,出为衡阳内史,又因不清廉入狱。何承天被赦免后任著作佐郎,升御史中丞与同僚谢元互相检举,同被免官。七十八岁时,宋文帝刘义隆准备任他吏部尚书,诏书未发,他因泄密被免官,后病逝家中。

第五章　鲜卑猛佛狸,投鞭至大江

檀道济是刘宋的长城

刘宋枉杀名将檀道济　檀道济位至司空,任江州刺史,他立功前朝,威名甚重,左右腹心都身经百战,诸子又有才略,被宋文帝刘义隆猜忌。当时有人说他:"怎知不是司马懿。"刘义隆多次病重,和弟弟宰相彭城王刘义康担忧,恐以后檀道济不受节制,便合谋将其杀害。时人作歌谣:"可怜《白浮鸠》,枉杀檀江州。"

刘宋铸大错自毁长城　在宋文帝刘义隆的默许下,宰相彭城王刘义康捕杀檀道济及其十一子、心腹部将高进之、薛彤。高薛二人有勇力,时人比作关张。檀道济被捕时,目光如炬,顷刻饮酒一斛,摔下头巾怒道:"你们这是自毁长城!"北魏诸将得知后大喜说:"道济死,吴子辈不足复惮!"当时魏人用其画像驱鬼。

高进之的父亲是侠士　高进之之父高瓒会拳脚有勇力,有一次,高瓒去给朋友送丧,回来时,朋友的妻子被土豪抢走,高瓒前去营救。朋友的妻子自刎而死，高瓒杀了七人，亡命江湖，不知所踪。高进之十三岁时，母亲去世，他安葬完毕，四处奔走寻找父亲。他寻父未果，便投身军旅，后为刘宋名将檀道济的心腹部将。

高进之是豪士　高进之少年时，拜见东晋征北将军刘牢之，正值宴会，他进去后，推上客占其座，大饮大嚼，满座震惊。刘牢之行礼，问其所长，他说："善以计数中密事。"刘牢之便问高进之甲兵粮草数目，他掐指来算，分毫不差，被任行军司马。五天后，他说："刘公猜而不忍，怨而好叛，不去，必及祸。"便逃走了。

高进之是勇士　高进之与薛肜、檀道济为友，三人志义相合，刑牲誓同生死。他跟随檀道济征讨挟持晋安帝的楚帝桓玄，俘虏一敌将又斩杀一敌将，击败桓军于曲阿奔牛塘。高进之获得晋安帝的旌节以及桓玄所乘战船，但将功劳都推让给檀道济。檀道济围攻桓军占据的广固，他制造的攻城器械非常精巧，成功攻克广固。

高进之是谋士　重臣徐羡之、傅亮想废宋少帝，招揽檀道济，檀道济与他商议。废立皇帝为秘事，高进之手按佩刀，观察左右，有异言者就杀掉。两人定议，不为戎首，也不阻拦。谢晦起兵时，他仿冒檀道济笔迹写信谢晦，假意结盟，谢晦便不做防备。到彦之北伐，慕名请他同去，他知其必败，只任护粮，未受牵连。

高进之是智士　谋废宋少帝事，高进之对檀道济说："公欲为霍光乎？为曹操乎？为霍，则废，为曹，则否。"檀道济不解惊问，他说："公欲辅宋，则少帝不废，琅琊王不立，天下非宋有也，故必废。如欲自取，则长乱阶，逢愚君，修德布惠，招罗腹心，天子非公而谁，故必不废。"檀道济忠于刘宋，便不反对废帝之事。

高进之是义士　檀道济晚年惧祸，高进之的夫人派婢女询问高进之，他说："道家戒盈满，祸或不免。然司空功名盖世，如死得所，亦不相负。"他与檀道济、薛彤三人同被刘宋朝廷捕杀时，薛彤说："身经百战，死非意外事。"他掀髯笑道："累世农夫，父以义死友，子以忠死君，此大宋之光。"便坐地就刑，神色不变。

檀和之攻破东南亚林邑国　檀和之是东晋将领檀凭之之子，檀道济的堂兄弟，时任交州刺史。交州与向刘宋称臣的林邑接壤，其新任国王常派兵入侵。宋文帝命他率军讨伐，他采用将领宗悫之计，大破林邑大象军，攻入都城。宋军掳获财宝无数，其国王出逃。林邑自此元气大伤，不再进犯，对刘宋恭顺，多次遣使朝贡。

裴方明攻灭氐族仇池国　裴方明原为益州刺史刘道济的部将，平定蜀地司马飞龙民变军，击溃作乱的仇池国王杨难当。不久，宋文帝刘义隆以私藏金宝良马罪，将他下狱处死。后来北魏太武帝拓跋焘在给刘义隆的信中说："彼前使裴方明取仇池，既得，疾其勇功，不能容，有臣如此，尚杀之，怎能与我较量！"

谁是司马飞龙？ 刘宋益州刺史刘道济聚敛图利，盘剥百姓，流民许穆之、郝惔之诈称东晋宗室司马飞龙、司马康之，得到仇池国王杨难当资助起兵。郝惔之为人所杀，许穆之招募蜀人千余，攻杀巴兴县令，驱逐阴平太守，后被刘道济派兵击斩。许穆之的部下赵广伪称司马飞龙在阳泉山中，他聚众数千人，击败宋军。

司马飞龙不死 刘宋蜀地民变军首领化名司马飞龙的许穆之被杀，其部将赵广继续作战，部众屯聚日久，不见首领司马飞龙，想解散离去。赵广让僧人程道养冒充司马飞龙，立为蜀王，军队扩大到十万人，在益州作战五年多。最终，赵广被宋将裴方明击败，程道养逃至山中，为部将所杀，世人才认为司马飞龙已死。

不读书的宰相刘义康

刘义康是刘宋大权臣 刘义康是宋武帝刘裕第四子，小名车子，宋文帝刘义隆的异母弟弟，封彭城王，娶谢晦的女儿为妻。刘义康少而聪察，后任荆州刺史，司徒王弘听从范泰建议，奏请刘义隆任他为司徒。他与王弘共同辅政，王弘多病，遇事谦让，内外政务都由他决断。他后为宰相执政十余年，封大将军，权倾天下。

刘义康不满王氏兄弟 当时刘义康任司徒，王弘任扬州刺史封录尚书事，两人并为宰相。王弘弟弟王昙首也是宋文帝刘义隆亲信，身为皇弟亲王的他被分权，不满溢于言表。王昙首请求出任吴郡太守，刘义隆不允。王弘久病，刘义康对宾客说："王公久疾不起，神州讵合卧治。"王昙首劝王弘分一半府兵给他，他才大悦。

刘义康是敬业好宰相　刘义康任刘宋司徒加封录尚书事，独任宰相总摄朝政，自强不息，无有懈倦。每天清晨，经常有数百辆车停在府门口，卑微者他也会接见。刘义康聪识过人，一闻必记，偶然相识，终生不忘。他经常在大庭广众写下所记，以示聪明，被人更加推重敬服。他不以官爵私下赠人，有才者都招入府中任用。

刘义康是不读书宰相　刘义康性好吏职，专注公文，纠剔是非，明察详尽，但向来无学识，对待文人才士非常淡薄。才子袁淑曾经拜访刘义康，他问袁淑的年龄，袁淑回答说："邓禹拜衮之岁。"他说："我不识也。"袁淑又说："陆机入洛之年。"他说："我不读书，君不要对我作才语。"《南史》以此说他浅陋。

刘义康不把哥哥当皇帝　三哥宋文帝刘义隆病重时，刘义康尽心服侍，汤药饮食自己先尝，再给刘义隆服用，有时几天都不解衣不睡觉。刘义康认为兄弟至亲，便无君臣之礼，执掌朝政时，地方贡品好的都送给他。有一次，刘义隆吃柑橘，觉得小且难吃，他说："今冬倒是有好柑。"派人去家里取来，比御用的大三寸。

刘义康不读史书不明智　刘义康因刘湛案首次被贬时，与三哥宋文帝刘义隆辞别，刘义隆大哭无语。刘义隆派僧人慧琳探视，他问慧琳:"弟子有还理不?"慧琳说:"恨公不读书数百卷。"后来,部属谋反拥立他失败,他被贬庶人,在家读书。一天读到西汉淮南王刘长之事,他叹道:"前代乃有此,我得罪为宜也!"

谢述若在刘义康不至此　司徒彭城王刘义康为宰相时,谢述任其司徒左长史,他在任清约,私无宅舍,深得刘义康厚待,后来病逝。刘义康因刘湛案被三哥宋文帝刘义隆贬为江州刺史,离京时叹道:"谢述唯劝我退,刘湛唯劝我进,今述亡而湛存,吾所以得罪也。"刘义隆也说:"谢述若存,义康必不至此。"

谢述有两知己望江迎丧　谢述是谢安的侄孙,美风姿,善举止,与殷景仁、刘湛为至交。刘湛常对人说:"我见谢道儿,未尝足。"他小名道儿。谢述任吴兴太守时病逝,送丧船队回京,还有数十里,同为重臣的尚书仆射殷景仁、领军将军刘湛同乘一车迎接,望船落泪。他的两子谢综、谢约后与舅舅范晔参与谋反被杀。

宋文帝刘义隆敬重姐姐　会稽长公主刘兴弟是宋武帝刘裕与发妻乡臧爱亲的女儿,嫁徐逵之为妻。东晋末,徐逵之在讨伐司马休之时战死,她成为寡妇。刘裕建宋称帝,封嫡长女刘兴弟为永兴公主,宋文帝刘义隆将长姐晋封为会稽长公主。家事无论大小,刘义隆都征求其意见再施行,西征谢晦时,让她统管六宫。

会稽长公主创《督护歌》　《宋书·乐志》:"《督护歌》者,彭城内史徐逵

110

之为鲁轨所杀，宋高祖使府内直督护丁旿收敛殡埋之。遝之妻，高祖长女也。呼旿至阁下，自问殓送之事。每问辄叹息曰：'丁督护!'其声哀切，后人因其声广其曲焉。"丈夫战死，公主刘兴弟询问负责埋葬的丁旿，悲切之声被人作为哀歌。

会稽长公主为儿子哭诉 宋武帝刘裕曾将一件补丁衣服交给公主刘兴弟说："后代子孙如果骄纵奢侈无节制，可拿给他们看。"其子徐湛之受刘湛案牵连。她找出父亲的补丁衣服，见到三弟皇帝刘义隆，便放声痛哭，将衣服掷地说："你家本贫贱，这是我母为你父做的纳衣，今天有顿饱饭，就想残害我儿!"刘义隆也很悲伤，没有处分外甥。

会稽长公主为弟弟求情 三弟宋文帝刘义隆在公主刘兴弟家饮宴正欢，她突然离席，跪地磕头，刘义隆来扶。她叫着四弟刘义康的小名说："车子岁暮，必不为陛下所容，今特请其生命。"说完恸哭。刘义隆流泪指着埋葬父亲宋武帝的蒋山，发誓绝不加害，他赐酒刘义康，在信上说："会稽姊饮宴忆弟，所余酒今封送。"

刘义康信佛不愿意自杀 刘宋第二次北伐兵败，北魏太武帝拓跋焘率大军南下，宋文帝刘义隆担心有人再次利用四弟刘义康作乱。他不想内忧外患并起，下令处死贬居的刘义康，派中书舍人严龙送去毒药。刘义康不肯服毒，对严龙说："佛教说自杀来世不能做人，随便你用别的方法处置。"严龙用被子将其闷死。

刘义季日夜饮酒无醒时　刘义季是宋武帝刘裕第七子,亦是幼子,三哥宋文帝刘义隆继位,封他衡阳王,他接替堂兄刘义庆继任荆州刺史。刘义季在任时躬行节俭,蓄财省用,有将领家贫,他经常赠送其母财物米肉。他嗜酒,四哥彭城王刘义康被贬庶人后,为求自保,饮酒少有清醒之日,后任徐州刺史,三十三岁去世。

孔熙先是名医神算　孔熙先博学有纵横才志,文史星算,无不兼善,以一剂药治好许曜的顽疾。他根据图谶,得知宋文帝刘义隆将死于非命,死因是骨肉相残。彭城王刘义康是孔熙先父的救命恩人,他便暗中拥立刘义康谋反,以为会应验在刘义康。事败后,刘义隆审问他时,惊讶其才,责备前任吏部尚书何尚之失职。

孔熙先的政变阴谋　孔熙先的弟弟作檄文称:"贼臣赵伯符拥兵跋扈,侵犯皇家,祸害连累储宰,徐湛之范晔等奉命举兵,即日杀伯符及其党徒。现派护军将军臧质奉上玺绶,迎接彭城王即天子位。"他以禁军军官许曜为内应,谋刺宋文帝刘义隆与太子,嫁祸领军将军赵伯符。赵伯符之子赵倩初为驸马,后被下诏与海盐公主离婚。

孔熙先预言皇帝死因　孔熙先谋反被捕,宋文帝刘义隆见他谈吐不凡,赏识其才,对他说:"以卿之才,而滞于集书省,理应有异志,此乃我负卿也。"诘责前任吏部尚书何尚之说:"使孔熙先年将三十做散骑郎,怎不做贼。"孔熙先在死前上书谢恩,并告诫刘义隆要谨防骨肉之祸,数年后刘义隆被儿子太子刘劭所杀。

徐湛之先谋反后告密　徐湛之时任丹阳尹,向来得四舅刘义康所爱,虽为舅甥,恩过子弟,也被孔熙先拉拢参与政变,谋害三舅宋文帝刘义隆。徐湛之对孔熙先、范晔等人说,臧质与萧思话并受刘义康眷遇,都会携带门生旧部加入,不忧兵力不足,但要勿失良机。数月后,他向刘义隆告密,孔熙先、范晔等全被捕杀。

史学家范晔之死

范晔是黑矮胖丑琵琶高手　范晔是范泰第四子,不满七尺,肥黑,秃眉须,少好学,博涉经史。范晔善为文章,能隶书,晓音律,善弹琵琶,能为新声。宋文帝刘义隆很想听他弹琵琶,屡次暗示,他总是装糊涂。有一次,刘义隆宴饮正欢,对他说:"我欲歌,卿可弹。"他只得弹奏,刘义隆一曲唱完,他便立即停止。

范晔小名范砖是史学专家　范晔祖父范宁是东晋儒学大家,父亲范泰为宋武帝刘裕近臣。小妾身份的母亲如厕时生下他,他出生时前额被砖块所伤,因此小名砖。范晔因是庶出,在家中身份低微,被过继给堂伯。他三十五岁时被贬任宣城太守,潜心写出《后汉书》,陈寅恪说他"为《后汉书》,体大思精,信称良史"。

范晔有才无行非儒家典型　檀道济率军迎击北魏,范晔时任司马,因害怕以脚病推辞,宋文帝刘义隆不许。父亲范泰的正室夫人病重,他未及时探视,后来携妓妾前往,受到御史弹劾。范晔谋反事泄,被抄家时,发现他家中乐器服玩,并皆珍丽,妓妾亦衣饰华美。但其母住处简陋,侄子没有冬被,叔父冬天只有单衣。

范晔特立独行听哀乐助酒　范晔随军北伐,升任尚书吏部郎,宰相彭城王刘义康的母亲王太妃去世,刘义康召集旧部到府内料理丧事,他也在其中。在安葬的前夜,轮到范晔的弟弟范广渊值班,他们另邀两人,躲在房内喝酒。范晔半醉之际推开窗户,听挽歌助酒,刘义康得知后大怒,宋文帝刘义隆将他贬为宣城太守。

范晔以香料讥讽朝臣同僚　范晔编写的《和香方》是我国首部香类专著,原书已佚失,在序言中他以香料比拟刘宋朝士。"麝本多忌",比庾炳之;"零藿虚燥",比何尚之;"詹唐粘湿",比沈演之;"枣膏昏钝",比羊玄保;"甲煎浅俗",比徐湛之;"甘松、苏合",比僧人慧琳;"沈实易和",用来自比。

范晔狱中写遗书给诸甥侄　彭城王刘义康被贬后,其心腹孔熙先策划谋反,想拉拢掌管部分禁军的左卫将军范晔。孔熙先通过范晔的外甥谢综结识他,经常与他赌博,故意输他很多钱财,刘义康为之前将他贬官致歉。他便加入政变团伙,事败后与三个儿子一同被宋文帝刘义隆处死,死前写有《狱中与诸甥侄书》。

范晔谋反不成徐湛之告密　这天,宋文帝刘义隆饮宴京郊武帐冈,范晔、孔熙先等密谋当日行刺。侍卫刘义隆的禁军军官许曜是他们同伙,扣刀看范晔,他不敢仰视,政变后来延期。数月后,徐湛之担心事败,将密谋告诉刘义隆。孔熙先等被捕,刘义隆诘问范晔,他矢口否认。刘义隆出示他写的檄文书信,他才承认。

范晔无神论者说做鬼告状 范晔支持东汉反谶纬的张衡,想写《无鬼论》,但在《后汉书·方术列传》中记载了很多术士,如会缩地的费长房,会变幻的左慈,把鞋当飞行器的王乔等。范晔谋反失败,死前写信给告密者徐湛之,说会去地府诉讼。进言治罪他的何尚之信佛,他寄语说:"天下决无佛鬼,若有灵,自当相报。"

范晔怕死被人取笑 范晔谋反被捕,以为入狱便死,关了二十多天,觉得又有生机,狱吏逗他说:"外传你会被长期关押。"他听后惊喜,同伙谢综、孔熙先笑他说:"你以前在谋事时,无不攘袂瞋目,在西池射堂上,跃马顾盼,自以为一世之雄,如今怎么这样怕死。假若不杀你,但人臣图谋君主,有何颜面求生?"

范晔题扇皇帝凄然 范晔谋反入狱,宋文帝刘义隆有上好白团扇,送至狱中,让他题词。他写道:"去白日之炤炤,袭长夜之悠悠。"刘义隆看后不禁凄然。范晔所著《后汉书》备受后世推崇,章太炎说"《史》《汉》之后,首推《后汉书》",王先谦说"拔起众家之后,独至今存……至于比类精审,属词丽密,极才人之能事"。

范晔谋反因为婚事? 孔熙先以宋文帝刘义隆杀刘湛为例,对范晔说为人臣之难，不如另立彭城王刘义康为帝，成为功臣，又说："先生家世清白显赫，却不能与皇家通婚，人家当你如猪狗，而先生不以为耻，却想为皇家而死，不是很令人不解？"他默然不语，决定反叛。范晔因家门男女失行，因此刘义隆不与通婚。

范晔谋反因为野心？ 范晔年少时，兄长范晏说："此儿进利，终破门户。"宋文帝刘义隆深爱其才，他二十岁出仕以来，被贬一次后多次升迁，官至左卫将军、太子詹事。谋反事泄后，刘义隆说："以卿蚋有文翰，故相任擢，名爵期怀，于例非少。亦知卿意难厌满，正是无理怨望，驱扇朋党而已，云何乃有异谋。"

范晔谋反连累儿子 范晔的弟弟范广渊和他的三个儿子受他牵连，同被处斩。其长子范蔼娶宋文帝的二姐吴兴长公主刘荣男之女为妻，有子范鲁连，范鲁连被免死。范蔼在临刑前喝醉，拾起泥土、果皮扔向其父，骂了数十声。范晔问他："你还在恨我？"范蔼答："今天何必再恨，但父子一同死去，不能不悲痛罢了。"

范晔有绝命诗 "虽无嵇生琴，庶同夏侯色。"意为我在死前，虽不能如嵇康弹琴曲《广陵散》作别，但我上刑场时，会像夏侯玄神色不变。临刑时，范晔和同犯外甥谢综一路谈笑至刑场，见到家人。妻子骂他，母亲打他，他神情淡然，见到妹妹和小妾就哭了。谢综揶揄道："舅舅这可不像夏侯神色。"他收泪而止。

刘宋的第二次北伐

宋将陈宪抵挡住魏帝拓跋焘　拓跋焘亲率步骑十万伐宋,汝南守将陈宪坚守要地悬瓠,城中兵士不满千人,拓跋焘昼夜围攻,陈宪督率将士苦战。魏军积尸与城等高,乘尸上城,短兵相接。陈宪锐气更奋,率部杀敌万计,汝水为之不流,宋兵也战死过半。拓跋焘攻悬瓠一个多月不克,宋军来援,他领军退走。

宋将程天祚是南朝针灸专家　程天祚有武力,时任刘宋的中下级禁军军官殿中将军,随主将刘泰之援助彭城,与魏将拓跋仁交战。刘泰之阵亡,他身中九枪,落水被俘。程天祚因善针术,受北魏太武帝拓跋焘赏识,封南安公,常置左右。他说服鲁爽兄弟,一起逃归刘宋,官至山阳太守,撰有《程天祚针经》《灸经》。

北帝拓跋焘恐吓南帝刘义隆　北魏太武帝拓跋焘攻打悬瓠不克,写信威胁宋文帝刘义隆,在信中说:"你如果想保存刘氏的宗庙祭祀,当割让长江以北的土地,退守南面。""你父亲时的旧臣虽老,还有智策,现在都被你杀尽,岂不是天来助我! 要擒你不必我用兵刃,我有善咒的婆罗门僧人,会让鬼把你绑来。"

宋文帝刘义隆打仗不听武将　刘义隆得知北魏诛杀司徒崔浩,便想伐魏,心腹重臣徐湛之、江湛赞同,参加过上次北伐的将领沈庆之反对。沈庆之说步兵难以制骑，将领不如到彦之、檀道济，说："治国譬如治家，耕当问奴，织当访婢。陛下今欲伐国，而与白面书生辈谋之，事何由济！"刘义隆听后大笑，执意北伐。

宋文帝刘义隆北伐大有自信　萧思话、刘康祖、沈庆之都认为二次北伐时机不成熟，刘义隆反驳沈庆之说："虏所恃唯马，夏水浩汗，河水流通，泛舟北指，则碻磝必走，滑台小戍，易可覆拔。克此二戍，馆谷吊民，虎牢、洛阳，自然不固。比及冬间，城守相接，虏马过河，便成禽也。"决定利用夏季河渠水盛之机进军。

徐湛之告密得皇帝舅舅信任　徐湛之是宋武帝刘裕的嫡长女会稽长公主刘兴弟之子，父亲徐逵之早年战死，他深受外公刘裕宠爱，十二岁封侯。舅舅彭城王刘义康掌权时，对徐湛之非常笼络。后来范晔等谋立刘义康，他先为同谋后告密，被舅舅宋文帝刘义隆重用。他官至尚书仆射，与吏部尚书江湛并居权位，人称江徐。

徐湛之是刘宋豪贵公子　徐湛之善写尺牍，音辞流畅，善于为政，恩威并行。他作为贵戚，家业丰厚，府邸其他权贵莫及，家中伎乐冠绝一时。"门生千余人，皆三吴富人之子，素质端妍，衣服鲜艳。"当时何无忌之子安成公何勖、孟昶之子临汝公孟灵休皆豪奢，京城有言："安成食，临汝饰。"徐湛之兼有两家之长。

江湛为官只有一件外套　江湛爱好文辞，喜弹棋奏琴，兼明算术，身居高位,家贫不谋私利,没有衣服余粮。有一次,宋文帝刘义隆召见他,他仅有的外套在洗,只好称病,几天后才去。江湛位至吏部尚书,选官公正无私,长子娶刘义隆第九女淮阳公主。刘义隆想要北伐,太子刘劭及外戚萧思话反对,他大力赞成。

刘宋北伐缺钱号召臣民捐款 宋文帝刘义隆进行第二次北伐,朝廷发动臣民捐款补充军费,王公后妃及朝臣郡守,全都献出金帛财物,还向富民僧尼借贷。刘宋军民齐心,初战一路告捷,后被北魏太武帝拓跋焘率军反攻,宋军惨败,魏军惨胜。对于此次大战,辛弃疾有词:"元嘉草草,封狼居胥,赢得仓皇北顾。"

刘宋二次北伐东路败西路胜 宋文帝刘义隆任五弟太尉刘义恭为北伐总帅,坐镇彭城,东路以萧斌为六万军主帅,率王玄谟、沈庆之等进击;西路由镇襄阳的六子雍州刺史刘诞指挥,实际主帅为柳元景;中路由镇寿阳的四子豫州刺史刘铄指挥,臧质、刘康祖等进击。西路军数战告捷,主力东路及中路相继被北魏击溃。

王玄谟用布换大梨 刘宋二次北伐,他率东路军主力进攻重镇滑台,城中多茅屋,部下提议火攻,他说:"城中将来都是我们的财产,怎能烧掉?"河洛百姓前来劳军,王玄谟奖励每家一匹布,接着让每家交出八百个大梨,顿时大失众望。他围城两百多日不克,被北魏太武帝拓跋焘渡河击溃,死伤万余,尽弃军资。

王玄谟比不上王凌　王玄谟少年时，伯父说他"气概高亮"，有祖上曹魏太尉王凌之风，得刘裕赏识出仕。他后为谢晦部属，谢晦败亡，他被赦免，后任彭城太守。他北伐兵败，北魏围攻刘宋彭城，魏臣李孝伯问："王玄谟乃为庸才，南国何故误用，以致奔败？"宋臣张畅回答说："王玄谟南土偏将，不谓为才。"

王玄谟好战不善战　王玄谟对宋文帝刘义隆力陈北伐之策，深得赞赏，刘义隆说："王玄谟陈说，使人有封狼居胥意。"刘宋二次北伐，六十三岁的他任前锋都督，进攻北魏惨败。王夫之说："玄谟之勇，大声疾呼之勇也，其谋，鸡鸣而窬、画衾扪腹之谋也；是以可于未事之先，对人主而拄笏掀髯，琅琅惊四筵之众。"

王玄谟金疮成金印　江夏王刘义恭为北伐总帅，王玄谟滑台兵败后，留守碻磝，刘义恭认为碻磝不可守，命他撤军。他被魏军追击大败，流矢中臂，成功撤回后，刘义恭来信对他说："闻因败为成，臂上金疮，得非金印之征也。"王玄谟虽无将才却有官运，他历经刘宋七帝，屡贬屡起，最终因内战立功成为重臣。

王玄谟念经求免死　王玄谟北伐损兵折将，丢弃军资，主帅萧斌要将其处死。梦中有人对他说："诵《观音经》千遍，则免。"他醒来便诵经千余遍。第二天将要行刑，王玄谟诵之不止，忽然传呼停刑。原来是沈庆之苦劝萧斌说："佛狸威震天下，控弦百万，岂玄谟所当？杀战将以自弱，非良计也。"萧斌于是作罢。

王玄谟有两起两落 王玄谟初得宋文帝刘义隆信赖,率主力北伐在滑台大败,后在碻磝撤退,又被魏军击败,因此被免官。宋帝刘劭夺位,起用他为益州刺史,他派兵协助刘骏讨伐刘劭。宋孝武帝刘骏登基后,王玄谟历任徐州、豫州刺史。他先是平叛有功,后被人诬陷与叛王刘义宣勾结被免官,最终又得刘骏重用。

王玄谟严肃不轻笑 时人谣传王玄谟谋反,宋孝武帝刘骏知道不实,遣主书吴喜抚慰,信中说:"梁山风尘,初不介意,君臣之际,过足相保,聊复为笑,伸卿眉头。"他从不妄笑,时人称其眉头未曾伸。他祖上为晚渡北人,刘骏戏称他老伧,为其作四时诗:"堇荼供春膳,粟浆充夏餐。瓟酱调秋菜,白醝解冬寒。"

王玄谟部属不爱他 王玄谟对待部下苛刻少恩,将领宗越御下更为严酷,军士们说:"宁做五年徒,不逢王玄谟。玄谟犹自可,宗越更杀我。"宋帝刘子业继位,时任领军将军的他为顾命大臣,因为刚直被外放,后来又被召回。刘子业残暴好杀,子侄都劝他称病请辞,他毅然回朝,多次上表谏诤,流泪请求缓刑少杀。

王玄谟从没站错队 王玄谟被夺位的宋帝刘劭起用,刘骏讨伐刘劭,他派部属垣护之率兵相助刘骏。宋孝武帝刘骏继位后,皇叔刘义宣起兵,招揽王玄谟被他拒绝,他用垣护之之计平乱立功。宋明帝刘彧继位,内乱四起,七十八岁的他作为元老重臣,受任建康军副帅,依靠

121

部下再次立功,任护军将军,进号车骑将军。

薛安都是薛仁贵六世祖　刘宋二次北伐,宋将柳元景率西路军进攻关陕,陕县城池险固,无法攻下,其部将薛安都对此大怒。他"脱兜鍪,解所带铠,唯著绛衲两当衫,马亦去具装,驰入贼阵,猛气咆勃,所向无前"。"当其锋者无不应刃而倒,如是者数四,每入,众无不披靡",宋军随后成功收复陕县及潼关。

薛安都与同僚互相督战　刘宋北伐进攻北魏陕县,薛安都对同僚鲁方平说:"今劲敌在前,坚城在后,是吾取死之日。卿若不进,我当斩卿,我若不进,卿当斩我也。"薛安都横矛直前,杀敌众多,流血凝肘,长矛折断,更换再入阵中。他从早杀到晚,大败魏军,俘虏两千余人,此时主力王玄谟战败,他被征召回朝。

薛安都是河东游侠少年　河东薛氏为当地豪族,薛安都少骁勇,善骑射,好结交轻生重义的侠士。兄长们担心惹祸,他便出外独居,家财分文不取,远近与其交游者都争相馈赠,牛马衣物堆满庭院。薛安都协助北魏朝廷平定胡人白龙之乱,封雍秦二州都统,关中胡人盖吴叛乱,他与同族薛永宗起兵响应,失败后归降刘宋。

刘康祖建康京口一夜还　刘康祖之父刘虔之早年战死,他任员外散骑侍郎,弓马娴熟,膂力过人,整日浪荡,赌博喝酒。他经常犯法,郡县抓捕,越屋逾墙,难被擒拿。有次刘康祖夜入人家被围捕,突围而去，无人敢追。他前往老家京口，半夕便至，次日一早拜访官府要人。建康收捕文书来到，他被证明昨夜在京口而得免。

刘康祖浪子回头成勇将　宋文帝刘义隆以其勋臣之子，多次将犯法的刘康祖免罪。他因赌博被免官，后被起用随裴方明征仇池，受牵连又被免官。刘康祖后被皇子武陵王刘骏任参军，此后改过自新。北魏太武帝拓跋焘围攻汝南悬瓠，他领兵救援，途中魏军大至，他力战击破，斩将任城公拓跋乞地真，拓跋焘烧营退走。

刘康祖浴血奋战死沙场　刘康祖时任左军将军，刘宋二次北伐，主力东路军败归，他率中路军受命撤退，与魏将拓跋仁八万骑兵遭遇于尉武。刘康祖集结战车为营垒，魏军四面来攻，分众为三，且休且战，背草烧车。他率八千步军血战一昼夜，魏军死伤过半，战场血淹脚踝。不料他颈部中箭阵亡，宋军大败，全部战死。

北魏的强势大反攻

陆真突破封锁潜行入城　陆真是鲜卑人，少善骑射，北魏太武帝拓跋焘以其膂力过人，任为宿卫官内三郎。他数从征伐，摧锋陷阵，多次立功，进攻刘宋悬瓠，登楼临射城中，箭不虚发。宋将王玄谟率军围攻滑台，陆真与数人夜乘小船暗中渡河，入城抚慰。陆真登城察看城外宋军，再渡河而归，后来在滑台两次击败宋军。

陆真破虏斩将威震关中　北魏文成帝时,陆真升任安西将军、长安镇将,胡人首领贺略孙聚集千余人反叛,被他击破。咸阳民赵昌接受刘宋委任为龙骧将军,先有部众数百,被陆真击败,后聚众五千余人,又被他击溃。陆真斩杀赵昌及敌人三千余,传首京师,再诛灭余众七百余人,俘虏一千余人,当地百姓莫不震伏。

王罗汉被俘杀敌将逃走　北魏反攻刘宋,皇子豫州刺史刘铄命将领王罗汉率三百人,驻守尉武东北小垒,他以受命来此,不可弃守。魏将拓跋仁统领八万大军来攻,王罗汉率部坚守,箭矢用尽,最终被攻破,他被俘虏。魏军惯例,生擒敌将交付三郎幢将,连锁锁于颈后。当夜,他断三郎幢将头,抱锁逃入盱眙。

张畅死谏坚守彭城　北魏太武帝拓跋焘率军数十万进逼彭城,刘宋太尉、江夏王刘义恭率萧思话、沈庆之等诸军驻守。刘义恭以兵多缺粮,计划撤退,召僚佐商议。张畅时任徐州刺史武陵王刘骏的长史,进言刘义恭:"下官请以颈血污君马迹!"他说如果轻易弃守,必人心动摇溃败,深得刘骏赞许,宋军固守彭城。

张畅、李孝伯开舌战　北魏大军包围刘宋彭城,派出重臣李孝伯问话,宋安北长史张畅在城上,与之对答。两人皆是才辩之士,随后张畅出城,双方又展开激辩。"孝伯辞辩亦北土之美,畅随宜应答,吐属风流,音韵详雅,风仪华润,孝伯及左右人并相视叹息。""孝伯风容闲雅,应答如流,畅及左右甚相嗟叹。"

张畅称李孝伯白贼　魏军兵临城下，魏臣李孝伯戏称护送宋使，宋臣张畅说多有小路供信使往来。李说："亦知有水路，似为白贼（作乱的白衣平民）所断。"张说："君著白衣，故称白贼邪？"李大笑说："今之白贼，亦不异黄巾、赤眉。"张说："黄巾、赤眉似不在江南。"李说："虽不在江南，亦不离徐州地界。"

张畅、李孝伯互吐槽　北魏大反攻至刘宋彭城，赵郡李氏的魏臣李孝伯与吴郡张氏的宋臣张畅两人在城外一番舌战后，心中互相赞赏。张畅准备回城，对李孝伯说："平定冀州有期，相见时日不远。君若得还宋朝，今为相识之始。"李孝伯说："今日我当先至建康以待君。恐怕他日君与二王面缚请罪，无暇顾及容仪。"

张畅险些死于非命　刘宋太子刘劭弑父夺位，其叔父南郡王刘义宣最早起兵讨伐，张畅时为司空刘义宣长史，为其僚佐之首。他换上军服黄袴褶选人，音仪容止，众皆瞩目，见者皆为效死。刘义宣后来叛乱，因张畅有人望，裹挟他参与，他虽写檄文，但经常喝醉。刘义宣兵败，他几乎死于乱军，被宋孝武帝刘骏免罪。

张祎不鸩司马德文　张祎少有操行，晋恭帝司马德文为琅琊王时，任他郎中令。宋武帝刘裕以张祎为司马德文的亲信旧部，让他用毒酒毒死退位的司马德文。他叹道："鸩君而求生，何面目视息世间哉，不如死也！"自饮毒酒而死。其子张畅起家为吴郡太守徐佩之的主簿，徐佩之谋反被杀，张畅奔赴服丧，时人称赞。

北魏太武帝拓跋焘招婿刘宋皇子刘骏　拓跋焘率军反攻刘宋，攻打彭城，宋文帝刘义隆的三子武陵王刘骏任徐州刺史，领兵死守。他无法攻克，挥师杀到长江北岸的瓜步，派人送骆驼马匹向刘义隆请求通婚。拓跋焘说，如果刘宋将皇室之女嫁给其孙，他便将女儿许配刘骏，今后不会再有一匹战马南来，刘义隆没有应允。

北魏太武帝拓跋焘直接威胁宋都建康　拓跋焘率军入侵刘宋六州，杀掠无数，但自己人马也死伤不少，大军杀至瓜步，隔江遥指建康。当时魏军并未完全占据江北六州，盱眙、彭城、寿阳等皆未攻破，主要是绕过宋国城垒进行掳掠。苏辙有诗："魏佛狸，饮泗水，黄金甲身铁马箠。睥睨山川俯画地，画作西方佛名字。"

北魏太武帝拓跋焘麾下有大将拓跋仁　拓跋仁是拓跋焘的侄子，袭父爵永昌王，骁勇善战，有其父拓跋建之风，被拓跋焘称奇。拓跋焘围攻刘宋悬瓠，他驻守汝阳，被宋军突袭击溃，又重整军队，大破宋军，斩杀宋将刘泰之，俘虏程天祚。对刘宋二次北伐的反攻中，他率军连下虎牢、项城及悬瓠，全歼宋将刘康祖部。

北魏太武帝拓跋焘麾下有大将拓跋建　拓跋建是拓跋焘的五弟，封永昌王，姿貌魁壮，善弓马，达兵法，征战常有大功。他随拓跋焘攻破夏国，平叛胡白龙余党于西海，拓跋焘进攻柔然，撤军命他殿后。柔然万骑追击,拓跋建箭无虚发,所中者皆应弦而毙,柔然被击退,他威震漠北。后来魏灭北凉,他居功最多。

北魏太武帝拓跋焘非汉族帝王到长江 宋文帝刘义隆二次北伐兵败,拓跋焘率军数十万反攻,杀到与宋都建康隔江相望的瓜步,扎营瓜步山上。他不喝黄河以南的水,用骆驼驮水饮用,刘义隆遣使送来水果,他收到后拿起就吃,并大饮美酒。刘义隆在石头城上观望魏军阵势,不禁叹道:"若檀道济在,岂使胡马到此!"

宋文帝刘义隆设两位领军将军抗魏 北魏太武帝拓跋焘兵临瓜步,声言渡江,宋都建康震惧,百姓皆荷担而立,内外戒严,王公以下子弟皆从役。刘义隆命领军将军刘遵考等率军分守津要,陈舰列营,太子刘劭出镇石头城,总领水军,丹阳尹徐湛之守石头城的仓城,吏部尚书江湛兼任领军将军为军事总指挥。

刘宋太子刘劭提议斩杀江湛 北魏太武帝拓拨焘兵指建康,想与刘宋和亲,宋文帝刘义隆召集群臣商议,都说应该答应,江湛不同意,被刘劭怒斥。散会后,刘劭使侍卫排挤江湛,江湛几乎跌倒。刘劭说:"北伐败辱,数州沦破,独有斩江湛,可以谢天下。"刘义隆说北伐是他本意,与二人无关。

北魏太武帝拓跋焘要酒喝得到尿 拓跋焘南征刘宋获胜,直指宋都建康,但军中染病,无船渡江,便退兵北归。路过来时没有攻下的盱盱眙,拓跋焘向城中索酒,守城的臧质送他一坛尿。毛泽东点评说"此是欲战法,激之使战"。他大为震怒,切断水陆通道,昼夜不停围攻,近一月也没攻下盱眙,死伤数以万计,只得撤军。

北魏太武帝拓跋焘奴役异族作战　拓跋焘率军强攻刘宋孤城盱眙,派人给守将臧质送信说:"我派的军队都不是我国人,东面是丁零,北面是匈奴,南面是氐人,西面是羌人,丁零人死了就是帮你们消灭冀州叛贼,匈奴人死了就是帮你们消灭并州叛贼,氐羌死了就是帮你们消灭关中叛贼,先生尽量开杀,不要客气。"

臧质对魏军开展攻心战　北魏太武帝拓跋焘对坚守盱眙的臧质大怒,制作铁床,插上铁钎,声称抓到他后,让他坐在上面。拓跋焘信中称自己的攻城军队是异族,死不足惜。臧质将其书信内容告诉魏军,说:"你们是正朔之民,何为力自取如此。大丈夫岂可不知转祸为福吗? 如今写给你们的信如下,请自行三思。"

臧质是刘宋的贵戚精英　臧质之父臧熹是宋武帝刘裕的发妻臧爱亲的弟弟,他秃顶卷发,高颧骨牙齿外突,少好鹰犬赌钱。东晋末,他未满二十,便被刘裕任为世子刘义符的参军,三十出头多次出任刘宋名郡太守,与范晔、徐湛之交好。臧质涉猎文史,处理文书快捷,有气干,好言兵,被宋文帝刘义隆认为可当大任。

臧质拜见赵伦之被拒绝　臧质少年时,拜访宋武帝刘裕的舅舅赵伦之,不被接见,愤然起身说:"大丈夫各以老妪做门户,何至以此中相轻?"赵伦之准备致歉,他已拂衣而去。其父臧熹有战功,为刘裕妻弟,早年病逝。后来宋文帝刘义隆祭陵,他与何无忌之子何勗、檀凭之之子檀和之皆为功臣之子,被待以上礼。

臧质解围悬瓠坚守盱眙　北魏太武帝拓跋焘率军十万围攻汝南悬瓠,守将陈宪坚守告急,宋文帝刘义隆遣臧质与刘康祖共同领军前去援救。魏将拓跋乞地真迎战,被宋军斩杀,魏军退兵。刘宋二次北伐兵败,他受命率部万人赴援被魏军击溃,领残部七百进入盱眙,与太守沈璞共同坚守,拓跋焘无法攻克,只得退兵。

臧质闲作民歌《石城乐》　《旧唐书·音乐志》载:"《石城乐》者,宋臧质所作也。石城在竟陵,质尝为竟陵郡,于城上眺瞩,见群少年歌谣通畅,因作此曲。"刘宋女诗人鲍令晖有词:"生长石城下,开门对城楼。城中美年少,出入见依投。"无名氏词:"闻欢远行去,相送方山亭。风吹黄檗藩,恶闻苦离声。"

幼童沈璞皇帝都想认识　沈璞是宋武帝刘裕大将沈林子的幼子,幼年时"神意闲审,有异于众"。宋文帝刘义隆对沈林子说:"闻君小儿器质不凡,甚欲相识。"沈林子让沈璞进见,其应对使刘义隆称奇,说:"此非常儿。"沈璞十余岁时,智识过人,好学不倦,善于作文,并且记忆力超强,成年后得刘义隆重用。

英才沈璞英年死于非命　宋文帝刘义隆宠爱次子刘濬,特意让沈璞任其主簿,称他"学优才赡,文义可观"。他后任盱眙太守,事先做好守城准备,以不满五千的守军抵御北魏数十万大军,立下奇功,又将首功让给臧质。太子刘劭篡位,沈璞未及时迎接讨伐的宋孝武帝刘骏,被刘骏所杀,时年三十八岁,有子沈约。

刘宋二次北伐北魏毁灭大战　北魏太武帝拓跋焘率军南征反攻刘宋,"杀掠不可胜计,丁壮者即加斩截,婴儿贯于槊上,盘舞以为戏",春燕归来只得林中再筑新巢。此战后,北魏兵马死伤过半,魏人心中生怨,刘宋"自是邑里萧条,元嘉之政衰矣"。辛弃疾有词:"谁道投鞭飞渡,忆昔鸣髇血污,风雨佛狸愁。"

拓跋焘被宦官杀了

北魏太武帝拓跋焘杀了太子拓跋晃?　《宋书·索虏传》记载,拓跋焘南征时,拓跋晃私自派人到军营中收取大量战利品,拓跋焘得知后大怒,大加搜查。拓跋晃忧惧下,派刺客去杀拓跋焘,拓跋焘识破后诈死,召拓跋晃前来迎丧,将其捕杀。《魏书》记载,拓跋晃招致父亲拓跋焘不满,忧惧病亡,很可能是被赐死。

北魏太武帝拓跋焘被一个宦官杀了　拓跋焘南征刘宋时,命太子拓跋晃监国,他最为宠幸的宦官宗爱凶暴不法,引起拓跋晃不满。拓跋焘班师回国后,宗爱抢先诬告拓跋晃及其部属,他震怒下处死东宫多名属官,拓跋晃忧惧病逝。后来拓跋焘心生懊悔,哀悼不已,宗爱害怕被杀,将其刺杀,拓跋焘时年四十五岁。

宗爱连杀北魏的两位皇帝 宗爱因罪被阉入宫,位至中常侍,成为北魏太武帝拓跋焘宠臣,封秦郡公。宗爱后来杀死拓跋焘,立皇子南安王拓跋余为帝,自己受封大司马、大将军、太师、总督中外军事、冯翊王。拓跋余有意夺权为其所杀,随后宫中禁卫兵变,朝臣陆丽等拥立前太子拓跋晃的长子拓跋濬,宗爱被杀灭族。

陆丽不愿早于父亲封王爵 陆丽拥立北魏文成帝拓跋濬有功,被任司徒,封平原王。他坚持推辞,说自己的功劳没有父亲大,父亲尚且没有封王,因此不敢居于父亲之上。陆丽之父陆俟曾为拓跋濬的祖父太武帝拓跋焘平定盖吴之乱,拓跋濬便封陆俟东平王。陆丽仍然拒绝平原王爵位,拓跋濬不接受,并封其妻为王妃。

刘宋第三次北伐无功而还 宋文帝刘义隆听说北魏太武帝拓跋焘遇刺身亡,便又部署北伐,命萧思话率张永攻碻磝,臧质率柳元景攻潼关,鲁爽、程天祚率军攻洛阳。张永率部攻打碻磝,数十天都不克,一夜,魏军从地道突袭火攻,不少宋军被烧死。张永慌乱撤军,并未告知诸将,士卒惊扰,被魏军反击最终大败。

萧思话是刘宋最佳外戚 萧思话是宋武帝刘裕养母萧文寿的侄子,十来岁时不读书,赌博游逛,爱爬上屋顶打细腰鼓,骚扰邻居,惹人厌恶。后来他一心向学,精通骑射琴书,数年便有美誉,被刘裕赞许是国器。萧思话十二次外镇诸州,虽无清节,但也未渎职,爱才好士,人心归附,史官称其宗戚令望,位至镇西将军。

萧思话为刘宋平定汉中 刘宋首次北伐失败,萧思话时任青州刺史,担忧北魏来侵,弃城逃走获罪入狱。氐族首领杨难当起兵,侵扰汉中,宋文帝刘义隆将萧思话重新起用,任他梁、南秦二州刺史。他命萧承之为前锋急速进军,萧承之屡次击败氐族军队。临川王刘义庆遣将裴方明来助,最终汉中平定,失地全被收复。

萧思话被宋文帝赐弓琴 萧思话善骑射,工隶书,通音律,擅长琴艺。宋文帝刘义隆赐以弓琴,手诏说:"前得此琴,言是旧物,今以相借,并往桑弓一张,材理乃快。良材美器,宜在尽用之地,丈人真无所与让也。"刘义隆曾与他共登钟山,路有磐石清泉,让他石上弹琴,并赐银钟酒,说:"相赏有松石间意。"

萧思话是刘宋书法名家 王僧虔称萧思话效仿当时的书法家羊欣,说"萧全法羊,风流媚好"。袁昂称其书"若龙跳天门,虎卧凤阙",萧衍称其书"如舞女低腰,仙人啸树"。《南史》称:"赵伦之、萧思话俱以外戚之亲,并接风云之会,言亲则在赵为密,论望则于萧为重。"赵为宋武帝舅舅,萧为宋武帝养母之侄。

张裕有五子被称作五龙 张裕字茂度,出身吴郡张氏,因与宋武帝刘裕同名,避讳以字相称。东晋末,他初任太尉刘裕的主簿、扬州中从事,升任扬州别驾。刘裕西征刘毅,北伐关中,都以张裕留守管理扬州。他后任刘宋广州刺史,平抚百越,岭外安定。其五子张演、张镜、张永、张辩、张岱皆知名,时称张氏五龙。

张永伐薛安都先胜后败　刘宋第三次北伐,张永擅自撤军导致兵败,后来又得重用。他后为宋明帝刘彧大将,统率沈攸之、萧道成诸将讨伐徐州刺史薛安都,开始累战告捷。薛安都引来北魏援军,在魏将尉元强攻下,张永狼狈退兵,被魏军追击大败。当时大雪,宋军伤亡者甚多,他单骑逃出,脚趾冻坏,第四子阵亡。

张永出门带着儿子灵位　张永多才艺,所在每尽心力,宋文帝刘义隆称其可堪为将。他任将帅,能与士卒同甘苦。宋明帝时,张永讨伐薛安都先连胜后惨败,第四子战死。他哀痛悲悼,虽过丧期,仍设灵座,饮食衣服,待之如生。他后任会稽太守,每次出行,常备名车好马载上灵座,有军情就告诉左右,让报知儿子。

张永是儒将也是巧匠　张永是张裕第三子,张畅堂弟,涉猎书史,能为文章,善隶书,晓音律,骑射杂艺兼善,大为宋文帝刘义隆赏识。张永自造所用纸墨,刘义隆每得其表奏,赏玩不已,自叹皇家不及,后命他监造华林园、玄武湖。太极殿前钟声嘶哑,宋孝武帝刘骏询问,他说钟有铜滓,扣钟而寻,凿去后钟声清越。

吴郡张晋末从文入武 《世说新语》称："吴四姓,旧目云:张文朱武,陆忠顾厚。"顾陆朱张,各有家风。东晋末,吴郡张氏一改前代好文清贵之风,依附刘裕出任武职,使家族再度振兴。刘宋时,张永有文武才略,多次担任督帅,沈攸之、萧道成皆曾受其统领。他为将三十年,屡建功勋,亦有三次兵败受损。

刘义隆被儿子杀了

宋文帝刘义隆学晋武帝后宫羊车望幸 潘淑妃以美貌被选入宫,但始终没机会被临幸。刘义隆学晋武帝司马炎乘羊车,随机停留选妃侍寝。她便学司马炎妃嫔,在门前地上洒盐水,羊停下舔地,不肯前进。刘义隆见到她后,盛赞说:"羊都会为你徘徊不前,更何况人。"自此对其非常宠爱,她后来生下始兴王刘濬。

宋文帝刘义隆皇后袁齐妫无宠被气死 袁齐妫是东晋尚书右仆射袁湛的庶女,刘义隆为宜都王时两人成婚。她娘家贫困,经常请求刘义隆资助,刘义隆生性节俭,给钱很少。最受宠待的潘淑妃自称有求必应,袁齐妫假借其名义向刘义隆求取三十万钱,一夜钱就发放下来。她又怒又气,称病再也不见刘义隆,后来怨恨病逝。

皇妃沈容姬求皇后袁齐妫显灵 沈容姬初得宋文帝刘义隆宠爱,为其生下第十一子刘彧,后被冤枉受责,刘义隆要将其处死。她路过袁齐妫生前所居的徽音殿,此殿自袁齐妫逝后常闭。她至殿前,流泪大声说:"今日无罪就死,先后若有灵,当知之!"殿诸窗户应声豁然而开。刘义隆得知大惊来看,沈容姬被免死。

宋文帝刘义隆登基太子便出生 十八岁的刘义隆登上皇位,皇后袁齐妫就生下太子刘劭,以前从未有皇帝刚继位皇后就生儿子的,他顿时大喜。刘劭六岁时被封皇太子,美须眉,大眼方口,好读史传,尤爱弓马,凡有所求都会被满足。刘义隆以宗室强盛,为防不测,使刘劭东宫兵力与羽林军相等,有一万甲兵。

刘宋太子刘劭诅咒父亲宋文帝 刘劭与二弟刘濬多有过失,便与女巫严道育密谋,让严道育用玉石雕成父亲宋文帝刘义隆的人像,埋在宫中诅咒其早死。刘劭杀死一同谋陈天兴灭口,另一同谋陈庆国害怕,向刘义隆告发此事。刘义隆大怒,兄弟二人惶惧无语,只有请罪,他不忍心将二子治罪,下令捕捉严道育。

美男文学青年刘濬与妹妹私通 刘濬小名虎头,"少好文籍,姿质端妍"。大哥太子刘劭的生母袁皇后嫉恨其母潘淑妃病逝,他担心有祸,奉承刘劭,结为死党。刘濬与异母妹妹海盐公主刘英某有私情,驸马赵倩发觉后大闹,丑闻曝光。父亲宋文帝刘义隆怒杀刘英某生母蒋美人,刘濬多次被责骂,便与刘劭诅咒父亲。

王鹦鹉一介婢女大乱刘宋宫廷 王鹦鹉是宋文帝刘义隆嫡女东阳公主刘英娥的婢女,向刘英娥推荐女巫严道育,称其通灵有异术。刘英娥和同母弟弟太子刘劭都信奉严道育,称其为天师。刘英娥的奴仆陈天兴是王鹦鹉的养子,王陈两人私通,刘劭以陈天兴为东宫队主。刘劭使严道育诅咒父亲刘义隆,王陈都参与其中。

王鹦鹉一女三夫差点当上皇后　东阳公主刘英娥病逝,作为婢女的王鹦鹉应出嫁,太子刘劭担心参与巫蛊密谋的她嫁人后难以保密。刘劭与二弟刘濬商议,将王鹦鹉嫁给刘濬宠待的府佐沈怀远为妾。她担忧与养子陈天兴私通之事泄露,让刘劭将陈天兴秘密处死。后来刘劭夺位称帝,以她为宠妃,准备立为皇后。

宋文帝刘义隆对二子震怒失望　刘义隆将太子刘劭、刘濬兄弟与女巫严道育的阴谋告诉回京的五弟江夏王刘义恭,感慨道:"常见典籍有此,谓止书传空言,不意亲睹。劭南面之日,非复我及汝事。汝儿子多,将来遇此不幸耳。"他此时并未问罪二子,得知两人藏匿严道育,惆怅惋骇。

宋文帝刘义隆选接班人当断不断　刘义隆想治罪诅咒他的长子太子刘劭和次子始兴王刘濬,重选太子,与心腹重臣江湛、徐湛之及王僧绰商议。刘义隆想立七子建平王刘宏,徐湛之赞成女婿六子随王刘诞,江湛支持妹夫四子南平王刘铄,但是许久都没决定。王僧绰担心机密泄露,劝刘义隆早做决策,还是拖延未定。

宋文帝刘义隆选接班人自己泄密　二子以巫蛊为乱,刘义隆想废除长子刘劭的太子位,处死次子刘濬,再选太子。刘义隆每天夜里都与心腹徐湛之等召开秘密会议,有时一谈就是几天几夜,他担心有人偷听,经常让徐湛之举烛绕着墙壁查看。他将此事告诉最宠爱的潘淑妃,潘淑妃告诉儿子刘濬,刘濬立即驰报大哥刘劭。

太子刘劭竟成弑父元凶　刘劭伪造诏书称鲁秀谋反,深夜率军入宫,让部将张超之直扑宋文帝刘义隆寝宫。当晚刘义隆又与徐湛之密谈太子废立,蜡烛未灭,卫士熟睡,张超之闯入对他挥刀就砍。他仓促间举板凳格挡,被砍掉五指,随即与徐湛之一起被杀,时年四十七岁。刘劭又派人杀死母亲情敌潘淑妃及重臣江湛。

宋帝刘劭杀父应预言　刘劭身为太子弑父夺位,史书称其"元凶劭"。刘劭出生三天时,父亲宋文帝刘义隆前来探视,簪帽戴得很牢,没有风却掉到他身边。刘义隆不悦,为其取名"劭",后来又改偏旁刀为力,则为"劭"。孔熙先曾算出刘义隆会死于骨肉之祸,以为应验在其弟刘义康,孔熙先谋反被杀前,再三提醒刘义隆防范。

才子袁淑政变之夜身亡　袁淑时任刘宋太子左卫率,太子刘劭的母亲袁皇后是其堂妹。刘劭密谋弑父夺位,夜召东宫属官商议,他反对说:"居不疑之地,何患不克?但既克之后,为天地所不容。"当夜刘劭起兵将其杀害。后人称"谢庄、袁淑又以才藻系之,朝廷之士及闾阎衣冠,莫不昂其风流,竞为诗赋之事"。

袁淑是陈郡袁氏的才子　袁淑之父袁豹是东晋尚书右仆射袁湛的弟弟,好学博闻,有经国才,为刘裕所知,位至丹阳尹。袁豹有三子,即袁洵、袁濯、袁淑。次子袁濯早逝;袁淑博涉多通,好写文章,辞采遒艳,纵横有才辩,十余岁为姑父王弘所赏。临川王刘义庆雅好文学,袁淑被请为谘议参军,后与兄长袁洵皆为刘宋显官。

萧斌辜负宋文帝刘义隆　萧斌是萧思话的族弟,为刘义隆所知遇,位至侍中,封辅国将军。他曾为北伐统帅,兵败被免官,后来复起。萧斌被迫参与太子刘劭政变,谋杀刘义隆,事成后被任领军将军。沈庆之对武陵王刘骏说他懦弱如妇人,不足为虑。他劝刘劭与刘骏决战长江,刘劭不从,困守台城,失败后他被处死。

宋文帝刘义隆为刘宋开创盛世　刘义隆在位的近三十年,南朝国力最强疆域最广,沈约说他"幼年特秀,顾无保傅之严,而天授和敏之姿,自禀君人之德。及正位南面,历年长久,纲维备举,条禁明密,罚有恒科,爵无滥品。故能内清外晏,四海谧如也"。王锴说:"文帝博涉经史,尤善隶书。每诫诸子,率以廉俭。"

宋文帝刘义隆文治有余武不足　司马光说:"文帝勤于为治,子惠庶民,足为承平之良主;而不量其力,横挑强胡,使师徒歼于河南,戎马饮于江津;及其末路,狐疑不决,卒成子祸,岂非文有余而武不足邪?"虞世南说:"文帝沈吟于废立之际,沦溺于嬖宠之间,当断不断,自贻其祸。孽由自作,岂命也哉。"

宋文帝刘义隆爱遥控指挥作战　《宋书》说,刘义隆才略不如汉光武帝刘秀,却在京城制定战略,前线攻城作战时,将领都得听从他的旨意,北伐兵败虽说是将领能力平庸,但与他此举也大有关系。司马光分析刘宋北伐败因,说刘义隆"每命将出师,常授以成律","交战日时,亦待中诏,是以将帅趑趄,莫敢自决"。

宋文帝刘义隆北伐三次皆无功　刘义隆于元嘉七年、元嘉二十七年及元嘉二十九年分别发动北伐,主要目标及战场均为刘宋的黄河南岸失土,全部失败。第三次北伐后,他以屡征无功,诸将不可任,责问将领萧思话及张永。刘义隆在给五弟江夏王刘义恭的信中说:"早知诸将辈如此,恨不以白刃驱之,今者悔何所及。"

宋文帝刘义隆北伐主帅无将才　到彦之、萧斌、王玄谟、萧思话皆庸将,王夫之说:"元嘉之北伐也,文帝诛权奸,修内治,息民六年而用之,不可谓无其具;拓跋氏伐赫连,伐蠕蠕,击高车,兵疲于西北,备弛于东南,不可谓无其时;然而得地不守,瓦解猬缩,兵殄甲弃,并淮右之地而失之,何也?将非其人也。"

宋文帝刘义隆北伐被后人差评　唐人李延寿说:"宋氏以三吴之弱卒,当八州之劲勇,欲以邀胜,不亦难乎!"宋人王师愈说:"至王玄谟辈,皆诞谩欺罔。至有闻其言,欲封狼居胥山之意,卒之三大举皆无成。先之以到彦之,次之以王玄谟,三之以萧思话。使二十余年元嘉富庶之盛,淮南赤地千里,人无遗育。"

第六章　才略兼文武,酒色邪宋皇

刘骏是半路杀出的黑马皇帝

宋孝武帝刘骏是半路杀出黑马　刘骏是宋文帝第三子,封武陵王,母亲路惠男失宠,自幼出镇在外。大哥太子刘劭弑父夺位三个月后,刘骏率沈庆之、柳元景、薛安都、宗悫诸将讨伐,刘义宣、萧思话、臧质等起兵呼应。二十四岁的他擒杀刘劭继位,时有民谣:"遥望建康城,小江逆流萦。前见子杀父,后见弟杀兄。"

宋孝武帝刘骏曾经一直被降衔　北魏太武帝拓跋焘挥师南侵,宋文帝刘义隆命三子武陵王刘骏遣军袭击屯驻汝阳的魏将拓跋仁。刘骏派程天祚等领兵进袭,魏军开始因无防备溃败,后探得宋军无后援进行反攻,宋军大败。刘骏因汝阳战败,军衔从安北将军降为镇军将军,又因后在彭城未及时追击魏军,降为北中郎将。

宋孝武帝刘骏是刘宋征蛮主帅　东晋及刘宋割原荆州北部为雍州,治所襄阳,当时境内蛮族纷纷作乱。宋文帝刘义隆任第三子武陵王刘骏为雍州刺史,并担任征蛮总指挥。刘骏在沈庆之、朱修之、柳元景、薛安都、宗悫等将领的辅助下,大力招募北方流民组建军队。沈庆之率军伐蛮屡次获胜,雍州蛮族投降归顺。

宋孝武帝刘骏改新亭为中兴亭　新亭始建于东吴,是当时饯送、迎宾、宴集之所,东晋有"新亭对泣"故事。至南朝,新亭成为一处军事堡垒,指亭子所在之山岗。它地处都城建康西南要道,濒临长江,位置险要,南朝时,凡上流举兵下都,必经此地。刘骏击溃大哥刘劭于新亭,并在此登基,改称中兴亭。

宋帝刘劭的皇后被处死不服　刘劭弑父夺位后被击败,他与四个儿子、二弟刘濬及其三子全被斩首,暴尸于市,两人妻妾女儿都被处死狱中。刘劭之妻殷玉英死前对狱丞说:"汝家骨肉相残害,何以枉杀天下无罪人。"狱丞问:"受拜皇后,非罪而何?"她说:"这是一时而已,当以鹦鹉为后。"王鹦鹉为刘劭宠妃。

宋帝刘劭的帮凶全部被处死　刘劭和二弟刘濬被杀投尸于江,党羽萧斌、王罗汉等将皆伏诛。杀害宋文帝刘义隆的张超之为乱兵所杀,被割肠刳心,脔剖其肉,诸将生啖之,焚其头骨。女巫严道育、刘劭宠妃王鹦鹉被当街鞭杀,焚尸扬灰于江。刘濬妻为丹阳尹褚湛之女,他作乱时,妻随褚湛之逃走,未受牵连免死。

宋孝武帝刘骏有文才　刘骏"少机颖,神明爽发","机警勇决,学问博洽,文章华敏,省读书奏,能七行俱下"。《文心雕龙》称他"孝武多才,英采云构",有乐府命题诗:"自君之出矣,金翠暗无精。思君如日月,回还昼夜生。"王夫之评价其诗《登作乐山》:"得之于悲壮而不疏不野,大有英雄之气。"

宋孝武帝刘骏有武略 刘骏"雄决爱武,长于骑射",北魏太武帝拓跋焘反攻刘宋,他时任徐州刺史,与叔父太尉刘义恭共守彭城。刘义恭准备逃走,他说:"阿父既为总统,去留不敢干涉,我既为城主,而弃镇奔逃,实无颜复奉朝廷,必与此城共其存没。"拓跋焘围攻彭城不克,对他很是赏识,想招他为婿未果。

宋孝武帝刘骏有酒瘾性瘾 刘骏好为长夜之饮,白天也经常喝醉,伏案昏睡,有人上奏,就马上严肃整容而起,毫无醉酒的样子。刘骏好色成性,强占叔父刘义宣的四个女儿。母亲路太后住在显阳殿,朝廷命妇以及宗室女子拜见太后,他就守候在殿内,看见合意的强行带回宫中侍寝,有时干脆在路太后的房内过夜。

宋孝武帝刘骏也做过慈善 有一次,刘骏出行,看见路旁有两三间草屋,问尉司:"御道边怎有这样破旧的草屋,一定是家里太穷。"便赐钱三万让这家人盖房子。尉司送钱,发现只有十二三岁的美少女陈妙登在家。刘骏将陈妙登带回宫里,在母亲路太后房内伺候,两三年都没有宠幸,后来赐给十一弟湘东王刘彧。

宋孝武帝刘骏毒杀四弟刘铄　刘铄是宋文帝第四子,封南平王,少时好学有才,不到二十岁就作《拟古》诗三十余首,时人认为仅次于陆机之作。他自负才气,经常与诸兄弟较量技艺才能,大哥太子刘劭夺位后,加封他为录尚书事。刘骏起兵,刘劭让他率兵抵抗,他兵败后被刘骏任为司空,没多久饮食中毒而死。

宋孝武帝刘骏最爱七弟刘宏　刘宏是宋文帝第七子,封建平王,"少而闲素,笃好文籍",宋文帝在鸡笼山为他建造府第,极尽山水之美。刘骏讨伐夺位的大哥刘劭,他被刘劭关押,刘骏曾经赠一手板与他,他派亲信将其密送刘骏,以明心迹。刘宏后任尚书令,礼贤接士,明晓政事,深得刘骏信赖,二十五岁病逝。

宋孝武帝刘骏喜欢给大臣乱起外号　刘骏爱开玩笑,经常戏侮群臣,根据群臣的外貌特征,高矮肥瘦各取外号。他称多须者为羊,颜师伯缺齿,喊为"齺",刘秀之吝啬,呼为"老悭",王玄谟是北人,称为"老伧"。他有位外籍保镖昆仑奴,高大强壮,随时执仗侍立左右,有大臣让他稍不如意,就命其当场殴打。

宋孝武帝刘骏嘲笑祖父刘裕是农民　宋武帝刘裕出身寒微,当上皇帝后他很简朴,住处使用土屏风、布灯笼、麻绳拂。为让子孙知道创业艰辛,他将旧时耕田用的农具藏入宫中。刘骏为建造宫殿,破坏祖父刘裕的密室,看到这些旧物,侍中袁顗盛赞刘裕的俭素之德,刘骏说:"种田老头得到天下,有些过分。"

宋孝武帝刘骏有三大寒门幸臣　刘骏在外放颜竣、处死王僧达后，除侍中蔡兴宗与袁顗外，不再放权给宗室的叔父弟弟与士族大臣，自己独揽朝政大权。他将寒门出身的中书舍人戴法兴、巢尚之、戴明宝充当心腹，委以机密，形成所谓"寒人掌机要"。刘骏认为他们身卑位薄，易于掌控，朝政军务，事必与议。

戴法兴贫寒小吏掌大权　戴法兴出身贫苦，少时随父戴硕子贩卖苎麻为生，好学能文，颇通古今，与二兄有佳名。同乡陈戴家富，有钱三千万，乡人都说："戴硕子三儿敌陈戴三千万钱。"戴法兴初得彭城王刘义康青睐，宋孝武帝刘骏为亲王时，他任其记室掾。他后任中书舍人，深得刘骏信任，参与机要，权重当时。

戴法兴架空刘宋的宰相　宋孝武帝刘骏以他和巢尚之为亲信近臣，凡选官升降、褒赏诛杀等大事，都与他们商议，杂事交给戴明宝。戴法兴权倾朝野，门庭若市，交结内外，接受贿赂，家产累计千金。他能为文章，颇行于世，太子刘子业继位初，大小政事皆由他专断，使顾命大臣宰相刘义恭、颜师伯等人空有其名。

巢尚之多次出言救朝臣　巢尚之初为宋文帝次子始兴王刘濬的侍读，涉猎文史，得到刘骏赏识。宋孝武帝刘骏登基，任他东海国侍郎兼中书舍人，与戴法兴并为腹心，参与机密，决议朝政。刘骏严酷粗暴，睚眦之间便加罪杀戮大臣，每到这时，巢尚之就会解释劝说，很多人因此得以幸免，宫廷近侍与台省大臣都很仰仗他。

巢尚之机敏命名天保寺　巢尚之聪慧过人，当时百姓想为宋孝武帝刘骏立寺，刘骏询问群臣名称，他应声回答："宜名天保。诗云：'天保，下报上也。'"时人都佩服其机敏。太子刘子业继位亲政后，将他外放，宋明帝刘彧后又任他中书舍人，作为亲信。他力排众议，向刘彧推荐吴喜为将，吴喜平定三吴，立下奇功。

戴明宝儿子骄横被处死　戴明宝时任中书舍人，得宋孝武帝刘骏信赖重用，位卑权重，多纳贿赂，骄纵无比。其长子戴敬任扬州从事，抢购刘骏的御用物品。有次刘骏出巡，戴敬盛装乘马，于御辇旁来回奔驰，刘骏大怒，处死戴敬并将戴明宝下狱，不久将其释放，委任如初。宋明帝时，以他屡经战事，又任他前军将军。

大恶人奚显度虐待民工　宋孝武帝刘骏让他主管民役，他苛刻暴虐，动辄拷打，不论暑雨寒雪，都不让人休息，有人自缢而死。当时建康监狱用刑，用木头压额头或脚踝，时有民谣："宁得建康压额，不能受奚度拍。"又戏称："勿反顾，付奚度。"太子刘子业继位，戏言奚显度当杀，左右称是，当日便将其处死。

沈庆之柳元景将门崛起

沈庆之是农夫出身的宿将　沈庆之出身吴兴沈氏，但父祖皆无名，东晋末,天师道首领孙恩叛乱,当时他未满二十,跟随乡族与叛军作战,以勇猛闻名。此后,沈庆之在家务农十余年,后来入伍,参加刘宋首次北伐,檀道济对宋文帝刘义隆称赞其忠谨晓兵。他后为宋孝武帝刘骏的亲信大将,屡立战功,位至太尉。

沈庆之成就赵伯符将帅名　三十多岁的沈庆之一直在家种地,有次来到襄阳,探望在雍州刺史赵伦之麾下任职的兄长。他被赵伦之赏识,被任为中兵参军,辅佐其子竟陵太守赵伯符。竟陵蛮族经常作乱,得力于沈庆之出谋划策,赵伯符领兵多次击败蛮族,因此有将帅之称。后来赵伯符单独讨伐西陵蛮族,无功而返。

沈庆之半夜披甲听命皇帝　宋文帝刘义隆抓捕领军将军刘湛的当夜,紧急召见沈庆之,沈庆之时任殿中将军,是宫城的中下级禁军军官。他身穿甲胄前来,刘义隆见到很吃惊,询问他为何如此着装,他回答说:"半夜里呼叫队主,来不及换衣服。"刘义隆听后非常满意,命他收捕斩杀刘湛的同党吴郡太守刘斌。

沈庆之耳听所学自比老范增　刘宋第二次北伐,东路军统帅萧斌兵败,沈庆之提议不要坐守穷城,使者传旨不准退兵,萧斌与众将商议。沈庆之说:"将在外,君命有所不受,将军有一范增而不用,空谈何益!"众将知道他是文盲,都笑道:"沈公现在大有学问!"他厉声道:"众人虽见古今,不如下官的耳学。"

沈庆之靠征蛮崛起刘宋军界　沈庆之采用孙吴旧策,大量掠夺蛮族人口,十余年作战累计掠取二十余万,使其成为长期服兵役者。沈庆之是刘宋以至东晋南朝征蛮功绩最杰出的将领,大将柳元景、宗悫都曾隶属他征蛮。他患有头风,常戴狐皮帽,蛮人称他"苍头公",每次见其军队,都畏惧地说:"苍头公又来了!"

沈庆之将宋孝武帝刘骏吓哭　宋帝刘劭夺位后,给沈庆之写下秘信,让其杀掉三弟武陵王刘骏,沈庆之求见刘骏,刘骏称病不敢见。沈庆之闯入,示以秘信,他泪流满面,乞求到屋内和母亲诀别。沈庆之说:"下官受先帝厚恩,今日之事,唯力是视,殿下何见疑之深?"刘骏下拜说:"家国安危,皆在将军。"

沈庆之是文盲会写诗　在一次酒宴中,宋孝武帝刘骏让群臣赋诗,强迫老将沈庆之作诗,他不识字,更不会写字,说:"臣不能书,请口授师伯。"刘骏让颜师伯执笔,沈庆之口授说:"微命值多幸,得逢时运昌。朽老筋力尽,徒步还南岗。辞荣此圣世,何愧张子房。"刘骏听后大喜,群臣也都称赞辞意之美。

沈庆之业余是农场主　沈庆之被封车骑大将军,随同宋孝武帝刘骏出猎,年近八十的他"据鞍陵厉,不异少壮"。沈庆之三十岁前都在家种地,成为刘宋重臣后,在娄湖购置大量田舍,携家族搬到娄湖耕作,他常指着田地对人说:"钱尽在此。"他家财丰厚,产业值万金,上千奴仆,数十美妓妾,捐钱千万,谷万斛。

沈庆之不爱乘坐豪车　宋帝刘子业继位,赐他几杖与三望车,他每次入朝都乘简陋的车辆,侍从不过三五人。沈庆之经常单骑在田园巡行,农作季节亲自下田耕作,遇见他的人都不知其身份。对于三望车,他对人说:"我每游履田园,有人时与马成三,无人则与马成二。今乘此车,能去哪里?"

沈庆之清理沈家门户　沈庆之青年时一直在家务农,后靠军功在刘宋通达显贵,位列三公。同乡旧人中过去轻视他的人,后来见到都跪行到他跟前,他叹道:"还是从前的那个沈公。"吴兴沈氏是江东豪族,当时有数十个沈姓人是劫匪首领,为士民所患。沈庆之假意邀请他们赴宴,全部杀掉,一时境内肃清,人人喜悦。

柳元景是位沉默大将　柳元景出身河东柳氏,"少便弓马,数随父伐蛮,以勇称。寡言语,有器质"。荆州刺史谢晦闻其名招揽,他还没去,谢晦败亡,后随沈庆之征蛮。刘宋第二次北伐,柳元景率西路军接连获胜,收复关陕失地。他被刘骏任前锋都督,率宗悫、薛安都等各路兵马击败宋帝刘劭,使宋孝武帝刘骏顺利登基。

柳元景不夺百姓之利　柳元景将家出身,官至尚书令,身居相位后,处理政务虽非所长,但有弘雅之美。当时朝中勋贵权要多事产业,只有柳元景无所经营,他家在江边有数十亩菜园,守园人卖菜得钱,送到府中。他怒道:"我立此园种菜,供家中食用而已,怎能卖以取钱,夺百姓之利!"便将钱送给守园人。

沈、柳靠军功位至三公 宋孝武帝刘骏重用江东寒人沈庆之与将门北人柳元景,两人依靠战功,先后分别被提拔为太尉、尚书令。他们开启了吴兴沈氏与河东柳氏攀升为南朝高门的起始之路,并开创南朝寒门以军功升为三公、宰相的先例。吴兴沈氏为豪族并非士族,沈庆之早年务农,父祖皆无名无官,故属寒门。

宗悫有武艺年少打跑群盗 宗悫兄长举行婚礼,当晚有盗贼劫掠,年方十四的他挺身而出,十几个强盗被打散,不得入室。叔父宗炳是高士,诸子侄都很好学,唯宗悫任气好武,不被乡里称赞。他年少时,宗炳问其志向,他说:"愿乘长风破万里浪。"宗炳说:"汝不富贵,即破我家矣。"他后为刘宋大将,数次建功。

宗悫有胆气帮兄长杀奸夫 当时天下无事,士人多好习文,宗悫虽有家世,却好武事。江夏王刘义恭时任南兖州刺史,宗悫跟随出镇广陵,其堂兄宗绮为府主簿。宗绮小妾与小吏牛泰私通,一次宗绮值班,牛泰与其妾幽会,宗悫得知后,闯入杀死牛泰。宋文帝刘义隆征讨林邑,他自荐请战,刘义恭以其有胆勇举荐。

宗悫施巧计假狮吓退真象 林邑国多次侵扰刘宋,宋文帝刘义隆派大军讨伐,宗悫自告奋勇参战,他兵分数道,偃旗潜进,击败林邑军。林邑军以大象披甲出击,宋军无法抵挡,宗悫说:"吾闻狮子威服百兽。"便设计制造假狮子上阵,大象吓得掉头乱奔。林邑军溃败,他乘胜追击,直取林邑都城,其国王逃走。

宗悫有度量不计同乡旧怨　从前,宗悫的同乡庾业家中富裕,接待宾客肴馔丰盛,铺摆一丈见方,等宗悫到来,却另外给他腌菜粗米。庾业对宾客说:"宗悫军人,习惯吃粗食。"他吃饱便离去。宗悫后来以军功发达,任豫州刺史时,庾业任其长史,他对庾业非常厚待,不以前事为嫌。宋前废帝时,他再任雍州刺史。

宗悫有好牛不肯卖给皇家　宗悫和柳元景隶属沈庆之征蛮,蛮帅反叛,柳元景未能攻克,他率部攻破,群蛮畏服。宋孝武帝刘骏讨平兄长宋帝刘劭,宗悫战功仅次柳元景,被任左卫将军。他随刘骏出猎,坠马脚伤,改任金紫光禄大夫。他有好牛可为御物,有司想买他不肯卖,被弹劾免官,次年复职。

宗悫有威名亲王造反冒用　刘宋骠骑大将军、竟陵王刘诞占据广陵,反对兄长宋孝武帝刘骏,宗悫请求前往讨伐,乘坐驿马到京。刘骏对他慰劳勉励,他跃起多次,左右顾盼,刘骏赞其雄壮,让他跟随沈庆之平叛。最初,刘诞为聚人心,欺骗部属说:"宗悫助我。"他来到广陵后,跃马绕城大呼:"我是宗悫!"

叔父与弟弟的两场叛乱

宋孝武帝刘骏被刘义宣反对　刘义宣是宋文帝的六弟,侄子太子刘劭弑父夺位,任荆州刺史的他最早起兵讨伐。他协助侄子刘骏击败刘劭,刘骏继位以其功高,大加封赏。宋孝武帝刘骏强占刘义宣的四个女儿,他心中怀恨,被亲家江州刺史臧质策动谋反,两人与豫州刺史鲁爽、兖州刺史徐遗宝约定日期举兵。

宋孝武帝刘骏被臧质当幼主　臧质的父亲臧熹是刘骏的祖父宋武帝刘裕的发妻臧爱亲的弟弟,臧质与刘骏无血亲,按辈分为其表叔。他被封车骑将军,任江州刺史,认为刘骏太年轻,一切刑赏政务不向朝廷请示汇报。臧质自谓"人才足为一世英杰",想废除刘骏,拥立才能平庸的皇叔南郡王刘义宣为帝,自己掌权。

刘义宣差点没当上荆州刺史　荆州是刘宋重镇,宋武帝刘裕遗诏,诸子依次出任荆州刺史。宋文帝刘义隆继位,先后让四弟刘义康、五弟刘义恭及堂弟刘义庆就任。其后按次序应由六弟刘义宣接任,但是刘义隆以其才能不佳,不足以担此重任,让七弟刘义季上任。在姐姐会稽长公主多次说情后,刘义宣才得以出任。

刘义宣送宋孝武帝刘骏剩酒　刘义宣与侄子刘骏联军讨平夺位的宋帝刘劭时,驻镇荆州已达十年,荆州地富兵强,他亦威名远播。刘义宣自以功高,独断专横,对朝廷的请求都得刘骏允许,不合其意的朝命他便拒绝。他曾向刘骏进献贡酒,酒被他先喝过,将余下的封存送去,他生活奢华,养有尼姑数百,姬妾千人。

鲁爽喝醉造反日期弄错　鲁爽生性嗜酒,收到皇叔南郡王刘义宣的相约谋反密信时,恰逢喝醉,弄错约定举兵的日期,当天就起兵了。刘义宣突然听说鲁爽已反,只得仓促跟随,拥兵十万,威震远近。宋孝武帝刘骏吓得准备让位,其六弟刘诞执意不可,说:"奈何持此座与人!"刘骏便派柳元景统率王玄谟诸将迎战。

鲁爽小名女生是位猛男　鲁爽的祖父东晋雍州刺史鲁宗之拥兵反对刘裕,其父鲁轨用计斩杀刘裕的前锋大将女婿徐逵之,父子兵败先投后秦,再投北魏。鲁爽少善弓马,初为北魏太武帝拓跋焘贴身侍卫,后继任父职。拓跋焘南征刘宋,他随大将拓跋仁攻寿阳,共同击杀宋将刘康祖,后因醉酒有过失担忧治罪,归降刘宋。

鲁爽阵上被薛安都秒杀　刘宋大将沈庆之奉命平叛,派薛安都率轻骑追击鲁爽叛军,薛安都望见鲁爽,跃马大呼,直奔刺杀。鲁爽当时喝醉,应手倒地,被薛安都部将斩首。鲁爽三代为将,骁猛善战,号称万人敌,时人皆谓薛安都之勇,胜过三国时关羽斩颜良。叛军统帅刘义宣与臧质得知鲁爽阵亡,都惊骇不已。

垣护之击败妻弟徐遗宝　垣护之时任刘宋冀州刺史,其妻弟徐遗宝为宋孝武帝刘骏夺位有战功,任兖州刺史。皇叔南郡王刘义宣与鲁爽、徐遗宝约定起兵造反,徐遗宝邀他加入,他不从,发兵进攻徐遗宝。徐遗宝被他和其他将领共同击败,弃城投奔鲁爽,鲁爽败亡,徐遗宝逃到东海郡界,被当地百姓斩杀。

垣护之火攻敌舰立大功　刘宋皇叔南郡王刘义宣叛乱,率大军在梁山与朝廷军王玄谟对峙,王玄谟不敌,写信向柳元景求援。柳元景准备率全军赴援,垣护之建议分兵援助,柳元景随即派他领精锐前去。他见叛军船舰聚集一起,便献计火攻,敌舰着火,风猛水急,叛军被击溃四散,刘义宣逃回江陵,最终败亡。

垣护之献策到彦之不听　垣护之少倜傥,不拘小节,身矮貌丑,但气概非凡,处事果决。东晋末,他曾随刘裕征讨司马休之。垣护之随到彦之北伐,到彦之小败就准备撤军,他认为不可轻退,献进军之策,不被到彦之采纳,最后宋军败退,损失惨重。宋孝武帝刘骏起兵夺位时,他率部相助,被刘骏赞赏,后任冀州刺史。

垣护之献策王玄谟不听　垣护之随王玄谟北伐,率百艘战船为前锋,占领黄河重镇滑台西南的石济。北魏来援大军将至,他写信说应该加快进攻滑台,王玄谟不听,后来败退。魏军将俘获的多艘宋军大船用三重铁锁连接,阻断黄河,想断其归路。垣护之船队遇到铁锁,就用长柄大斧砍断,最后只损失一船,余船并全。

垣询之为宋文帝复仇未果　垣询之是垣护之弟弟,骁勇有气力,弑父夺位的宋帝刘劭素闻其名,将他任用。宋文帝刘义隆为刘劭的亲信张超之亲手所杀,垣询之想杀掉张超之。张超之起疑,更改住处,他直奔其住所,错杀睡在床上的仆人,只得逃亡。他后被宋孝武帝刘骏任用,与皇叔刘义宣叛军力战,身中流箭阵亡。

南朝宋齐有垣家将　垣护之的伯父与父亲原为南燕将领,刘裕北伐时,他们归降刘裕。宋孝武帝时,垣护之多有战功,历任右卫将军、豫州刺史,其弟垣询之为勇将。他的侄子垣崇祖后为南齐大将,多次击退北魏来犯,垣崇祖的堂兄弟垣荣祖、垣历生皆为骁将。《南史》称"垣氏宋齐之际,世著武节"。

刘义宣不听臧质之言兵败　刘义宣谋夺刘宋帝位,进军建康途中,被五哥江夏王刘义恭离间,猜忌臧质,不听其言。他被柳元景与王玄谟合军击败,退回江陵与十六子同被朱修之所杀。毛泽东评价臧质说:"臧质豪杰之士,一解汝南之围,二胜盱眙之敌,三克刘劭之逆。梁山之战,刘义宣不听臧言,因以致败,惜哉。"

刘义宣不学习说项羽千败　刘义宣白皙美须眉,生来舌短,不擅言谈,时为刘宋皇叔,造反兵败后,逃回荆州江陵。他的部属率羽仪兵众迎接,江陵尚有甲兵一万余人。左右教刘义宣激励将士,说:"臧质违指授之宜,用致失利,今治兵缮甲,更为后图。昔汉高百败,终成大业!"他说成"项羽千败",众人掩口失笑。

154

刘义宣与爱妾分别说最苦　刘义宣谋反败退江陵，大将鲁秀等人想收拾余兵再战，他六神无主，入内不出，左右腹心便都逃走。刘义宣让五位爱妾穿男装，携带出逃，城内乱兵交战，他惧而坠马，被部属下狱，坐地叹道："臧质老奴误我！"后来五妾都被遣出，他独自号泣，对狱吏说："常日非苦，今日分别始是苦。"

鲁秀参与谋反预言会失败　鲁秀是鲁爽的弟弟，时任刘宋司州刺史，兄弟同为骁将，皇叔南郡王刘义宣与鲁爽约定起兵造反。鲁秀至江陵见刘义宣，出来捶胸说："吾兄误我，乃与痴人作贼，今年败矣！"他进攻雍州刺史朱修之为其所败，退回江陵。刘义宣兵败丧志，他想投奔北魏，出城后被乱兵放箭，投水而死。

臧质死后有汉时王莽待遇　臧质与刘宋皇叔刘义宣谋反兵败后，无处可逃，焚烧府舍，车载妻妾躲入南湖，饥饿吃莲子。有人搜捕，他藏入水中，用荷叶盖在头上，将鼻孔露出水面呼吸。臧质被军士发现，被射中后乱刀砍死，肠胃缠绕在水草间。他的首级被传至京城建康，按照当年王莽先例，用漆封好，藏于武库。

刘诞作民歌《襄阳乐》　《古今乐录》记载："《襄阳乐》者，宋随王诞之所作也。诞始为襄阳郡，元嘉二十六年仍为雍州刺史，夜闻诸女歌谣，因而作之，所以歌和中有'襄阳来夜乐'之语也。"刘诞初封随王，后改封竟陵王，在父亲宋文帝北伐、兄长宋孝武帝讨伐大哥刘劭、六叔刘义宣等战争中屡立功勋。

宋孝武帝刘骏与六弟刘诞相残　刘诞协助刘骏举兵讨伐夺位的大哥刘劭，又劝谏刘骏迎击叛乱的六叔刘义宣。他屡建大功，位高权重，受刘骏猜疑，后出任南兖州刺史。刘诞以北魏入侵为由，修建城防，聚粮练兵，被告谋反。刘骏下诏降爵削职，他抗命不受，沈庆之率宗悫等将讨伐，三个多月攻破广陵，将其斩杀。

宋孝武帝刘骏残酷屠杀广陵城　刘宋骠骑大将军、竟陵王刘诞占据广陵起兵，宣扬刘骏秽乱丑行，刘骏大怒，斩杀六弟刘诞心腹的亲族上千人。沈庆之攻破广陵，刘骏认为广陵全城附逆，命令屠城，沈庆之反复劝谏。刘骏改为城中五尺以下者可活命，女子被赏赐给军士，共杀三千余人，他下令将首级筑成骷髅塔。

恶王刘浑玩乐封官丧命　刘浑是宋文帝第十子，年少凶戾，曾发怒拔刀砍杀左右。父亲去世，在祭奠时，他裸身前往散骑官署看热闹，弯弓射人，作为笑乐。三哥宋孝武帝刘骏继位，刘浑后任雍州刺史，与左右戏作檄文，自称楚王，定年号，置百官。此事被人告发，刘骏将其免为庶人，他后被逼令自尽，时年十七。

笨王刘休茂冲动起兵找死　刘休茂是宋文帝第十四子，三哥宋孝武帝刘骏在位时，十七岁的他时任雍州刺史，司马庾深之主政。他生性急躁，总想专权，被庾深之和典签杨庆禁止，心怀愤恨。有名近侍受刘休茂宠信,作恶被杨庆责罚,怂恿他兴兵自立,他便将庾杨二人杀害。没多久,他被部属起兵围攻,被生擒后斩首。

刘骏严酷好杀

宋孝武帝刘骏好赌　刘骏骄奢淫逸,赏赐过度,导致国库空虚,每当有刺史卸任回到京都时,就被他召来同玩摴蒲。摴蒲以掷骰子决胜负,得采有卢、雉、犊、白等名称,兴于汉代,晋时尤为盛行。无人敢赢皇帝刘骏,只得将多年积攒的财物都输给他,颜师伯经常输钱,所受恩宠,群臣难比,当时官至尚书右仆射。

颜师伯赌赢也认输　颜师伯为宋孝武帝刘骏旧部,深受宠信,任侍中时,大肆受贿,积累钱财。有一次,刘骏和颜师伯一起玩赌戏摴蒲,刘骏一把掷出"雉",以为必胜,不料他掷出更大的"卢"。刘骏大惊失色,颜师伯收起骰子说:"差点就是'卢'了。"这一局他自己认输,刘骏大喜,这天他输了一百万钱给刘骏。

颜师伯有将才诗才　颜师伯之父为谢晦部属,参与谢晦起兵失败自尽,他少孤,涉猎书传,颇解声乐。宋孝武帝刘骏为徐州刺史时,他任主簿,深受倚重。颜师伯后任青冀二州刺史,北魏入侵,他调兵遣将,一月内四战四捷。他有乐府命题诗《自君之出矣》:"自君之出矣,芳帷低不举。思君如回雪,流乱无端绪。"

颜师伯青州四连胜　北魏文成帝拓跋濬遣军数万进犯刘宋青州,宋孝武帝刘骏派将领殷孝祖、庞孟虬奔赴前线,听命于青州刺史颜师伯。宋军一月四战皆胜,庞孟虬斩魏将五军公,殷孝祖斩魏将窟瓖公,北魏大将树兰、也门相继被杀。最终魏军全线溃败,刘宋收复元嘉北伐期间被北魏侵占的济水北岸的数座城池。

颜竣当宋孝武帝刘骏替身　颜竣是颜师伯族弟,颜延之之子,刘骏为徐州刺史时,他任主簿,很受赏识。刘骏登基前讨伐刘劭,颜竣作檄文,当时刘骏染病不能见将佐,只有他能出入卧室,他将刘骏抱在膝上照顾起居。刘骏多次昏迷,军政都由他决断,如同刘骏所为,这样经过十几天,船上将士都不知道刘骏病危。

颜竣谢庄一嗔一笑管吏部　宋孝武帝刘骏继位后,亲信旧部颜竣受到重用,任侍中、左卫将军。半年后颜竣改任吏部尚书,凡是他上报的官员任免名单,刘骏全都同意。后来谢庄接任吏部,上报的多半不通过。颜竣严厉刚毅,谢庄风姿甚美,经常谈笑,时人说:"颜竣嗔而与人官,谢庄笑而不与人官。"

颜竣被宋孝武帝刘骏当良弓藏　刘骏登基三年多,颜竣一直是其亲信重臣,任丹阳尹、加散骑常侍。他的儿子出生,被刘骏取名辟强,以比西汉名臣张良之子张辟强。刘骏荒淫放纵,颜竣自以为旧臣,多次直言进谏,刘骏逐渐对他心中生厌。他请求外放,意为试探,刘骏便任他为东扬州刺史,他这才大为忧惧。

颜竣被宋孝武帝刘骏当走狗烹　颜竣出任东扬州刺史,因母丧回京,向亲友埋怨,又批评朝政。王僧达当时获罪,怀疑是他进谗,在死前将其怨言上奏。刘骏将颜竣免官,他心中大惧,上书谢罪,乞求活命,刘骏更怒,诬陷他与叛乱的刘诞同谋。刘骏将他收捕,打断他的腿后处死,妻与子流放交州,其子途中被沉湖。

周朗是两位宋王的岳父　周朗的哥哥周峤娶宋武帝刘裕的第四女宣城公主为妻,他的两个女儿嫁给刘裕之子宋文帝刘义隆的两个儿子建平王刘宏和庐江王刘祎。周朗好以奇取胜,雅有风度,因是贵戚被重用。江夏王刘义恭为北伐总帅,出镇彭城,其主簿羊希戏弄他,写信劝他进献奇策,他复信引述古义,辞意潇洒。

周朗为母亲看打猎烧山　宋孝武帝刘骏继位,任他为七弟建平王刘宏的参军,刘宏是他女婿,当时百官献言,他上书因自夸触犯刘骏,自己引咎辞职。周朗后任庐陵太守,郡后荒山多野兽,母亲想看打猎,他便纵火猎兽,让母亲观看。不料郡府官舍被烧掉,他将全部俸禄拿来建屋,赔偿烧毁之物,称病辞职。

周朗被宋孝武帝刘骏所杀　周朗为母亲烧山看猎,烧毁官舍被弹劾,对刘骏说:"州司举臣过失,多有不公。臣在郡,虎三食人,虫鼠犯稼,以此二事上负陛下。"刘骏怒道:"州司不公,或许会有。虫虎之灾,哪里只是关卿小事。"母亲去世,他每哭必恸,其余不合丧礼。他被刘骏于流放途中所杀,时年三十六岁。

沈怀文才高拒绝写檄文　沈怀文少好玄理,善为文章,曾作《楚昭王二妃》诗,被当世称许。何尚之曾为雷次宗送行,雅集文士,为连句诗,他所作尤美,辞高一座。宋帝刘劭弑父自立,任沈怀文中书侍郎,宋孝武帝刘骏讨伐刘劭,刘劭命他作檄文。他坚持推辞,刘劭大怒,投笔严斥,随后他称病落马,逃至刘骏军中。

沈怀文近臣直谏便失宠　宋孝武帝刘骏任沈怀文为扬州刺史、次子西阳王刘子尚的长史,刘子尚不过五六岁,他主持政务。当时因犯甚多,沈怀文到任后,迅察五郡九百三十六狱,都称公允,后入为侍中,刘骏对其宠待亲密。刘诞据广陵叛乱败亡,刘骏下令屠城,他力陈不可,刘骏不从,他后因多次进谏被刘骏厌恶。

沈怀文与王彧共进谏　宋孝武帝刘骏游猎无度,当日风雨大作,沈怀文和王彧共同劝谏,刘骏正弩上搭箭,脸色大变说:"你想学颜竣吗?何以恒知人事。"又说:"颜竣小子,恨不得鞭其面!"每次宴会,刘骏都下令在座者喝醉,沈怀文向来不饮酒,又不爱戏笑。刘骏说他故意异于常人,谢庄劝诫他,他说本性如此。

沈怀文被颜师伯告密　沈怀文与颜竣、周朗向来交好,两人都因触怒宋孝武帝刘骏被杀,刘骏说:"竣若知我杀之,亦当不敢如此。"他默然无语。一年除夕,沈怀文、谢庄、王彧、颜师伯被召入省,王彧在路上称赞颜竣、周朗人才之美，他相与酬和。此事被颜师伯告诉刘骏，他先前屡次触犯刘骏，至此刘骏非常不悦。

沈怀文被宋孝武帝刘骏所杀　沈怀文任侍中，因为多次直谏触犯刘骏，刘骏将他外放为三子晋安王刘子勋的长史、广陵太守。次年，沈怀文来朝参加元会，事毕后，以女儿生病申请留下几天，又乞求再停留三日。他到期还不离去，被有司弹劾免官，十年不得起用。他卖宅打算回吴兴老家，刘骏大怒，将他下狱处死。

沈怀远流放广州撰《南越志》　沈怀远是沈怀文的弟弟，宋文帝时，为始兴王刘濬的参军，深见亲待，太子刘劭将心腹王鹦鹉与他为妾。刘劭兵败被杀后，宋孝武帝刘骏将沈怀远流放，让广州刺史宗悫将其处死。宗悫讨伐刘义宣，让文笔颇佳的他作檄，又联络军事。事平后，宗悫为他求情免死，刘骏死后他才得回归。

刘骏伤情身死

宋孝武帝刘骏最爱是殷淑仪　刘骏的嫔妃中有四位姐妹，都是其六叔刘义宣的女儿，刘义宣叛乱败亡，刘骏将她们全部接入宫中。其中排行第二的楚江郡主最美，"丽色巧笑"，最受宠爱。刘骏让她冒充大臣殷琰的女儿，封为淑仪，她生下刘子鸾等五个儿子。也有人说，她本来就是殷家的女儿，是被刘义宣收养。

宋孝武帝刘骏为殷淑仪泪奔　最爱的殷淑仪不幸病逝,刘骏悲痛不已,将其追赠为贵妃,他将殷妃棺材做成抽屉型,不时拉开一睹遗容。他亲自送葬,一路痛哭,葬礼之隆重是南朝丧葬史上第一。刘骏仿汉武帝《李夫人赋》,深情作赋悼念殷妃,还为其修建庙宇,用他们爱子新安王刘子鸾的封国命名,称新安寺。

高僧昙宗感叹刘骏殷妃之爱　殷淑仪病逝后的三七之日,宋孝武帝刘骏为她举行法会,请来昙宗主持。昙宗"始叹世道浮伪,恩爱必离,嗟殷氏淑德,荣幸未畅,而灭实当年,收芳今日",他言语悲凄,刘骏泫然落泪,怆痛不已。昙宗是当时刘宋名僧,"少而好学博通众典,唱说之功独步当世,辩口适时应变无尽"。

高僧昙宗说宋孝武帝刘骏有罪　昙宗曾为刘骏讲经《菩萨五法忏悔文》,刘骏笑问:"朕有何罪而为忏悔?"昙宗回答说:"昔虞舜至圣犹云予违尔弼,汤武亦云万姓有罪在予一人,圣王引咎,盖以轨世,陛下德迈往代,齐圣虞殷,履道思冲,宁得独异。"刘骏听后大悦。虞舜即上古舜帝,汤武为商汤王、周武王。

刘德愿太守哭成刺史　殷淑仪病逝后,宋孝武帝刘骏精神萎靡,不理政事,每晚睡前都要在其灵位前举杯对饮,痛哭流涕。他多次带领后妃及群臣到殷淑仪的墓前恸哭,有一次对秦郡太守刘德愿说:"只要你哭贵妃哭得悲痛,就会有重赏。"刘德愿放声大哭,捶胸顿足,涕泪交流,刘骏大喜,立即任他豫州刺史。

刘德愿是名优秀车手　刘德愿初为游击将军,受贿被免,后任秦郡太守。曾有人立两个柱子,间距刚好能让车通过,他在百步外,振辔驱车,直奔而来,从双柱间飞驰而过。宋孝武帝刘骏听说刘德愿车技高超,让其驾驶自己的画轮车。他头戴笼冠,身穿短朱衣,执辔进退间,气度十足。他性情粗率,经常被刘骏戏弄。

羊志一副急泪有高招　羊志是御医,性情诙谐,宋孝武帝刘骏让其哭病逝的宠妃殷淑仪,他立刻就痛哭起来,呜咽悲伤不已。刘骏很高兴,赏赐给他许多金银财物。有人看到羊志哭得如此伤悲,非常不解,隔天问他:“你哪得此副急泪?”羊志说:“那天我自哭亡妾罢了。”当时,羊志的爱妾也去世不久。

宋孝武帝刘骏为何偃哭　何偃是何尚之之子,好谈玄,曾注庄子《逍遥游》。宋帝刘劭夺位后,父为司空、尚书令,他任侍中掌诰命,父子并处机要,保全朝臣,时人赞誉。宋孝武帝刘骏对何偃恩遇甚厚,胜过旧部,任他吏部尚书,治病名医好药任用。刘骏将宠爱的嫡长女山阴公主许配其子何戢,他病逝后刘骏落泪。

何偃、张畅酒后互相揭短　何偃醉后说:“张畅是奇才,与刘义宣作贼,最终无事。若非奇才,怎能如此!”张畅说:“太初之时,谁黄其阁?”宋孝武帝刘骏劝道:“何事相苦。”张畅曾被胁迫参与刘义宣叛乱,弑父夺位的宋帝刘劭任何偃的父亲何尚之为司空,官署厅门涂黄色。刘骏讨平刘劭,何偃父子共洗黄阁。

宋孝武帝刘骏伤情而死　刘骏的皇后王宪嫄出身名门,其父王偃是东晋丞相王导的玄孙,其母刘荣男为吴兴长公主,是刘骏姑姑。刘骏为亲王时,很宠爱表妹王妃王宪嫄,登基后立她为皇后,两人的儿子刘子业被立为太子。后来他移情殷淑仪,爱妃殷淑仪去世,他悲伤过度,忧郁成疾,两年后病逝,时年三十五岁。

宋孝武帝刘骏顾命五臣　刘骏以刘义恭、柳元景、沈庆之、颜师伯、王玄谟为顾命大臣,遗诏称:"太宰义恭解尚书令,加中书监,以骠骑将军、南兖州刺史柳元景领尚书令,入居城内。事无巨细,悉关二公,大事与始兴公沈庆之参决,若有军旅,悉委庆之;尚书中事,委仆射颜师伯;外监所统,委领军将军王玄谟。"

宋孝武帝刘骏有威有智　刘骏在位十年,加强集权削弱藩镇,奢侈无度不听善谏,司马光说他"侈糜淫酒,宋业始衰"。裴子野说他"聪明绚达,博闻强记,威可以整法,智足以胜奸,人君之略,几将备矣",感叹若他"思武皇之节俭,追太祖之宽恕,则汉之文景,曾何足云"。武皇为其祖父刘裕,太祖为其父刘义隆。

王偃被妻子公主家暴　王偃是王导玄孙,母亲是晋孝武帝的妹妹鄱阳公主,娶宋武帝次女吴兴公主刘荣男为妻。刘荣男稍不顺心,就将他裸身绑在庭院树上。有天,前夜刚下过雪,他被冻很久,哥哥王恢来骂刘荣男，他才被放下。他谦虚恭谨，不关心世事，曾任散骑常侍、右卫将军，女儿王宪嫄为宋孝武帝刘骏皇后。

王藻被妻子公主告死　王藻是王偃长子，母亲是宋武帝次女吴兴公主刘荣男，娶表妹宋文帝第六女临川公主刘英媛为妻，任东阳太守。王藻爱上随侍吴崇祖，当时是宋前废帝刘子业在位，刘英媛向侄子皇帝刘子业告状，刘子业将王藻下狱处死。王藻是刘子业舅舅，其妹王宪嫄是刘子业的生母，当时王宪嫄已去世。

文学家谢庄与科学家祖冲之

谢庄是位美男才子　谢庄是谢弘微之子，谢灵运族侄，七岁能文，"韶令美容仪"，宋文帝刘义隆称赞说："蓝田生玉，此言非虚。"皇子刘铄献赤鹦鹉，刘义隆让群臣为其作赋，袁淑文冠当时，最先写完，交给谢庄看。等袁淑看到谢庄之作后，叹道："江东无我，卿当独秀；我若无卿，亦一时之杰。"便收起己作。

谢庄帮刘骏改檄文　刘宋二次北伐，北魏兵临彭城，魏臣李孝伯在城下和张畅对话，都问起他，其才名远扬如此。宋帝刘劭弑父夺位，刘骏率军讨伐，将主簿颜竣所作檄文密送谢庄，让他修改后再发布。他派心腹门生拿着书信密见刘骏，信中表明心迹。宋孝武帝刘骏登基后，先后任他侍中、左卫将军、吏部尚书。

谢庄将刘骏比曹植　据考证,谢庄的名作《月赋》写于南朝刘宋元嘉二十八年的秋天,虚构曹魏陈王曹植与文学侍从王粲的对话借月抒情。当时宋孝武帝刘骏为武陵王,此前因战败从安北将军降号为北中郎将,任南兖州刺史,二十八年为南中郎将、江州刺史。刘骏与曹植同为皇三子,有文才且不得志,谢庄自比王粲。

谢庄与颜延之相轻　谢庄有才善辩,所作《月赋》为名篇,宋孝武帝刘骏问颜延之:"谢希逸《月赋》何如?"颜延之回答说:"美则美矣,但庄始知'隔千里兮共明月'。"刘骏召来谢庄,告诉他颜延之此言,谢庄应声答道:"延之作《秋胡诗》,始知'生为久离别,没为长不归'。"两人言语让刘骏拊掌整日。

谢庄有文才有辩才　宋孝武帝刘骏曾经赐给谢庄一把宝剑,谢庄将其送给鲁爽,后来鲁爽叛乱阵亡。有一次在酒宴上,刘骏问起此剑在何处,谢庄说:"我以前在分别时赠给鲁爽,窃以为这是陛下的杜邮之赐。"刘骏听后非常高兴。战国时,白起被秦昭王从咸阳放逐,他走到杜邮时,秦昭王派使者赐剑让他自杀。

谢庄写文纸墨涨价　宋孝武帝刘骏最爱的殷妃病逝,刘骏自作《伤宣贵妃拟汉武帝李夫人赋》,有句:"流律有终,心情无歇。徙倚云日,徘徊风月。"刘骏让谢庄为殷妃写悼文,躺着看了两行潸然泪下,看完后起身长叹道:"天下还有如此奇才!"他将谢庄《宣贵妃诔》刻于墓碑,一时京城传抄,纸墨价涨。

谢庄发明木制地图　谢庄是刘宋才士，所作《月赋》与宋玉《风赋》、谢惠连《雪赋》并称。他制作木地图，可组合可拆分，"制木方丈，图山川土地，各有分理，离之则州别郡殊，合之则宇内为一"。谢庄为殷贵妃写悼文得罪太子刘子业，后被下狱。宋明帝继位，任他中书令，其孙女谢梵境后为刘宋末帝宋顺帝皇后。

祖冲之刘宋科学家　祖冲之的祖父祖昌任刘宋大匠卿，掌管朝廷土木工程。他自幼好学，搜烁古今，宋孝武帝刘骏让他在华林学省任职，赐住宅车服。祖冲之后到最高学术机构总明观任职，精通天文音律、数学机械，对儒道经典都有释义著述，著有鬼怪故事集《述异记》。他在刘宋任南徐州从事，在南齐官至长水校尉。

祖冲之编制《大明历》　刘宋元嘉以来，当时使用何承天所制《元嘉历》，比以往各种历法更精密。他认为不够，潜心编写新历，区分回归年和恒星年，引入岁差，上奏宋孝武帝刘骏。刘骏让朝臣善历者与祖冲之辩论，无人能及，刘骏病逝新历未得施行。他去世十年后，新历在南梁被使用，成为当时最精密的历法。

祖冲之再创指南车　宋武帝刘裕平定关中，得到后秦指南车，但只有外形无机杼，刘宋末，萧道成命祖冲之修复指南车。他内置铜机，任意旋转，定而指南，自汉末指南车发明者马钧以来未有。当时有北人索驭骥自称能造指南车，萧道成使其与祖冲之各造，在乐游苑共同比试。索驭骥所造大有偏差，被销毁烧掉。

祖冲之精算圆周率 祖冲之所著《缀术》，"学官莫能究其深奥，故废而不理"，被收入《算经十书》，作为唐代国子监数学课本，后来失传。《隋书·律历志》有关于祖冲之计算圆周率的记载，他算出 π 的真值在3.1415926和3.1415927之间，精确到小数第七位。他是世界第一位将圆周率值计算到小数第七位的数学家。

祖冲之再造古欹器 春秋时，鲁国宗庙有欹器，用来盛水"中则正，满则覆"，国君借以自警，孔子见到说："恶有满而不覆者哉！"到汉代其制作方法失传，西晋名臣杜预有巧思，再造多次不成。西晋数学家刘徽成功制作，作《鲁史欹器图》说明，后皆失传。祖冲之成功再造欹器，献给好古的南齐竟陵王萧子良。

祖冲之政见《安边论》 祖冲之精通自然科学，还解钟律，其博塞棋艺当时独绝，无人能敌。祖冲之以诸葛亮有木牛流马，想造千里船，在新亭江边试航，日行百余里。他在乐游苑造水碓磨，齐武帝临视。他在南齐任长水校尉，著《安边论》提出大开屯田，劝民种植，齐明帝想让他巡行四方，后来接连有战事未果。

琅琊王氏的俊才三兄弟

王导三位四世孙的命运 王昙首和兄长王弘集会，子侄在一旁玩耍，王弘幼子王僧达跳到地上装小老虎，王昙首幼子王僧虔将十二颗棋子堆起来，不坠落。王昙首长子王僧绰采蜡烛做凤凰，王僧达夺取打坏。王弘叹息道："僧达俊爽,不亚于人,使我家破亡的,也终究是他。僧虔会位列三公,僧绰会以名义见美。"

王僧达是同性恋　王僧达是王弘幼子,自幼聪慧,受宋文帝刘义隆喜爱,刘义隆将堂弟临川王刘义庆的女儿许配给他,但他更好男色。王僧达任太子洗马时,恋上军士朱灵宝,后任宣城太守,让朱灵宝诈死,改名并更改户籍,说是宣城人左永之的儿子。他屡次向刘义隆推荐朱灵宝为官,到宋孝武帝时,此事被人告发。

王僧达因爱生恨　王僧达先喜欢上军士朱灵宝,后与同族的美少年王确私下相恋,王确的叔父王休出任永嘉太守,要带王确一同前往永嘉。王僧达痴恋王确,逼迫王确留下,王确不答应,他非常恼怒。他在屋后挖了一个大坑,想在王确前来告别时,将其杀害埋掉。堂弟王僧虔得知后,对他百般斥责,他这才作罢。

王僧达爱玩鹰犬加斗鸭　王僧达少好学,善写文章,初任太子舍人时,曾经托称生病在外看人斗鸭,因而遭到弹劾。他好养飞鹰猎犬,与闾里少年相驰逐,又亲自屠牛。岳父临川王刘义庆听说王僧达的这些玩乐事后,让好友高僧慧观前去造访观察。他陈书满席,与慧观谈论文章义理,慧观酬答不暇,对其深表赞许。

王僧达毒舌回复何尚之　王僧达爱好打猎,任宣城太守时,经常三五天不归,接受诉讼多在打猎处。有时在路上,百姓问他太守在何处,

169

他说:"就在附近。"老臣何尚之辞官又被起用,盛宴宾客,席间向王僧达敬酒,说:"愿郎且放鹰犬,勿复游猎。"他答道:"家养一老狗,放无处去已复还。"何尚之面目失色。

王僧达爱财偷兄劫寺僧　王僧达与长兄王锡不和,母亲去世时,王锡归来奔丧,带来的俸禄和别人赠送的治丧财物共达百万钱。一天夜里,王僧达趁王锡不备,命奴仆去王锡家中,用马车把钱财偷偷取走,一点也不剩。他后来调任吴郡太守,当地西台寺的和尚都很有钱,他派属下前去抢劫寺僧,得到几百万钱。

王僧达被嫂子写信斥责　王僧达的哥哥王锡的妻子范氏是位聪慧女子,有才藻见识。当时蔡兴宗自幼有操行,在家中尤为恭谨,奉养宗姑,侍奉寡嫂,抚养孤兄子,闻名于世。范氏写信给王僧达,诘问他说:"昔谢太傅奉嫂王夫人如慈母,今蔡兴宗亦有恭和之称。"王锡是刘宋太保王弘长子,袭父爵华容公,为人朴实。

王僧达忠贞两次领援兵　北魏太武帝拓跋焘兵指建康时,时任宣城太守的王僧达请求回京防卫,得到同意。宋帝刘劭弑父自立,刘骏讨伐,沈庆之对人说:"王僧达必来赴义。"有人问原因,他说:"虏马饮江,王出赴难,见其在先帝前言论正直,执意坚决,以此来看,必定会来。"没多久,王僧达领兵而至。

王僧达皇帝称狂　宋孝武帝刘骏继位,王僧达拥戴有功,任尚书右仆射,自认三年内就能当上宰相,曾回复诏书说:"亡父亡祖,司徒司空。"后来他一年内被贬五次,刘骏召见,他态度傲慢,张目而视,刘骏叹道:"王僧达非狂,如何乃戴面向天子。"颜师伯来访,他慨然道:"大丈夫宁当玉碎,安可以没没求活!"

王僧达歧视庶族 王僧达时任中书令,路太后侄孙、庶族出身的黄门郎路琼之和他是邻居。有一次,路琼之盛装来访,他正准备出猎,已经换好衣服,不与交谈,只问:"当年我家有个马车夫叫路庆之,是你什么亲戚?"路琼之颓然告辞,他让人将其刚坐过的席榻烧掉。路庆之是路太后的哥哥,路琼之的祖父。

王僧达狂傲致死 侄孙路琼之受辱王僧达,路太后大怒,向儿子宋孝武帝刘骏哭诉道:"我在时我家就被人欺负,死后会去讨饭。"又说:"我终不与王僧达俱生。"刘骏说:"琼之年少,自不宜轻造诣。王僧达贵公子,岂可以此事加罪!"后来刘骏以其屡次出言犯上,诬陷他参与谋反,将其处死,时年三十六岁。

王僧绰早达早逝 王僧绰是王昙首长子,幼有大成之度,好学有理思,年少时被众人认为是国器,娶宋文帝刘义隆嫡长女东阳公主刘英娥为妻。王僧绰沉稳有才度,不恃才傲物,二十九岁升任侍中,被任以机密。刘义隆想废太子刘劭,他力劝早做决断,刘义隆犹豫不决酿成大祸。三十一岁的他后被刘劭所杀,有子王俭。

王僧绰直言直语 宋文帝刘义隆想另立太子，王僧绰说应该当机立断，刘义隆说："卿可谓能断大事，此事重，不可不殷勤三思。且庶人始亡，人将谓我无复慈爱之道。"庶人指被刘义隆的四弟彭城王刘义康，先被贬为庶人，后被处死。他回答说："臣恐千载之后，言陛下唯能裁弟，不能裁儿。"刘义隆听后默然。

王僧虔当监察长官自嘲 王僧虔是王昙首幼子，退让静默少与人交往，只与谢庄、袁淑为友，妻子为江夏王刘义恭之女。宋孝武帝时，他任御史中丞，当时王家正支向来不任宪台之职，住在乌衣巷的分支子弟才会出任，他说："此是乌衣诸郎坐处，我也可以试试。"兄长王僧绰遇害，他抚养其侄子王俭，位至尚书令。

王僧虔被赞胜王湛、魏舒 王僧虔的好友袁淑称赞他说："卿文情鸿丽，学解深拔，而韬光潜实，物莫之窥，虽魏阳元之射，王汝南之骑，也无法超过。"西晋名臣魏舒字阳元，少时迟钝质朴，不被乡里看重。西晋名士王湛少时沉默寡言，一度被亲友认为痴傻，后任汝南内史。魏舒善射，王湛善骑，最初都不为人知。

王僧虔不屈权幸阮佃夫 王僧虔的族叔公王献之善书，曾任吴兴太守，他工书，又为吴兴太守，成为当时佳话。他转任会稽太守，宋明帝刘彧的宠臣中书舍人阮佃夫老家在会稽，阮佃夫请假回来，有人劝他应该礼接。王僧虔说："我立身有素，岂能曲意此辈？若是不喜，那就拂衣而去。"阮佃夫进言刘彧，他被弹劾免官。

王僧虔书法在刘宋最佳　王僧虔弱冠时就擅隶书,宋文帝刘义隆见他所书扇面,叹道:"非唯迹逾子敬,方当器雅过之。"其族叔公王献之字子敬。后来宋孝武帝刘骏想以书法获誉,他便不敢显露,常用拙笔写字。梁武帝萧衍说:"僧虔书如王、谢子弟,纵复不端正,奕奕有一种风流气骨。"庾肩吾称其书法雄发刘代。

王僧虔书法名高有妙答　王僧虔好文史,解音律,刘宋朝廷礼乐有误,上书请求修正,得到时为权臣的齐高帝萧道成采纳。萧道成很喜爱他,登基后任他侍中、丹阳尹。他的书法名冠南朝,萧道成善书,问他:"论书我们谁为第一?"他说:"臣书臣书中第一,陛下书帝书中第一。"萧道成笑道:"卿可谓善自为谋。"

王僧虔题壁写处世之道　王僧虔擅书法,在刘宋任尚书令时,以飞白书题于尚书省官署墙壁,说:"圆行方止,物之定质,修之不已则溢,高之不已则栗,驰之不已则颠,引之不已则迭,是故去之宜疾。"意为处世应当保持中庸,不可违背事物原理,被时人叹赏。侄子王俭每次拜见他,他就以自己的过往言行教育王俭。

王僧虔拒绝官位同三司　王僧虔任南齐侍中,齐武帝萧赜加封他为开府仪同三司,为高级荣誉官阶。三司即三公,侄子王俭时为宰相,被封开府仪同三司。他认为自己若接受,则一门有两位位比三公的大臣,便坚决辞让。唐孙元晏有诗论他:"位高名重不堪疑,恳让仪同帝亦知。不学常流争进取,却忧门有二台司。"

第七章　皇城成孤岛，刘彧平叛忙

小恶魔皇帝刘子业

宋帝刘子业是刘宋的小恶魔皇帝　刘子业是宋孝武帝刘骏的长子，母亲为皇后王宪嫄，他"蜂目鸟喙，长颈锐下，幼而狷急"，在东宫当太子时，经常被父亲刘骏责骂处罚。他的叔公宋少帝刘义符贪玩，父亲刘骏荒淫，刘子业继位后，相较二者，他不仅贪玩荒淫，更为残暴嗜杀，是叔公与父亲全面升级的威力加强版。

宋帝刘子业的乱行被蔡兴宗预言　刘子业的父亲宋孝武帝刘骏病逝，十六岁的他继位，吏部尚书蔡兴宗亲奉玺绶，他接受时傲慢懒散，毫不悲伤。蔡兴宗离开后，对人说："昔鲁昭不戚，叔孙知其不终，家国之祸，其在此乎！"十九岁的鲁昭公继位，被大臣叔孙豹说"居丧意不在戚而有喜色"，鲁昭公后致内乱，被迫流亡。

宋帝刘子业差点被大伯刘劭所杀　宋帝刘劭弑父夺位，三弟刘骏与六叔刘义宣率军讨伐，刘骏和刘义宣诸子都在建康，刘劭将他们因禁,严加看守。刘劭让二弟刘濬写信劝降刘骏,威胁说:"主上圣恩,每厚法师,今在殿内住,想弟欲知消息,故及。"刘子业为武陵王刘骏世子,小名法师,几乎遇害,最终幸免。

宋帝刘子业气坏母亲王宪嫄　王宪嫄是宋孝武帝刘骏的皇后,儿子刘子业登基,她为皇太后。她病重不起,派人去叫刘子业来见她,刘子业却说:"病人房里多有鬼怪,太可怕了,怎么能前往呢?"王宪嫄听闻后大怒,对侍者说:"快拿刀来! 我要剖开我的肚子,看看怎么会生出这样的儿子!"不久她便过世。

宋帝刘子业少年时是读书人　刘子业少好读书,颇识古事,粗有文才,作文往往有辞采,曹操盗墓有发丘中郎将、摸金校尉,他也设置。谢庄为其父宠妃殷淑仪作悼文,说"赞轨尧门",比作汉武帝爱妃钩弋夫人。钩弋夫人之子汉昭帝刘弗陵相传如同尧帝,被怀胎十四月而生,出生地称尧母门,他要杀谢庄被人劝阻。

宋帝刘子业先杀权臣戴法兴　戴法兴是宋孝武帝刘骏的心腹幸臣,太子刘子业继位,他任越骑校尉。江夏王刘义恭时任宰相,但向来畏惧戴法兴,实际政令都出自戴法兴。刘子业想为所欲为,戴法兴说:"你如此作为,想学被废的营阳王吗?"当时民间称戴法兴为真天子,刘子业为假天子,刘子业将其免官处死。

沈庆之糊涂害颜柳　颜师伯轻视太尉沈庆之,曾说:"沈公只是爪牙,怎能参与政事!"沈庆之对此衔恨,他又与江夏王刘义恭不和。尚书右仆射颜师伯、尚书令柳元景等人密谋废掉宋帝刘子业,拥立刘义恭,柳元景将计划告诉沈庆之。他将此事密报刘子业,刘子业先杀叔公刘义恭及其四子,再杀颜师伯、柳元景。

沈庆之做梦知死期　年初,沈庆之梦见有人拿着两匹绢说:"此绢足度。"他醒后对人说:"老子今年不免。两匹,八十尺。足度,无盈余。"蔡兴宗劝沈庆之起兵废帝,他不听从,后来宋帝刘子业杀死姑父何迈,他进谏受阻。当天,刘子业派其堂侄沈攸之送来毒药,他不肯喝,沈攸之用被子将他闷死,他时年八十岁。

柳元景满门被屠杀　柳元景和颜师伯密谋政变事泄,有使者称诏召他,左右奔告他"兵刃非常"。他自知大祸,便告别母亲,穿上朝服,乘车应召。柳元景出门遇见弟弟柳叔仁,穿戎装带数十人,让他抗命,被他苦劝。刚出里巷,大军来到,他下车受戮,容色恬然,其八子六弟及诸侄全都被杀,颜师伯及四子同日被杀。

宋帝刘子业肢解叔公刘义恭　刘子业得知叔公江夏王刘义恭与柳元景、颜师伯谋反,亲率禁军进攻刘义恭府第。他擒杀刘义恭后,将其眼睛用蜜浸泡称鬼目粽。刘义恭是宋武帝刘裕第五子,因俊美自幼受刘裕宠爱,先被侄子宋帝刘劭杀掉十二个儿子,剩余四个儿子全被侄孙刘子业所杀。

刘义恭最受父亲宋武帝宠爱 刘义恭"幼而明颖，姿颜美丽"，宋武帝刘裕特所钟爱，其余诸子莫及。刘裕将年少的他和外甥徐湛之常置左右，饮食寝卧，他常不离于侧。刘裕生性俭约，诸子食不过五盏盘，而他爱宠异常，所求果食一天无数，得到没吃完的都送给旁人。他的二哥庐陵王刘义真等兄弟不敢索求，求亦不得。

刘宋王爷刘义恭是个古董迷 江夏王刘义恭经常在满朝文武中求取古董，侍中何勖已经送过，但刘义恭还是索要，他愤愤不平。有一次，他看见路边有个狗项圈，一件破旧犊鼻裤，就命仆人捡回，把它们放在华美的箱子里，送给刘义恭。信上说："阁下还要古董，特送上李斯用过的狗项圈，司马相如穿过的短裤。"

宋帝刘子业评点父祖与曾祖 刘子业下令重画太庙祖先画像，指着曾祖宋武帝刘裕像说："他是大英雄，生擒好几个天子。"指着祖父宋文帝刘义隆像说："他也不错，晚年却叫儿子砍了头。"然后指着父亲宋孝武帝刘骏像说："这家伙好色，不择尊卑。"又说："他有个大酒糟鼻，怎么没画？"立即让画工补画。

山阴公主刘楚玉要求男女平等 刘楚玉是皇家嫡长女，宋帝刘子业的同母姐姐，自幼受父亲宋孝武帝刘骏宠爱。刘楚玉貌美，嫁给何尚之的孙子何戢，被刘子业加封会稽长公主。她对刘子业说："妾与陛下，虽男女有殊，俱托体先帝，陛下六宫万数，而妾唯驸马一人，事不均平，一何至此！"刘子业便赐她面首三十人。

美男褚渊被山阴公主诱惑不从　褚渊俊美,是山阴公主刘楚玉的姑父,刘楚玉请求弟弟宋帝刘子业,让褚渊去她家服侍她十天。夜里,她只要接近褚渊,褚渊便起身,刘楚玉说:"君须髯如戟,何无丈夫意?"褚渊答道:"我虽不聪敏,但不敢带头为乱。"他以自杀相胁,刘楚玉无奈,十天后只得放他回去。

刘宋皇子哭诉来世不生帝王家　宋孝武帝刘骏很宠爱与爱妃殷淑仪所生的儿子新安王刘子鸾,太子刘子业继位后,将异母弟弟刘子鸾处死。十岁的刘子鸾临死前悲哀地说:"希望来世不再投生帝王之家。"他的同母弟弟刘子师及妹妹一起被杀。刘子业挖毁殷淑仪坟墓,还想挖开父亲刘骏的陵墓,被太史劝阻。

宋帝刘子业的妻子是他的表姑　何令婉的父亲是卫将军何瑀,母亲是宋武帝刘裕的幼女豫章公主刘欣男。刘欣男美貌聪慧,初嫁徐乔,又与何瑀相爱,离婚后嫁给何瑀。刘子业是刘裕曾孙,何令婉十二岁时,嫁给小她四岁的表侄太子刘子业,十七岁病逝。她的兄长何迈娶舅舅宋文帝的女儿新蔡公主刘英媚为妻。

宋帝刘子业想把姑姑立为皇后　刘子业继位后,妻子何令婉早已病逝,他召姑姑新蔡长公主刘英媚入宫,将她强占。刘子业杀一宫女送到姑父宁朔将军何迈家,谎称刘英媚在宫中暴毙。他接着称刘英媚为谢氏,封贵嫔,还想将其立为皇后,刘英媚羞愧不肯。何迈为人豪侠,养有死士,密谋政变,事泄被刘子业率兵攻杀。

宋帝刘子业将叔父刘彧当猪养 刘子业唯恐三位叔父在外作乱,都召至京城,关进竹笼。先过秤再取绰号,称最胖的湘东王刘彧"猪王",称建安王刘休仁"杀王",称山阳王刘休佑"贼王"。刘子业让人挖坑,倒入泥水,将刘彧裸身扔入,将饭菜和成猪食,让刘彧吃。他多次想杀掉三王,每次都是刘休仁阿谀取悦得免。

宋帝刘子业将叔父刘彧当猪杀 有一次,刘子业一时兴起,让人如同捆猪一样,捆住叔父刘彧的手足,抬进御厨,说:"今天杀猪。"另一位被囚禁的叔父刘休仁笑道:"猪今天不应该死。"刘子业问他为什么,刘休仁说:"等皇子生下,才好杀猪取肝肺。"刘子业说:"先交给廷尉。"过了一夜,刘彧才被放出来。

宋帝刘子业变态淫乐造孽 刘子业继位的当年冬天,将京城建康里的王妃和公主全部召进宫里,强行让左右侍从与她们当场交欢。已故的叔父南平王刘铄的王妃江氏不从,他便杀其三子,鞭其一百。他让右卫将军刘道隆在自己叔父建安王刘休仁的面前,强暴其母杨太妃,还下令宫女裸体追逐嬉戏,不从者立当场杀死。

宋前废帝刘子业被杀

蔡兴宗胆识胜过武将 蔡兴宗时任吏部尚书,见宋帝刘子业残暴不仁,便密谋政变,废其帝位,寻求武将领兵举事。他拜见太尉沈庆之,沈庆之推辞,又密访领军将军王玄谟,王玄谟不敢。右卫将军刘道隆深受刘子业宠信,一次夜间,两人马车相遇,蔡兴宗喊住刘道隆,刘道隆掐着他的手说:"蔡公!勿多言。"

蔡兴宗劝王玄谟废帝 领军将军王玄谟有旧时部曲三千,被宋帝刘子业猜疑,全部撤走。他心中有怨,请求留下五百人为其在岩山修墓,还没有修好,又被刘子业召回,说陪同出猎。当时,蔡兴宗对王玄谟秘密建议说,他当凭借威名,率此五百兵士发动政变。王玄谟回复说:"此亦未易可行,期当不泄君言。"

蔡兴宗名兴宗字兴宗 蔡兴宗是蔡廓的幼子,幼年时就为父所重,蔡廓在与亲友信中说:"小儿四岁,神气似可,不入非类室,不与小人游。"为其取名兴宗,字也为兴宗。蔡兴宗少好学,后任吏部尚书,宋孝武帝刘骏好戏侮群臣,只有他严正刚直,被刘骏忌惮,不受侮辱。颜师伯说:"蔡尚书常免昵戏,常人难比。"

蔡兴宗是位铁面直臣 蔡兴宗任侍中时,敢于直谏,有一次新年,宋孝武帝刘骏外出祭陵,他带着国玺陪同前往。回宫时,刘骏打算顺便出游打猎,蔡兴宗正色道:"现在是祭拜山陵,情感与恭敬并重,出猎还有的是时候,请皇上改日再去。"刘骏感到非常扫兴,盛怒之下,将他赶下车去。他神色不改,从容而行。

蔡兴宗是位义胆好友 蔡兴宗与王僧绰交好,王僧绰被宋帝刘劭所杀,亲友不敢吊念,只有他前去痛哭。广陵叛乱,好友范义任广陵别驾,被平叛大军所杀,蔡兴宗为其收尸,送还故乡安葬。宋孝武帝刘骏质问他:"卿何敢故意犯法?"他回答说:"陛下自杀贼,臣自葬好友,既然犯法,甘愿受罚。"刘骏有愧色。

蔡兴宗敢不喊皇帝万岁 宋孝武帝刘骏平定六弟刘诞叛乱,在宣阳门外,命左右文武高呼"万岁",唯独蔡兴宗沉默无语。刘骏回头问:"卿独不叫?"他从容道:"陛下今日应为诛杀手足而哭,怎能让众人皆称万岁。"刘骏不悦。周朗触怒刘骏,获罪被流放,亲友无人敢送。他正在值班,告急请假前去道别。

蔡兴宗被颜师伯抢小妾 蔡兴宗因得罪宰相刘义恭,被外放为新昌太守,地属偏僻交州,朝臣莫不大惊。先前,蔡兴宗纳尼姑智妃为妾,智妃貌美,京城闻名。他派车辆前去迎接,尚书右仆射颜师伯暗中引诱智妃,提前将其接走。蔡兴宗被贬,人们都说是颜师伯所为,颜师伯很不安,便想平息人言,使蔡兴宗被贬得免。

女鬼梦中索命宋帝归天 宋帝刘子业梦见被他杀死的宫女在竹林堂骂他,醒来就杀了一个相貌相似的宫女,然后和巫师一起去射鬼。他的近侍寿寂之与湘东王刘彧的近侍阮佃夫合谋行刺,寿寂之带人杀到竹林堂。刘子业惊慌中放箭射寿寂之,没有射中,大叫三声"寂寂",为其所杀。他死时十七岁,史称宋前废帝。

山阴公主香消面首相随　宋帝刘子业死后,他的叔父湘东王刘彧被拥立继位,为宋明帝。刘彧以路太皇太后的名义下诏,赐死刘子业的同母弟弟豫章王刘子尚以及姐姐山阴公主刘楚玉。诏书称刘子尚顽劣不堪,刘楚玉淫乱放纵,姐弟两人在家自尽。刘子尚死时十六岁,刘楚玉未满二十岁,她的三十名面首陪葬。

宗越是宋帝刘子业保镖杀手　宗越初为郡吏,父亲为蛮人所杀,他伺机凶手外出,将其刺杀,当地太守将他提拔为队主。宗越后随柳元景北伐,又参与平定鲁爽,多有战功。他被刘子业作为亲信,诛戮群臣及何迈等,任游击将军,执掌禁卫。刘子业轻易被杀,因其准备南巡,次日一早出发,当夜让宗越在宫外住宿。

宗越戏言能杀死魏帝拓跋焘　宗越初为队主,太守派他讨伐蛮人,他家贫无钱买马,经常持刀和盾牌,步行出战。宗越勇猛,蛮人众莫能当,每获一捷,郡中便赏钱五千,才有钱买马。他后任皇子刘诞的参军督护,刘诞调侃说:“你何人,得我府四字官职。”他回答说:“佛狸未死,不忧不得谘议参军。”刘诞大笑。

宗越是南朝最残酷大将　宗越随沈庆之平定刘诞叛乱,奉旨屠杀广陵男丁。他亲自主持行刑,个个都先加殴打,他乐在其中,被其处死的有三千余人。宗越后参与平定刘义宣叛乱,因杀人过多被免官。他统军严酷,好为刑诛,王玄谟领兵亦严苛少恩,军士们说:“宁做五年徒,不逐王玄谟。玄谟尚可,宗越杀我。”

屠夫杀手大将宗越被杀 宗越协助宋前废帝刘子业屠戮群臣，宋明帝刘彧对他并未追究，但他心怀忧惧，想伺机谋反。宗越将计划告诉同僚沈攸之，沈攸之密奏刘彧，他被下狱处死。他擅长结营布阵，每次率军数万，自骑马前行，军士随后，马止营合，从未出错。后来沈攸之南讨，叹道："宗公可惜，故有胜人处。"

刘彧的皇城曾是孤岛

宋明帝刘彧登基毛泽东称奇 刘彧是宋文帝第十一子，十五岁时生母去世，由三哥宋孝武帝刘骏的母亲路太后抚养。刘骏与他亲密，继位后重用他，他历任秘书监、中护军、领军将军。刘彧当上皇帝，毛泽东说："刘彧据建康，四方皆反。内线作战，以寡对众，以弱敌强。以蔡兴宗为谋主。""终于全胜，可谓奇矣。"

宋义嘉帝刘子勋皇位更正统 刘子勋是宋孝武帝刘骏第三子，幼有眼疾不受宠，出任江州刺史。大哥宋帝刘子业被杀后，其长史邓琬伪称太后密诏，拥立十一岁的他，年号义嘉。刘子勋得到全国州郡拥护，出兵讨伐占据建康的叔父宋明帝刘彧，薛安都、沈文秀、崔道固、萧惠开等刺史纷纷拥兵响应，史称"义嘉之难"。

邓琬最早反抗暴君 宋帝刘子业认为祖父宋文帝，父亲宋孝武帝都在兄弟中排行第三，最终当上皇帝，便对异母的三弟江州刺史晋安王刘子勋起疑。刘子业派人带毒药去江州寻阳,命刘子勋自尽。邓琬时任年幼的刘子勋的长史、寻阳内史,代管江州事务。他抗命不从,撰写檄文,起兵讨伐刘子业,未果刘子业被杀。

邓琬野心扶立幼主　宋明帝刘彧继位,将侄子江州刺史、晋安王刘子勋封车骑将军、开府仪同三司。诏书至寻阳,刘子勋的诸佐史都很高兴,对长史邓琬说:"暴乱既除,殿下又开黄阁,实为公私大庆。"邓琬将诏书投地道:"殿下当开端门,黄阁是吾徒之事!"众人惊骇愕然。端门为皇城正门,三公官署称黄阁。

蔡兴宗笃定助刘彧　宋帝刘子业死后,弟弟晋安王刘子勋和叔父湘东王刘彧先后称帝,一时刘宋有两帝。各地州郡都支持刘子勋,刘彧势力只有数郡。建康危急,刘彧召集群臣商议,尚书右仆射蔡兴宗说:"今普天同叛,人有异志。宜镇之以静,至信待人。"他主张敌军亲属在建康的,不问其罪,得到刘彧赞同。

蔡兴宗是仁者有勇　宋帝刘子业昏庸残暴,他积极鼓动武将政变,《资治通鉴》胡三省注说:"废昏立明,非常之谋也。蔡兴宗建非常之谋,既以告沈庆之,又以告王玄谟,又以挞发刘道隆,而人不敢泄其言。"他后为宋明帝刘彧的心腹谋臣。《南史》评价他:"位在具臣,而情怀伊、霍,仁者有勇,验在斯乎。"

宋明帝刘彧只有百里地　邓琬等人奉晋安王刘子勋称帝于江州,孔觊等人奉寻阳王刘子房起兵于会稽,都准备讨伐建康的刘彧。归附刘子勋的猛将薛安都说:"今京都无百里地,不论攻围取胜,自可拍手笑杀。"刘彧任命弟弟建安王刘休仁为主帅,王玄谟为副帅,殷孝祖为前锋都督,率沈攸之诸将,南讨刘子勋。

吴喜一月定三吴 宋明帝刘彧命弟弟巴陵王刘休若率张永、萧道成等东征侄子寻阳王刘子房,时遇大风雪,军无战心。殿中御史吴喜主动请缨,选精兵三百前去援助。吴喜一路战无不胜,领军先后攻破义兴、吴兴、晋陵、钱塘。他再渡钱塘江,破西陵,平会稽,斩会稽郡事孔觊,擒刘子房送建康,一月内三吴皆平。

吴喜小吏成大将 吴喜原名吴喜公,少时便通晓史书,领军府小吏出身。他跟随沈庆之征蛮,作为信使得时为皇子的宋孝武帝刘骏赏识,后得启用。吴喜历任河东太守,殿中御史,曾游说数千叛民归降。宋明帝刘彧征讨会稽,他自荐请战,一月里横扫三吴,叛军望风降散。他就此一鸣惊人,成为刘宋大将。

吴喜受沈演之赏识 吴喜任领军府小吏时,领军将军沈演之让他写起居注,写完后,暗诵上口。沈演之曾作让表,未奏遗失,他见过一次,默写下来无所遗漏,深得沈演之赞赏。吴喜后任主图令史,宋文帝刘义隆求书,他失误开卷倒进,刘义隆怒而遣出。时任太子步兵校尉的沈庆之征蛮,请求让他跟随作为传信使者。

吴喜被巢尚之力荐　宋明帝刘彧遣军东征不利,吴喜自荐,求取精兵三百,死战于东。刘彧大悦,当即为他挑选羽林勇士。当时群臣中有人认为他是刀笔小吏出身,不曾为将,不可派遣。中书舍人巢尚之说:"喜昔随沈庆之,屡经军旅,性既勇决,又习战陈,若能任之,必有成绩。诸人议论纷纷,皆是不识人才。"

孔觊昏醉胜人醒　孔觊自幼刚直,口吃好读书,早知名,与王彧并称南北之望。他好使酒仗气,整日喝醉不醒,任御史中丞,欺凌轻慢同僚,被人又怕又恨。孔觊虽然醉时居多,但明晓政事,醒时判决,不曾拖延。众人都说:"孔公一月二十九日醉,胜世人二十九日醒也。"宋孝武帝刘骏召见他,先打听他是醉是醒。

孔觊清廉是楷模　孔觊率真质朴,不尚矫饰,有珍玩取用不犹豫,其他用具粗破,也不嫌弃。当时吴郡顾觊之也很俭朴,刘宋官员清俭,当数他们二人。先前,庾徽之为御史中丞,性格豪奢,衣物华美。孔觊继任后,衣物无不粗率,三吴富人开始都有轻视之意。他蓬首缓带,风貌清严,众人便都谨慎惶恐,不敢冒犯。

孔觊烧老弟财物　孔觊家中经常贫困,有钱没钱不在意。弟弟孔道存、堂弟孔徽经营不少家产,两人请假东归。他前去迎接,看见辎重十来船,都是绵绢之类。孔觊假装高兴,说:"最近很穷,非常需要这些。"吩咐把货物放到岸边。他接着正色道:"你们既是士流,为何回来做商人?"放火全部烧掉,然后离去。

孔觊拒老弟送米 孔觊入京任官，弟弟孔道存代他继任江夏内史。当时东部大旱，京城米贵，孔道存担心他生活困难，送五百斛米给他。孔觊对送米的小吏说："我在那三年，离任时路上的粮食也没备好，阿弟才去多久，怎就有这么多？可载米回去。"小吏说京城米贵，乞求在这卖掉，他不许，小吏只得载米归去。

孔觊死前求酒喝 孔觊时任会稽太守、寻阳王刘子房的长史、会稽郡事，当时宋明帝刘彧与宋义嘉帝刘子勋争雄，刘彧召他任太子詹事。刘彧派都水使者孔璪前来慰劳，孔璪却劝说孔觊起兵。他传檄发兵，三吴各郡响应，没多久全被吴喜领军击溃。他逃亡被擒，被上虞令抓捕处斩，临死求酒，说："此是平生所好。"

顾觊之治山阴第一 顾觊之初为吴郡主簿，谢晦任荆州刺史时，以他为属官。谢晦喜爱其雅素，深相知待。顾觊之后来任山阴令，山阴民户三万，是刘宋大县，前后长官昼夜不得休，事情都办不好。他理繁以简，县中无事，昼日垂帘，门阶闲寂。自刘宋建国以来担任山阴令的人，论事务简约而政绩突出，无人能超过他。

顾觊之严峻斥袁淑 顾觊之任吏部郎时，与宋文帝刘义隆等人坐论东晋人物，谈到吴郡名士顾荣，袁淑对他说："卿南人怯懦，岂敢做叛贼。"顾觊之正色道："你竟用忠义笑人！"袁淑有愧色。后来宋孝武帝刘骏继位，他被重用，升任御史中丞，又历任右卫将军、吏部尚书。他任湘州刺史时，善于治民，政绩斐然。

顾觊之不屈戴法兴　顾觊之任吏部尚书想要辞官退休，宋孝武帝刘骏不同意，后任吴郡太守。幸臣戴法兴权倾朝廷，他并不屈从。蔡兴宗与顾觊之交好，说他太过严峻，他说："不过让我当不成三公而已。"寻阳王刘子房反对叔父宋明帝刘彧，对他加以位号，他不接受。刘彧对其嘉许，后任他左将军、散骑常侍。

顾觊之烧儿子债券　顾觊之的三子顾绰家财丰厚，很多乡亲都欠顾绰的钱。他经常劝说顾绰不要放债，但顾绰不听。顾觊之在第二次任吴郡太守时，对顾绰说，趁自己还在任上，把钱都要回来。顾绰大喜，把所有的一大柜债券都送给他。顾觊之将这些债券全部烧掉，并告诉乡亲们不用还钱，顾绰悔恨哀叹一整天。

顾觊之相信宿命论　顾觊之认为人的命运早有注定，非才智可以改变，唯有恭己守道，信天任运。而愚人无知，妄求侥幸，只会败坏大道，无助成败得失。顾觊之将想法告诉侄子顾愿，让顾愿撰写《定命论》，有言称："是以通人君子，闲泰其神，冲缓其度，不矫俗以延声，不依世以期荣，审乎无假，自求多福。"

萧道成审时会站队　宋明帝刘彧继位，各地州郡大多都支持他的侄子刘子勋为帝，时任右军将军的萧道成对同僚说："皇上虽势单力薄，形势危急，若我为皇上效力，助他平定天下，定能功成名就；若追随叛军,纵使成功,但将来各路反将之间难免倾轧,刘子勋未必重用我们。"刘彧将他进号辅国将军,讨伐叛军。

萧道成击败薛索儿 薛索儿是徐州刺史薛安都堂侄,率步骑万余人,渡淮来攻。萧道成隶属张永,领军迎战,两军相持数日。他出轻兵攻其西,使马军合击其后,薛军大败。薛索儿夜遣千人袭营,营中大惊,他安卧不起,令左右不得乱动,顷刻薛军散去。其后大战,他率军击破薛军,其人马自相践踏,薛索儿逃走。

萧道成举火吓敌军 宋义嘉帝刘子勋遣军从鄱阳山道直入三吴,宋明帝刘彧命萧道成领兵三千迎击。当时府库的军械衣甲全都用于建安王刘休仁的南讨大军,萧道成所部物资短缺。他于是命将士将棕树皮编成马鞍,折断竹子作箭,夜里举火进军。敌军望见火炬连绵不断,以为他人马众多,十分恐惧,吓得不战而逃。

吴喜曾救萧道成 萧道成领兵多年,时任南兖州刺史,当时民间有流言说,萧道成相貌不凡,以后当为天子。宋明帝刘彧猜忌生疑,派淮陵太守吴喜出使,持银壶酒赐萧道成,他害怕有毒不敢喝。吴喜便对他告以实情,说酒中无毒,皇上只是试探,他这才敢喝。随后吴喜回朝,上奏刘彧,言称萧道成绝无二心。

刘彧与刘子勋的叔侄大决战

殷孝祖炫耀扮成箭靶子　殷孝祖是东晋殷羡的曾孙,少时放纵不拘,好酒色有才干,多次领兵击败魏军。宋明帝刘彧任他为前锋都督,讨伐侄子晋安王刘子勋。他作战时爱携带战鼓伞盖,有人说:"殷统军可谓'死将',现与贼军交锋,以旌旗仪仗炫示,如果十个神射手同时放箭,不死都难。"这天,他身中流箭阵亡。

沈攸之貌丑求职被拒绝　沈攸之是沈庆之的堂侄,少孤贫,初入伍时,向领军将军刘遵考求任队主。刘遵考见他貌丑矮小,说:"君形陋,不堪队主。"沈攸之叹道:"昔孟尝君身长六尺为齐相,今求士取肥大者。"数年后他凭战功加官晋爵,故意在宋明帝刘彧前问刘遵考:"形陋之人今何如?"刘彧得知原委后大笑。

沈攸之杀害堂叔沈庆之　沈攸之随堂叔沈庆之征讨蛮族,被升为队主,后来参与讨伐宋帝刘劭,他作战勇猛,中箭入骨,身负重伤。沈庆之平定刘诞叛乱,沈攸之屡建战功。宋孝武帝刘骏以其善战,想封赏他,被沈庆之阻拦,他怀恨在心。宋前废帝刘子业继位,他为其所宠,受命诛戮群臣,亲自用被子闷死沈庆之。

沈攸之智得军粮破刘胡　宋明帝刘彧讨伐刘子勋,前锋都督殷孝祖战死,沈攸之接任。他围攻赭圻,赭圻守军向大将刘胡求救。刘胡将米袋捆在船舱,将船掀翻,顺风流下。沈攸之怀疑有异,遣人查看,得到许多粮食。数日后,刘胡率步卒一万于夜间斫山开道,运粮赭圻城下,沈攸之率军血战击败,并攻破赭圻。

张兴世奇兵建奇功　宋明帝刘彧的建康军和侄子刘子勋的寻阳军,各十余万对峙浓湖,持久未决。建康军水军统领张兴世说"贼据上流,兵强地胜",应派数千奇兵去上游,使其"首尾周遑,进退疑阻",钱溪为要地,可占据扰敌。沈攸之和吴喜并赞其计,他随后率军七千巧夺钱溪,寻阳军粮道被断,最终溃败。

张兴世无中能生有　宋明帝刘彧与宋义嘉帝刘子勋叔侄争锋,两军僵持于浓湖,他献计占据敌军上游。他率军在要塞钱溪附近,屡次虚实不定扰敌,使敌军放松警惕。他成功占据钱溪,截断敌方粮道,敌军主帅袁顗惊惧说:"贼据人肝脏里,怎么能活!"张兴世巧夺钱溪,成为《三十六计》之"无中生有"的战例。

张兴世在皇宫游荡丢官　张兴世原名张世,被宋明帝刘彧改名,早年在老家的太守家为佃客,以平民身份跟随王玄谟讨伐蛮族。王玄谟赞其胆力,后随柳元景作战,参与讨伐刘劭、刘义宣有战功。宋孝武帝时,他担任皇次子西平王刘子尚的侍卫,随同刘子尚入宫时,弃仗游走,被免官下狱,后又以平民身份任侍卫。

张兴世大器晚成有机遇　张兴世在刘宋早年默默无闻,四十八岁时

191

参与讨伐晋安王刘子勋，奇兵制敌，立下大功。《宋书》赞道："兵固诡道，胜在用奇。当二帝争雄，天人之分未决，南北连兵，相厄而不得进者，半岁矣。盖乃赵壁拔帜之机，官渡潜师之日，至于鹊浦投戈，实兴世用奇之力也。建旆垂组，岂徒然哉！"

张兴世老父向他要鼓角　张兴世因战功升任左军将军，父亲张仲子因他得任给事中，他前往襄阳就职，张仲子留恋乡里不肯去。张仲子曾对他说："我虽是种田老头，爱听鼓角，你可以送我一部，种田时吹奏。"张兴世向来谨慎畏法，对父亲解释说："此是天子鼓角，非田舍公所吹。"

刘胡可止小儿啼　刘胡因脸面黝黑似胡人，取名刘坳胡，后单呼为胡，出身郡吏，能言善辩。他参军升为队主，征讨诸蛮多次获胜，被蛮人畏惧，说"刘胡来"可止小儿啼哭。刘胡拥戴刘宋晋安王刘子勋，身为宿将，勇而有谋，为宋明帝刘彧的大将沈攸之忌惮。他被张兴世截断粮道，军中缺粮无法再战，逃亡被捕杀。

刘胡水战无奈何　刘胡领兵与宋明帝军队交战，被张兴世占据上游要塞钱溪，粮道被断。刘胡率轻舸四百，想要进攻钱溪，对长史说："吾少习步战，未闲水斗，若步战，恒在数万人中；水战在一舸之上，舸舸各进，不复相关，正在三十人中，此非万全之计，我不为也。"他便托病不战，瞒骗主帅袁顗，一天夜间逃走。

邓琬不堪当大任　邓琬为谋主,拥戴年幼的晋安王刘子勋在寻阳称帝,自任尚书右仆射,实为宰相。他号令十余万大军,与在建康继位的宋明帝刘彧对抗,得全国州郡响应。邓琬生性鄙陋,贪财吝啬,和儿子卖官鬻爵,日夜酣歌。他又自视甚高,有来访者十余天都见不到他,士民怀怨,人心离散,他被同僚张悦所杀。

邓琬想卖主被杀　张悦历任侍中、南郡太守,是张畅之弟,与兄并有美称。他拥护称帝的晋安王刘子勋,被任领军将军、吏部尚书,与尚书右仆射邓琬共同辅政。前线大军与宋明帝刘彧军队作战,大将刘胡逃走,邓琬惶恐无计,准备杀掉刘子勋向刘彧谢罪。张悦杀掉邓琬归降,被任太子中庶子,后任雍州刺史。

邓琬被张悦谋杀　张悦称病请邓琬议事,令左右伏甲帐后,说:"若闻索酒,便出。"邓琬来后,他说:"卿首唱此谋,今事已急,如何是好?"邓琬说:"正当斩晋安王,封府库,用以谢罪。"他说:"今日岂能卖殿下而求活?"因呼求酒,再呼,左右震慑不能应。其次子张洵提刀走出,余人续至,斩杀邓琬。

袁顗有胆触逆鳞　袁顗的舅舅是蔡兴宗,他叔父是袁淑,他时任侍中。宋孝武帝刘骏想废太子刘子业,他盛赞太子好学,有日新之美。刘骏大怒,振衣而入,袁顗也厉色而出。刘骏认为沈庆之才用不够,他赞其忠勤有干略,堪当重任。两人都对他心怀感激,刘子业继位任他吏部尚书,后来刘子业喜怒无常,他惧祸求出。

袁顗无能失军心　袁顗时任雍州刺史,与邓琬合谋拥立宋义嘉帝刘子勋,被任安北将军、尚书左仆射,在前线统率寻阳军与宋明帝刘彧的建康军作战。袁顗无将略,在军中从未穿戎装,语不及战阵,唯有赋诗闲谈,大失人心。前锋大将刘胡向他借粮,他不借,说家里还有两座宅院没修好,后弃军逃亡,被部属所杀。

刘勔宽厚能送马　刘勔少有志节,兼好文辞,跟随宗悫、沈庆之立下战功。宋明帝刘彧派他领军讨伐豫州刺史殷琰,他内攻外御,战无不捷。刘勔围攻合肥,马队主王广之对他说:"得将军所乘马,就能获胜。"有部将认为王广之该杀,他笑道:"观其意,必能立功。"连同马鞍送给王广之,三日后,王广之攻下合肥。

刘勔栖息在钟岭　刘勔善抚将士,以宽厚为众所依,得宋明帝刘彧信赖,升任中领军。刘勔以世路纠纷,有止足之怀。他经营钟岭南面,聚石蓄水,作栖息之所,朝臣中雅素者多前去游玩。太子刘昱继位,他任尚书右仆射、领军将军。桂阳王刘休范作乱进攻建康,在王道隆的错误指挥下,他战死于朱雀航。

殷琰名士成军阀　殷琰和雅静素,嗜好很少,熟知前朝旧事,少以名行为人称许。他年轻时便被宋文帝刘义隆赏识,与王彧、褚渊、蔡兴宗交好。晋安王刘子勋和湘东王刘彧各自称帝,殷琰时任豫州刺史,打算追随刘彧,但被部将胁迫拥戴刘子勋。刘彧遣军来攻,他只得固守,刘子勋败亡后,他才得归降刘彧。

萧惠开孤傲不说话　萧惠开是萧思话之子,少有风度,涉猎文史,虽然家为贵戚,但居住和穿衣都很简朴。他初任秘书郎,同僚都是当时刘宋的名门子弟,但他的意趣与众不同。有人与萧惠开共事三年,他都不与其交谈。外公告诫他不应如此,他说:"我不幸生性耿介,耻于做凡人,画龙不成,以至与人多有不和。"

萧惠开周朗是知己　萧惠开与汝南周朗交好,两人都喜好偏奇,异于流俗,互相推崇。他任黄门郎,与宋孝武帝刘骏的宠臣侍中何偃争执。何偃大怒,指示门下弹劾萧惠开,萧惠开上表辞官,刘骏便将其免职。父亲萧思话向来谦恭谨慎,经常指责他太孤傲,看其辞职奏表后,叹道:"儿子不幸与周朗交往,理应如此。"杖之二百。

萧惠开被允许贪污　当时萧惠开的父亲萧思话已逝,他有妹妹许配给宋孝武帝刘骏的十八弟桂阳王刘休范,女儿许配给刘骏之子,出嫁要钱两千万。刘骏任萧惠开为豫章内史,任其肆意搜刮敛财,由此他在郡有贪暴之名。他后任益州刺史卸任回京,有钱财两千余万,一路布施给人,毫无所留。他另有姐妹嫁给宗室刘秉。

萧惠开蜀人称卧虎　宋孝武帝时,萧惠开任益州刺史,素有大志,在蜀地想有建树。他善于讲述,闻其言者都认为他可立大功。萧惠开明识过人,有僧人三千,一阅其名,毫无记错的。他才疏意广,终无所成,严酷好用威刑,蜀人称其为"卧虎"。宋明帝继位初,全国战乱,蜀人起兵围攻益州,都想趁乱杀他。他作战皆胜。

萧惠开呕血不得志 宋明帝刘彧与侄子晋安王刘子勋争夺帝位,时任益州刺史的萧惠开支持刘子勋,遣将率军出蜀参战受阻。刘子勋败亡后,刘彧未问罪于他,但也不重用。萧惠开后任少府,官署前以往所种花草很美,他全部铲除,列植白杨树。他常对人说:"人生不得行胸怀,虽寿百岁,犹为夭也。"后来发病呕血。

萧、周、袁三人对镜预言命运 萧惠开、周朗、袁粲同车而行,等候朱雀航开启,三人驻车共语。萧惠开取镜自照说:"无年可仕。"周朗执镜良久说:"视死如归。"袁粲最后说:"当至三公而不终。"后来,周朗触犯宋孝武帝刘骏被杀;萧惠开不得宋明帝刘彧重用,抑郁而终;袁粲位至司徒,谋攻萧道成失败被杀。

宋明帝刘彧完胜宋义嘉帝刘子勋 建康军统帅建安王刘休仁善于抚恤将士,虽然军中粮少,但士气高昂;寻阳军统帅邓琬、袁顗昏聩腐化,军心离散。袁顗不战而逃,刘休仁接纳降卒十万,沈攸之擒杀十一岁的刘子勋。包括宋帝刘子业、刘子勋在内,宋孝武帝刘骏十八子被其弟刘彧杀害十六位,两位为刘子业所杀。

蔡兴宗很懂殷琰 宋明帝刘彧派刘勔征讨反对他的豫州刺史殷琰,当时四方既平,殷琰据城坚守,刘彧使中书省下诏招降。蔡兴宗说:

"天下既定,是琰思过之日,陛下宜赐手诏数行以相私慰。今直中书为诏,彼必疑谓非真,此非快速平乱之法。"刘彧不从,殷琰认为诏书是刘勔伪造,不敢投降,交战良久才归顺。

蔡兴宗很懂薛安都　宋明帝刘彧击败侄子刘子勋后,徐州刺史薛安都请降,刘彧为炫耀武力,命张永、沈攸之率军五万北上迎接。尚书右仆射蔡兴宗主张安抚,认为此举必会使薛安都疑惧,继而降魏。刘彧不从,薛安都果然生疑降魏,引来魏军,击溃宋军。刘彧得知后,对弟弟建安王刘休仁说:"吾惭蔡仆射。"

蔡兴宗轻视王道隆　袁顗反对宋明帝刘彧败亡,首级传至建康,作为舅舅他潸然流泪,刘彧得知不悦。他被封伯爵固辞,后任尚书右仆射。刘彧病逝,蔡兴宗为顾命五臣之一,任荆州刺史,封征西将军,当年他也去世。他曾回京,小吏出身的幸臣王道隆权重当时,蹑脚到前,不敢入座,良久离去,他也不叫其就座。

第八章　女主冯太后,治国有万方

南北朝第一女主

北魏文成帝拓跋濬自幼天子范　拓跋濬幼年聪慧,祖父太武帝拓跋焘对他很喜爱,常置左右,称他"世嫡皇孙"。拓跋濬五岁时,随驾北巡,有边将责罚奴仆,他说:"今天遇到我,你应将其释放。"边将奉命解缚。拓跋焘得知后称奇,说:"此儿虽小,欲以天子自处。"乱政的权臣宗爱失败后,十三岁的他被拥立为帝。

和尚昙曜因一次交通事故成北魏佛教领袖　北魏文成帝拓跋濬笃信佛法,他一次乘马出巡,撞上一名僧人,僧人连呼"罪过"。拓跋濬喝退上前抓人的侍从,笑道:"这是我的马识善人!"他认定这是上天要他结识的佛门大师,将僧人迎入宫中,奉以师礼。这名僧人法号昙曜,后被任为北魏最高僧官沙门统。

云冈石窟是和尚昙曜倡导兴建的世界遗产　昙曜和尚初得北魏太子拓跋晃礼重,其父太武帝拓跋焘灭佛时,他在拓跋晃的劝说下逃亡山中,后被其子文成帝拓跋濬奉为帝师。他向拓跋濬建议开窟五所,镌建佛像,为北魏道武、明元、太武、景穆、文成五帝祈福,人称"昙曜五窟"。后世皇帝继续建佛,成为云冈石窟群。

北魏文成帝拓跋濬修养北魏　拓跋濬在位期间,国内众多大臣宗室相继谋反,都被他平定,对外与南朝刘宋互通商贾,息兵养民。《北史》评价他:"世祖经略四方,内颇虚耗,既而国衅时艰,朝野楚楚。高宗兴时消息,静以镇之,养威布德,怀缉中外,自非机悟深裕,矜济为心,亦何能若此!可谓有君人之度矣。"

北魏文成帝拓跋濬处死古弼　古弼历事明元帝拓跋嗣、太武帝拓跋焘、南安王拓跋余、文成帝拓跋濬四帝,是拓跋焘的亲信重臣。他为将为政皆多有功劳,位至司徒,和太尉张黎因言论不合拓跋濬旨意而获罪,被罢免官职。他们在家有埋怨诽谤之言,被家仆诬告使用巫蛊,二人被拓跋濬处死,时人都认为冤枉。

李氏因为美貌有贵子却身死　李氏是南朝宋人,容貌美艳,北魏南征时,魏将拓跋仁将她强抢为妾。拓跋仁获罪被杀,她入宫为婢,被少年皇帝拓跋濬看到,向左右称美,当即在库房和她发生关系。她生下皇长子拓跋弘,封贵人,拓跋弘被立太子,她按惯例被赐死时,与义兄诀别,每呼一声"兄弟",都捶胸大哭。

北魏冯太后是南北朝第一女主　北魏文成帝拓跋濬诛杀众多叛臣,

使得皇权重振,在二十六岁病逝,十二岁的太子拓跋弘继位,为献文帝。二十四岁的皇太后冯氏听政,她是拓跋濬的皇后,拓跋弘的养母。冯氏定策诛杀专权的丞相乙浑,归政于拓跋弘,十年后拓跋弘去世,她再度临朝称制达十四年,成为北魏女主。

北魏冯太后是北燕皇族的后裔　冯太后的祖父是北燕国主冯弘,北燕被北魏攻灭后,冯弘逃入高句丽。父亲冯朗早先投降北魏,官至秦雍二州刺史,后来获罪被杀。年幼的她被没入宫中为婢女,被姑母冯昭仪收养,又得到皇孙拓跋濬的乳母常氏的喜爱。拓跋濬登基后,十一岁的她成为贵人,十四岁被立为皇后。

北魏权臣乙浑史书竟然无传　献文帝拓跋弘登基时十二岁,其养母冯太后初次听政,尚无政治经验。车骑大将军乙浑把持朝政,相继杀害大批朝臣,包括重臣司徒陆丽,他升任太尉、丞相、封太原王,位居诸王上,事无大小皆决于他。乙浑在此前事迹无载,《魏书》和《北史》都无其单独传记,陆丽是陆俟之子。

北魏冯太后和她的情人李奕　丈夫文成帝拓跋濬去世时,冯太后年仅二十四岁,当时宫中按惯例焚烧皇帝用品,群臣后妃在灵前哭泣。她悲痛欲绝,扑进火中,宿卫监李奕将她奋力救出。此事之后,他与冯太后相爱。李奕是赵郡李顺之子,李敷之弟,美容貌,有才艺,早历显职,任散骑常侍、都官尚书。

北魏献文帝拓跋弘不当皇帝却当太上皇　　拓跋弘"聪睿夙成,兼资雄断",勤于为治,赏罚严明,养母冯太后因情夫李奕被他所杀,任兄长冯熙为太傅,对他夺权。十八岁的他被迫让位给五岁的儿子拓跋宏,自称太上皇帝。他亲率大军北征柔然,斩首五万级,俘获万余人,得戎马军资无数,遣军南征夺取刘宋淮北之地。

北魏献文帝拓跋弘想让位叔父不想传子　　《魏书》说拓跋弘"雅薄时务,常有遗世之心",要将帝位让给三叔京兆王拓跋子推,被群臣劝阻作罢,才让五岁的儿子拓跋宏继位。拓跋子推与冯太后平辈,任侍中、长安镇都大将,性格沉雅,善于抚慰人心,秦雍百姓服其威惠。拓跋弘此举应是想阻止养母冯太后摄政掌权。

北魏少妇太后毒死了少年天子?　　冯太后还政后,专心抚育养孙拓跋宏,她有情夫李奕,养子献文帝拓跋弘深以为耻,将李奕罗织罪名诛杀。冯太后因此怀恨,逐渐夺权,拓跋弘被迫退位,称太上皇帝。他亲征柔然大胜,又准备进攻刘宋,阅兵北郊,突然身亡,年仅二十三岁。《魏书》记载:"时言太后为之也。"

北魏皇帝习惯早娶妃嫔早生子　　《魏书》记载:"太祖晚有子,闻而大悦。"道武帝拓跋珪二十三岁有长子明元帝拓跋嗣,便称"晚有子"。拓跋嗣十八岁有长子太武帝拓跋焘,拓跋焘二十一岁有长子拓跋晃,拓跋晃十三岁有子文成帝拓跋濬。拓跋濬十五岁有子献文帝拓跋弘,拓跋弘十四岁有子孝文帝拓跋宏。

冯太后和她的情人

李敷进言北魏得刘宋淮北四州 李敷是李顺长子,袭爵高平公,性谦恭,好文学,初侍太子拓跋晃,与李诉等以聪敏内参机密。李敷后得文成帝拓跋濬宠遇,官至中书监,朝政大事都参与决议。当时刘宋内战,其徐州刺史薛安都以彭城降附,群臣都认为有诈。他力陈机不可失,其后北魏出兵,尽得刘宋淮河以北国土。

李敷、李奕兄弟被皇帝陷害致死 李敷得北魏太武帝拓跋焘、文成帝拓跋濬祖孙重用,兄弟亲戚在朝者有十余人。弟弟李奕有宠于冯太后,被她的养子献文帝拓跋弘痛恨。拓跋弘命李敷好友李诉检举其罪,将他们兄弟处死,削除其父李顺爵位。李敷兄弟敦崇孝义,家门有礼,行事皆合典则,为北州称美,遇祸时人叹惜。

李诉被北魏太武帝拓跋焘看好 李诉初为中书学生,拓跋焘见而赞许,指着对随从说:"此小儿终效用于朕之子孙。"帝舅阳平王杜超有女,将许贵戚,拓跋焘说:"李诉后必官达,益人门户,可以妻之。"遂劝成婚。杜超死时,拓跋焘亲哭三日,指着他对左右说:"观此人举动,岂不异于众也?必为朕家干事臣。"

李诉是北魏文成帝拓跋濬老师 李诉聪敏机辩,强记明察,任中书助教、博士,为皇孙拓跋濬讲解儒经。拓跋濬继位,他被提拔,出任相州刺史，为政清简，百姓称赞。他上疏请求在州郡各立学官，使当地士流子弟前去就学，其中经艺通明者，授以官职。献文帝拓跋弘听从其议，以其政为诸州之最，加赐衣服。

李诉被皇帝逼迫陷害好友李敷　李诉任相州刺史有政绩，骄矜自得，接纳别人贿赂，购买胡人珍宝，被兵民上告。李敷与他自幼深交，有人劝李敷上奏朝廷，李敷不许。北魏献文帝拓跋弘闻其罪状，将他押回京城，让他揭发李敷兄弟，可得自保。他开始不愿，后来被迫接受，李敷被杀，他被发配为奴，后又得重用。

李诉被心腹诬告死前万悔于心　李诉受北魏献文帝拓跋弘宠任，权倾内外，拓跋弘去世后，他升司空。冯太后痛恨他陷害情夫李奕致死，让其心腹范檦诬告他反叛。他对范檦说："你不顾我之厚德，而忍为此，太过不仁。"范檦说："公德于檦，何若李敷之德于公？公昔忍于敷，檦今敢不忍于公乎？"李敷为李奕兄长。

范檦平民成官员两度告密得宠　北魏献文帝拓跋弘迫使李诉检举诬陷李敷李奕兄弟，赵郡范檦捏造二人罪状上书，致使他们获罪被杀。李诉后任太仓尚书，以范檦为心腹，用其计使百姓货物运输不便，借以索贿，范檦以平民起家拜卢奴令。后来冯太后为替情夫李奕报仇，使范檦诬告李诉叛乱，将李诉处死。

北魏冯太后和她的情人李冲　李冲是西凉国王李暠的曾孙，沉雅有大量,深得冯太后宠爱。他任中书令,封陇西公,赐免死诏书,后为孝文帝拓跋宏的心腹重臣。冯太后每月赏赐不少钱财,又秘赠珍宝,他家境清贫,自此成富,将财物都分给亲友。《魏书》称他"早延宠眷,入干腹心,风流识业,固乃一时之秀"。

李冲为北魏改革创三长制　西晋灭亡后,北方十六国战乱四起,百姓依附地主豪强,至北魏形成宗主督护制。很多人被宗主瞒报户口,成为其私家奴仆。李冲上书建议,规定五家为邻,设一邻长;五邻为里,设一里长;五里为党,设一党长。冯太后阅后称善,召集群臣商榷,多有异议,在冯太后的坚持下得以实施。

李冲、拓跋宏君臣情义不二　当时北魏依照旧例,皇帝对王公重臣皆呼其名,孝文帝拓跋宏常称中书令李冲为中书。议定礼仪律令,修改润色诏书,拓跋宏亲自下笔,但都与他商讨。李冲竭尽忠诚,知无不尽,出入忧勤,显于面色。老臣宗亲都比不上他,无不敬服其明断慎密,归心于他,拓跋宏对他更为仰仗亲敬。

李冲是名臣亦是巧匠　李冲机敏有巧思,任吏部尚书兼将作大匠。北魏首都平城的明堂、圆丘、太庙及新都洛阳营造,设祭坛起殿堂,都由他设计监造。李冲在任勤勉,孜孜无怠,一早处理公文,又管建造工程,几案盈积,刻刀在手,始终不厌其烦。他后位至尚书仆射,因多有才略,与西晋名臣杜预并称"李杜"。

李冲六女嫁皇室名门　李冲兴盛陇西李氏，身为北魏重臣，虚己接物，顾念羁旅贫寒的士子和衰落旧族的子弟，由他举荐任官者很多，时人以此称赞。李冲重视家族，扶助姻亲，子侄及亲戚中痴聋者都有官职，招致非议。六个女儿分别嫁给皇室及名门，四女李媛华嫁皇弟彭城王元勰，其子元子攸后为北魏孝庄帝。

北魏冯太后和她的情人王睿　王睿姿貌伟丽，家传天文卜筮，初任太卜令。他得冯太后宠爱，升任散骑常侍、侍中、吏部尚书，封为公爵。王睿自此内参机密，外豫政事，爱宠日隆，朝士慑惮，成为冯太后的头号心腹、首席重臣。他官至尚书令，晋爵中山王，封镇东大将军，冯太后还赐他金书铁券，许以不死之诏。

王睿忠勇搏兽护驾皇帝太后　有一次，北魏冯太后与养孙孝文帝拓跋宏来到兽圈，有猛兽逃出，差点扑上御座，左右侍卫惊慌逃散。其情夫王睿身为吏部尚书，执戟击退猛兽，从此更得亲重，后封中山王。有谋反案株连甚广，王睿上书称"与杀不辜，宁赦有罪"，千余人幸免，病逝后京城士女作歌《中山王》传唱。

北魏冯太后有敌国情人刘缵？　南齐刘缵使魏，魏拿出库藏珍宝，使商人在市集廉价出售。刘缵说："魏金玉大贱，当由山川所出。"魏主客令李安世说："圣朝不贵金玉，故贱同瓦砾。"他本想多买，内惭而止。次年冬，魏遣使至齐，自此岁使往来，疆场无事。《通鉴》说："缵屡奉使至魏，冯太后遂私幸之。"

美男刘缵孙女嫁老丑男甄琛　刘缵任南齐使者时,北魏甄琛兼任主客郎,负责迎送刘缵。甄琛身矮貌丑,钦慕其风度容貌,经常叹咏。后至南梁,刘缵之子刘晰守朐山城,有民众将其斩杀归魏,家属被送至魏都洛阳。刘晰有女年未二十,六十多岁的甄琛时为重臣,娶她为妻,对她深爱,常被北魏宣武帝元恪取笑。

冯太后是北魏不称女皇的女皇　冯太后十四岁为皇后,二十四岁为皇太后,三十五岁为太皇太后,与养孙孝文帝拓跋宏并称"二圣"。冯太后明晓政事,被服俭素,多智猜忍,生杀赏罚,决之俄顷,权在拓跋宏之上,威福兼作,震动内外。她重用老臣高允、有才干的情夫李冲、王睿及底层小宦官,改革开创北魏太和盛世。

北魏的太和盛世

北魏冯太后铁腕治国执掌威权　冯太后大权独揽,情夫数位,畏惧被人议论,小有疑忌,就行诛杀。左右有过失一定处罚,但她不计前嫌,事后仍待之如初,人人怀于利欲,至死而不思退。冯太后曾经身体不适,服用药汤,厨师送来一碗粥,里面竟然有只壁虎,养孙孝文帝拓跋宏一旁大怒,要严惩厨师,她笑着说算了。

北魏文明冯太后使北魏更文明　冯太后作为北魏太皇太后,总持朝政,在重臣李冲、高允的建议下,大兴教育,尊崇儒学。她加速北魏汉化,主导史称"太和改制"的一系列改革。主要措施有:班禄制让官员有俸禄,均田令让农民有地种,三长制抑制地方豪强,增加政府编户。她病逝时四十九岁,谥号文明太皇太后。

北魏冯太后不和皇帝丈夫合葬 冯太后生前将自己墓地选在魏都平城北面的方山,无意与丈夫文成帝拓跋濬合葬,其墓称作永固陵。晚唐温庭筠前来游览,有诗:"云中北顾是方山,永固名陵闭玉颜。艳骨已消黄壤下,荒坟犹在翠微间。春深岩畔花争放,秋尽祠前草自斑。欲吊香魂何处问? 古碑零落水潺湲。"

北魏冯太后与养孙拓跋宏创盛世 冯太后将北魏改元太和,孝文帝拓跋宏亲政后并未更改,该年号长达二十三年,在北魏一百五十年的历史中最长。后至东魏,杨衒之著有《洛阳伽蓝记》追述太和年间:"当时四海晏清,八荒率职,缥囊纪庆,玉烛调辰。百姓殷阜,年登俗乐。鳏寡不闻犬豕之食,茕独不见牛马之衣。"

北魏冯太后有传人孝文帝拓跋宏 拓跋宏是冯太后的养孙,自幼受其教导,得其传授。传统史家大多将北魏太和年间的各种改革及兴盛发达归功于拓跋宏一人,实则不然。吕思勉称:"孝文之为人,盖全出文明太后所卵育,其能令行于下,亦太后专政时威令夙行,有以致之,故后实北魏一朝极有关系之人物也。"

李盖被迫离婚再娶公主 北魏太武帝拓跋焘的妹妹武威公主是北凉

国王沮渠牧犍的王后,拓跋焘攻灭北凉,武威公主多献密计,因此很受宠遇。李盖少知名,历任殿中、都官二尚书,左将军,封南郡公。拓跋焘下诏让他另娶武威公主,他被迫与妻子分开,其子李惠二十岁袭父爵,后晋爵为王,官至青州刺史。

李惠为争巢双燕当仲裁　李惠长于思察,任雍州刺史时,州府大厅上有两燕争巢,相斗多日。他将其捕获,让主簿们裁定,大家都推辞说:"此乃上智所测,非下愚所知。"李惠便使士卒以弱竹弹两燕,既而一去一留。他笑对下属官吏们说:"此留者自计为巢功重,彼去者既经楚痛,理无留心。"众人都钦佩其聪察。

李惠拷问羊皮知其主人　有负盐负薪两人,同释重担,息于树荫,走时争一羊皮,都说己物。李惠将两人遣出,对属吏们说:"此羊皮可拷知主吗?"众人以为戏言,都不回答。李惠令人置羊皮席上,用杖击打,见少盐屑,说:"已得实情。"让两人来看,负薪者伏地认罪。他的考察推究多如此类,吏民莫敢欺犯。

李惠被诬南叛满门被杀　李惠为北魏亲贵,长女李氏姿德婉淑,十八岁选入太子拓跋弘东宫,后被献文帝拓跋弘封夫人。李氏生下孝文帝拓跋宏,没几年便病逝。李惠被封开府仪同三司,任地方刺史,政事有美绩,协助拓跋弘诛杀其养母冯太后的情夫李奕。冯太后后来诬陷他将南叛,将他与两弟诸子一并处死,天下冤惜。

冯熙少年时是氐羌头目　冯熙是北魏冯太后的兄长,父亲获罪被杀,他被收养,流落氐羌。他十二岁时,好弓马,有勇略干才,不少氐羌族人都归附于他。养母厌恶冯熙如此,带他到长安受教儒学。他好天文兵法,长大后博爱不拘小节,不论士庶,来即接纳。冯太后时为皇后,访知其所在,将他接至魏都任官封侯。

冯熙三个女儿嫁给皇帝　冯熙与北魏冯太后兄妹自幼失散,冯太后入宫为婢,成为文成帝拓跋濬的皇后。两人得以相聚,冯熙被加官晋爵,娶妻拓跋濬的姐姐博陵长公主,任定州刺史,封昌黎王,后任太傅。冯太后的养孙孝文帝拓跋宏继位,他任侍中、太师、中书监,次女和三女相继为拓跋宏的皇后,一女为左昭仪。

冯熙为政不仁却信佛法　冯熙身为外戚,位高权重,心中不安,向妹妹冯太后请求外放,任洛州刺史。他自出家财在诸州镇建佛塔寺舍,有七十二处,多在高山峻岭,累死人牛。有僧人劝阻,冯熙说:"成就后,人唯见佛图,怎知有人牛致死。"他在州中取人子女为奴婢,其中美貌者做妾,有子女数十人,人称贪纵。

一代伟器老臣高允

高允从和尚成为名臣　高允少孤老成,气度非凡,白马公崔宏说:"高子黄中内润,文明外照,必为一代伟器,但恐怕我见不到。"高允担笈负书,千里求学,因家贫推让家产给两个弟弟,出家为僧,后来还俗。

他四十多岁入仕,历经北魏五帝,深受信赖,封咸阳公,任中书令,出入三省五十余年,内外都称赞公允。

高允对皇帝实话实说　高允随崔浩修撰国史,国史案发,学生太子拓跋晃向父亲太武帝拓跋焘为他求情。高允说崔浩只是总编,我实际写得比崔浩多,拓跋焘大怒。拓跋晃说,他以前说都是崔浩写的,这次语无伦次,高允说,太子这样说只是想救我的命。拓跋焘便称赞他正直,将他免罪,他始终为崔浩苦谏求情。

高允预言崔浩国史案　著作令史闵湛为人巧佞,被司徒崔浩信任厚待,高允奏称崔浩所注儒典远胜前人,应颁行命天下学习。崔浩上表称他有著述之才,他劝崔浩将所修国史刻于石碑,以彰功绩。参与修史的高允对同僚宗钦说:"闵湛所营,分寸之间,恐为崔门万世之祸,我们也不会幸免。"不久崔浩被杀灭族。

高允一句话救数千人　北魏太武帝拓跋焘因国史案,命中书侍郎高允为诏:"崔浩及一百二十八人皆夷五族。"他持疑不为,乞求进见,说:"浩之所坐,若更有余衅,非臣敢知。直以犯触,罪不致死。"拓跋焘大怒要杀他,被太子拓跋晃劝解。拓跋焘说:"无此人愤朕,会死去数千。"只将崔浩族灭,其余皆身死。

高允被宗钦称作圣人　高允因北魏国史案受牵连,得太子拓跋晃求情免死。太武帝拓跋焘要诛杀主修国史的司徒崔浩等一百余人及五族,高允冒死进谏,拓跋焘最终只将崔浩灭族,其余人等只处死,不诛五族。宗钦少而好学,有儒者之风,博综群言,声著河右,任著作郎,因此案被杀,临刑叹道:"高允近乎圣人!"

高允为太子拓跋晃哭　拓跋晃去世后,高允许久不入宫进见,后被北魏太武帝拓跋焘召见,登阶哀哭,悲不能止。拓跋焘流泪,命他回去,左右不知缘故,相互问:"高允无何悲泣,令至尊哀伤,为何?"他们都很不解。拓跋焘说:"崔浩诛时,高允亦应死,东宫苦谏,是以得免,今无东宫,见朕因而悲伤。"

高允认为拙诚胜巧诈　辽东公翟黑子有宠于北魏太武帝拓跋焘,高允出使并州时,受贿千匹绢帛,后来事发。他向高允求助,高允说:"公为帷幄宠臣,坦白回答,必定无罪。"别人都说自首必定罪不可测,他对高允怒道:"听从你说的做,是让我去死!"他便与高允断交,对拓跋焘矢口否认,最终获罪被杀。

高允二十七年没升官　北魏太武帝时,高允任中书侍郎,又领著作郎,参与国史修撰律令制定。他虽被赏识但未得重用,二十七年没有升迁。文成帝拓跋濬继位,高允多有谋划,但当时并未赏赐。他经常直谏,有时拓跋濬被冲撞或不想再听,就让左右将他扶出去。拓跋濬后升他为中书令,他从此进入北魏政坛高层。

高允让儿子砍柴养家　清代赵翼说:"北魏之制,百官皆无禄。"在冯太后改革前，北魏官员无俸禄，早年靠战争掠夺，后期用权力寻租。重臣高允一生清贫，他经常让儿子们砍柴去卖。文成帝拓跋濬曾到高家，看到几间草屋、一些布被，厨房只有盐菜，大惊叹道："古人清贫也不会至此！"当下赐予丝帛粮食。

高允纯良体恤服侍者　北魏孝文帝拓跋宏一次在西郊，下诏用自己马车接高允前去，在路上马受惊狂奔，车翻人伤。高允眼眉三处受伤，驾车者将要被治以重罪，他奏称自己并未有大碍，乞求免其罪责。拓跋宏曾命人搀扶高允，在雪地遇到猛犬惊惧跌倒，扶他的人非常害怕。高允安慰他们，不让此事外传。

高允看似柔弱实刚强　友人游雅说，与高允交游相处四十多年，从未见过他有喜愠之色，他斯文柔弱，说话讷讷不能出口，常称他"文子"。崔浩曾说"高生丰才博学，一代佳士，所乏者矫矫风节"，游雅说自己开始表示赞同，然而后来认为高允向北魏太武帝力陈国史案，又不拜权臣宗爱，正是矫矫风节所在。

高允语文数学都很好　高允博通经史天文，并精于算法，著有《算术》三卷。北魏文成帝到献文帝，军政书檄很多都出自他手。高允任中书令，文成帝拓跋濬敬重他，尊称"令公"。他年老请求退休，孝文帝拓跋宏不准，只能休病假。他喜爱音乐，拓跋宏特派一支乐队，每隔五天来他家演奏一次，他九十八岁去世。

贾秀冒死直斥权臣 当时丞相乙浑专权,擅作威福,滥杀朝臣。乙浑为非皇族的妻子求公主封号,多次言于掌管吏曹的贾秀,贾秀默然。乙浑问:"公事无所不从,我请公主,不应,何意?"他慷慨答道:"公主之称,王姬之号,尊宠之极,非庶族所宜。秀宁就死于今朝,不取笑于后日。"

贾秀被称老奴官悭 贾秀初为北魏中书博士,迁中书侍郎、太子中庶子,后又掌管吏曹。太子拓跋晃之子文成帝拓跋濬继位,以其东宫旧臣,晋爵加官。贾秀直言拒绝权臣乙浑为妻求取公主封号,乙浑左右莫不失色,为之震惧。他神色自若,乙浑夫妻默然含愤。他日,乙浑在一太医臂写上"老奴官悭",让给他看。

贾秀是北魏国策顾问 贾秀历奉五帝,虽不至高官,但常掌机要,廉清俭约,不营资产。他与中书令勃海高允都以儒者老臣被时人推重,朝廷准备让其长子出任郡守,他坚持推辞。贾秀七十三岁患病,朝廷遣医送药,赐几杖。有决议或大事不决,孝文帝拓跋宏就派遣尚书李敷去他家中询问决断,病逝后赠冀州刺史。

文臣二高与二游

游雅写史书有拖延症 游雅少好学,有高才,北魏太武帝时,与渤海高允等人皆知名。他被征拜中书博士、东宫内侍长,迁著作郎,晋爵广平侯,后来出使刘宋,升任东雍州刺史。游雅在刺史任上为官廉洁,多有惠政,征为秘书监,奉命撰写国史,他不勤于著述,竟无所成。他性格刚戆,颇为自负,经常欺凌同僚。

游雅文能修法武平叛 北魏太武帝拓跋焘命游雅等人改定律制,对他们说,制定刑罚,宽严疏密一定要适中,对不利于百姓的地方,要加以删改。游雅夜以继日,殚精竭虑,半年修订三百多条律令,经拓跋焘审阅后在全国施行。游雅拥立文成帝拓跋濬有功,后来山东民变,拓跋濬命他领兵平叛,仅半年就削平。

游雅喜好贵己而贱人 高允看重游雅的才学,他却轻视高允之才,高允温和宽厚,不以为恨。高允要与邢氏结亲,他劝高允为儿子娶游氏之女,高允不从。游雅说:"人贵河间邢,不胜广平游。人自弃伯度,我自敬黄头。"他贵己贱人,诸如此类。他字伯度,小名黄头,高允著《征士颂》,在文中大为推重他。

游雅与儒者陈奇结怨 秘书监游雅听闻陈奇才名,最初很喜欢,将其引入秘书省。两人探讨儒典看法不一,陈奇从不苟同,被游雅深恨。他经常当众侮辱陈奇,称其小人。高允称赞陈奇,游雅不满,拿出陈奇所注《论语》《孝经》烧掉。陈奇说:"公是贵人,不缺柴烧,为何要烧掉我的《论语》?"游雅大怒。

游雅写文而陈奇挑错 游雅欺压陈奇,他让京城学子不听其讲授,陈奇也不屈服,经常评论游雅的过失。游雅为北魏文成帝拓跋濬的乳母常太后撰写碑文，赞颂其名字之美，将其比作三国时魏文帝曹丕的甄后。陈奇指出他此处有误，被拓跋濬得知后，下诏检查碑文涉及的史事，实际应是郭后，实为游雅之误。

游雅害死陈奇太无德　陈奇被游雅打压，有人撰文为其鸣不平，游雅说："此文说陈奇失意，应是受其唆使，依据律文，制造诽谤之书的人都要灭族。"他便列举陈奇罪行，使其入狱。司徒陆丽知道陈奇蒙冤，怜其才学，将此案拖延一年，希望从宽。最终定案，陈奇还是被杀而灭门，时人议论都在谴责游雅。

游明根放羊地上学写字　游明根是游雅的族弟，父祖皆任太守，幼年遭乱为奴。他放羊时以壶盛浆，请人路边写字供他学习。有位将领见到，问其姓名后告诉游雅，游雅将他赎出教学。他后回乡在土坯房读书一年，被游雅举荐。北魏文成帝拓跋濬以其谦恭谨慎，经常赞叹，他出使南朝刘宋三次，被宋孝武帝刘骏称长者。

游明根尉元文武成国老　游明根性情淡泊，综习经史，晋爵安乐侯。他为官五十余年，处身以仁和，接物以礼让，深得时人推崇。他七十多岁任大鸿胪卿，请求退休。次年，北魏孝文帝拓跋宏以司徒尉元为三老，游明根为五更，亲自为他们主持敬老礼。儒家典籍称天子父事三老，兄事五更，彰显孝道，以有德望老臣担任。

高闾车夫出身成重臣　高闾早孤好学，博综经史，下笔成章。他原名高驴，少为车夫，运粮到魏都平城，自拟名帖拜见司徒崔浩。崔浩与高驴交谈后，惊异其才，让他代写自己辞让中书监的表文。次日，崔浩从其车前路过，停马喊他名字，众车夫大惊，崔浩为他改名高闾，他由此知名，后来为官，在北魏位至中书监。

高闾碑颂文章皇帝赞　高闾任中书侍郎时，与中书令高允同被冯太后重用，参决大政。高允以高闾文辞丰赡超迈，举荐自代，因此得献文帝拓跋弘赏遇，多次接见，同论政事。他奉命作《鹿苑颂》《北伐碑》，受拓跋弘称赞，后升任中书令，加给事中，被委任机密。他深得冯太后看重，各种碑铭赞颂都让他撰写。

高闾贪财傲慢好直谏　高闾刚强果敢，敢于直谏，在私室说话高声，朝堂广众中谈论锋起，人莫能敌。北魏孝文帝拓跋宏以其文雅之美，对他礼遇。高闾贪婪偏狭，倨傲轻慢，在中书省任长官时，好辱骂下属，中书博士及中书学生一百余人有所求者，他都受其财货。他晚年出任地方刺史，廉俭自谨，被人称作良牧。

高闾与高允、游明根齐名　高闾曾随大将尉元接管刘宋徐州，率军先入彭城，接收城门钥匙，后来回京，以功封侯。高闾好为文章，写有北魏的书檄诏令碑颂铭赞一百多篇，其文与高允不相上下，时称二高，为当世所服。孝文帝时，他与游明根同为儒者老臣，倍受礼遇，共同出入，常以才笔轻侮游明根，世号高游。

沈文秀和崔道固死守孤城

南北朝界线从黄河变成淮河　宋明帝刘彧不听蔡兴宗之言,致使徐州刺史薛安都降魏。进击的宋军被北魏献文帝拓跋弘派大将尉元击溃,尽失淮北四州。刘彧将战败文书递给蔡兴宗,说:"我愧卿。"其父宋文帝刘义隆三次北伐争夺数十年北方边境,自此刘宋的淮北国土全部丧失,南北朝进入划淮而治的新时期。

薛安都从魏降宋又从宋降魏　薛安都早年在北魏任雍秦二州都统,与族人叛乱兵败,归降刘宋,跟随柳元景北伐攻克陕城。在宋孝武帝刘骏击败刘劭、刘义宣等人的战争中,薛安都多有战功。宋前废帝时,他任平北将军、徐州刺史,后来反对宋明帝刘彧被击败,归降北魏,任镇南大将军,徐州刺史。

尉元大雪定徐州　尉元家世为鲜卑豪族,十九岁时以善射著称,任禁军军官严谨谦恭,被北魏太武帝拓跋焘称赞"宽雅有风貌"。刘宋徐州刺史薛安都降魏求援,献文帝拓跋弘任他镇南大将军,率军赴援。他谋而后动,断敌粮道,披甲出击,宋军大败,斩首数万级。当时大雨雪,宋将张永、沈攸之只身轻骑逃走。

尉元将略退宋齐　尉元武力接管刘宋徐州后,上表陈说镇守徐州之策,献文帝拓跋弘深以为然,他后又击退南齐的进攻。尉元历事北魏五帝,平定淮北,以战功封淮南王,任尚书令,位至司徒,孝文帝拓跋宏待他以元老之礼。他去世时八十一岁,拓跋宏称赞他"至行宽纯,仁风美富,内秉越群之武,外挺温懿之容"。

崔道固是美男大将　崔道固出身清河崔氏,"美形貌,善举止,习武事"。宋孝武帝刘骏任徐兖二州刺史时,任他从事,非常嘉许。其父崔辑曾任泰山太守,他是庶子,兄长皆为崔辑正妻所生,很轻视他,毫无手足情谊。刘骏说:"崔道固人身如此,岂可为寒士? 而世人以其偏庶侮之,可为叹息。"后来他被刘骏重用。

崔道固母子被称赞　宋文帝时,崔道固被派回老家青州募兵,当地僚佐都来他家拜访。其母是妾室,被其父正妻所生的兄长逼迫致酒炙于客前。他惊起接取,说:"家无人力,老母亲自动手。"诸客皆知其兄长所为,都起身拜谢其母。母亲对他说:"我贱不足以报贵宾,你当答拜。"诸客皆叹美道固母子,贱其诸兄。

崔道固死守孤城　崔道固任刘宋冀州刺史,与徐州刺史薛安都共同反对宋明帝刘彧,兵败后他归降北魏,不久又回归刘宋。薛安都降魏,在徐州北面的他固守历城,多次击退魏军,封前将军。崔道固后被魏将慕容白曜围城一年,被迫自缚出降。青齐士民数百家被迁到魏都平城北部,立平齐郡,他被任太守,后来病逝。

沈文秀青州不败　沈文秀是刘宋太尉沈庆之的侄子,宋帝刘子业继位后,他出任青州刺史,临行前劝说沈庆之废昏立明,痛哭流涕,但被拒绝。刘子业赐死沈庆之,并派人去杀沈文秀未果,刘子业被杀。他支持晋安王刘子勋,占据青州多次击败宋明帝刘彧的军队,斩将若干,刘子勋败亡后,他归降刘彧,仍任青州刺史。

沈文秀死守孤城　徐州刺史薛安都降魏后,徐州以北的青州刺史沈文秀也只得降魏,后又归顺刘宋。沈文秀善于抚御,将士为其效死,每次与魏军交锋,战无不捷,封右将军。魏军大举来袭,刘宋援军被阻,他打算投降,见魏军掳掠百姓,又怒而坚守。他被围三年,外无援军,将士日夜作战,盔甲生虮,但无一人叛离。

沈文秀不跪敌将　沈文秀坚守东阳三年,城破之日,他解除甲胄,持符节静坐,魏兵闯入,持刀逼问:"青州刺史沈文秀何在?"沈文秀厉声道:"我就是。"魏军将他衣服脱掉,绑到北魏领军大将慕容白曜面前,令他跪拜,他说:"各二国大臣,无相拜之礼。"慕容白曜大怒,对他鞭打,后又归还衣服,设宴款待。

沈文秀很有节操　沈文秀任刘宋青州刺史,守城三年战败被俘,被送往魏都平城。北魏献文帝拓跋弘当面数其罪责,又将他赦免,待以下客。拓跋弘后又重其节义,待之以礼,为嘉奖其忠,赐绢彩二百匹,任他平南将军、怀州刺史、假吴郡公。他在任拒不收礼,甘守清贫,病逝怀州,《魏书》说他:"有死节之气。"

慕容白曜威名震敌国 慕容白曜是前燕开国皇帝慕容皝的玄孙,初为中书吏,后受北魏文成帝拓跋濬宠任,升至尚书右仆射。宋明帝时,北魏趁刘宋内乱,任他为征南大将军,率军五万攻宋。慕容白曜十日内连拔四城,声威大震,宋军闻之色变。献文帝拓跋弘下诏褒奖说:"旬日之内,克拔四城,韩白之功,何以加此?"

慕容白曜闪耀如流星 慕容白曜在北魏出将入相,南征刘宋攻下冀州历城,围攻青州东阳三年。刘宋派青州刺史沈文秀之弟沈文静从海路来援,被他击杀。慕容白曜攻破东阳,占领青齐地区,即今山东半岛,封济南王,任青州刺史,待人宽和,颇得民心。他早先依附权臣乙浑,被献文帝拓跋弘怨恨,一年后以谋反罪诛杀。

刘怀珍和毕众敬大将横行

刘怀珍两次救援不成 北魏大军入侵,刘宋冀州、兖州告急,宋明帝刘彧任刘怀珍为徐州刺史,率水军步兵四十多支军队赴援。援军还没到,两州治所历城、梁邹都已陷落,于是停止。当时徐州已归北魏所有,刘怀珍被任徐州刺史是虚职。此前,张永进攻徐州兵败,他受命领军救援,张永大军溃逃,他只得撤军。

刘怀珍学习汉国渊 刘怀珍初任青州主簿,司马顺则聚众东阳作乱,州府遣他领兵数千征讨,被他平定。宋文帝刘义隆询问平叛情况,刘怀珍让功不肯当,亲人感到奇怪询问,他说:"昔国子尼耻陈河间之级,吾岂能论邦域之捷哉!"被时人称许。东汉末,官员国渊上报叛乱者首级从不夸大,说是因为在自己治下有耻。

刘怀珍是青州豪族 刘怀珍幼时随伯父至寿阳,豫州刺史赵伯符出猎,百姓围观,他独避不视,伯父赞道:"此儿方兴吾宗。"他任青州主簿,路遇皇叔江夏王刘义恭,应对被赏识,用为部属。刘怀珍家是北部州郡大姓,蓄养很多门客,他上奏愿出千人充当宫中宿卫。宋孝武帝大惊,召取青冀两州豪族的门客得数千人。

刘怀珍退敌破七城 宋孝武帝时,北魏来犯,青州求援,宋孝武帝刘骏派刘怀珍率步骑数千人赴援。他在麋沟湖和魏军大战,连破七座城池,因功升任建武将军、乐陵、河间二郡太守。第二年,他乞求回朝,刘骏答复说:"边防需才,不能批准。"郡中有豪民劝他响应皇弟竟陵王刘诞谋反,被他处斩,刘骏大喜。

刘怀珍逼降沈文秀 宋明帝时,刘怀珍率王敬则等领军讨伐豫州刺史殷琰,进攻其治所寿阳,屡次大破敌军,后被任游击将军、封辅国将军。青州刺史沈文秀拒绝归附,多次击退宋军,宋明帝刘彧派他率王广之等领军征讨,部众畏惧沈军。他坚信沈文秀不会勾结北魏,先后攻破青州的不其城、东莱,沈文秀被迫请降。

刘怀珍受萧道成劣马 宋孝武帝时,萧道成为舍人,刘怀珍为直阁将军,早就相识。他请假回青州老家,萧道成有白骢马,啮人不可骑,送他道别,他回赠百匹绢。有人对他说:"萧君此马不中骑,所以送君。君报百匹,不会太多吗?"他回答:"萧君局量堂堂,宁应负人此绢。吾方欲以身名托之,岂计钱物多少。"

刘怀珍得齐高帝信任　齐高帝萧道成以第四子萧晃代替刘怀珍为豫州刺史,征他入朝为官。有人怀疑他不接受,萧道成说:"我布衣时,怀珍便推怀投箸,况在今日,宁当有异?"萧晃出发时,疑论不止,萧道成遣将房灵民领百骑追送,对其说:"卿是其乡里,故遣卿行,非唯卫新,亦以迎故也。"房刘为青州同乡。

毕众敬横行大盗成大将　毕众敬少好弓马射猎,交结轻捷悍勇者,在边境盗掠为业。宋孝武帝刘骏任徐州刺史时,征他为部属,后任他泰山太守、冗从仆射。后来刘骏弟弟刘彧杀侄夺位,派毕众敬回兖州招募兵马,他被徐州刺史薛安都说动,支持刘骏第三子晋安王刘子勋。兖州刺史殷孝祖投奔刘彧,被他击败占据兖州。

毕众敬因为儿子降北魏　宋明帝刘彧内战全胜,徐州刺史薛安都打算降魏,毕众敬不赞同。其子毕元宾与老母家族百余口都在徐州彭城,家人忧惧致祸,日夜啼泣,他也不从。毕众敬向刘彧上书谢罪,刘彧任他兖州刺史,但以其子有他罪不赦。他拔刀砍柱说:"皓首之年,唯有此子,今不免罪,何用独全!"随后降魏。

毕众敬、毕元宾虎父虎子　毕元宾少而豪侠,有武干,涉猎书史,与父亲毕众敬反对宋明帝刘彧,被迫降魏,后任兖州刺史。父子相继为家乡本州刺史,为当世所荣,当时毕众敬以老还乡,常呼毕元宾为使君。他听政时,毕众敬乘舆至官署,先让左右不通报,观其断决,喜形于色。他为政清平,善抚民心,深受爱戴。

毕众敬、高允文武成知己 毕众敬自刘宋归降北魏,任兖州刺史。他很讲究饮食起居,年已七十,鬓发皓白,而气力未衰,跨鞍驰骋,有如少壮。毕众敬对待姻亲笃实,深有国士之风,宋臣张谠来降,他亲自前往探视,如同至亲。他与高允虽然文武奢俭,喜好不同,但两人互相喜爱敬重,接膝谈款,情同老友。

张谠有深情不忘老妻 张谠之妻皇甫氏被魏军掠去,赐人为婢,皇甫氏假装痴呆,不能梳洗。他升任刘宋冀州长史,以千余匹财货请求赎回妻子。北魏文成帝拓跋濬很奇怪,便召见皇甫氏,皇甫氏年已六十,拓跋濬说:"南人奇好,能重室家之义,此老母还有何用,能值得如此花费。"妻子归来,他命诸妾在边境奉迎。

张谠文臣武将人缘好 张谠时任刘宋青冀二州长史兼魏郡太守,被宋明帝刘彧任东徐州刺史,后来被迫归降北魏,所受礼遇仅次于降将薛安都、毕众敬。张谠性格开通,善于抚恤,得青齐士人尊敬,李敷、李䜣等北魏宠臣都与他深交,无所顾避。毕众敬等将领都敬重他,高允之类大臣对他也很器重。

刘彧一年杀了三个弟弟

驴王刘祎谋反蠢如驴 刘祎是宋文帝刘义隆第八子,初封东海王,在刘义隆诸子中,他最平庸低劣,被兄弟们鄙视。侄子宋前废帝刘子业曾称刘祎为"驴王",后被十一弟宋明帝刘彧改封庐江王。河东人柳欣慰谋反,想立他为帝,他应允后,使用财物收买官员,被人告密,他被刘彧软禁,后来逼令自杀。

宋明帝刘彧憎弟弟刘休祐 刘休祐是宋文帝刘义隆第十三子,封山阳王,后以山阳荒敝,刘彧改封晋平王。他素无才能,强梁自用,生性狠戾,经常触犯刘彧。刘休祐任荆州刺史时,有近侍善弹棋,刘彧征召,他留不遣。刘彧大怒,诘责他说:"你刚戾如此,岂为下之义!"积恨不能平,考虑将来难制,便起杀心。

宋明帝刘彧杀弟弟刘休祐 有一次,刘彧带刘休祐出猎,命他独自去射一只不肯入猎场的野雉,让寿寂之率数名侍卫尾随,迫其坠马。刘休祐勇壮有气力,奋拳左右排击,无人能近,最终落马,被围殴致死。寿寂之等高喊:"骠骑落马。"刘彧说:"骠骑体大,落马殊不易。"假意遣医,对外说是意外坠马身亡。

宋明帝刘彧杀弟弟刘休仁 刘休仁是宋文帝刘义隆第十二子,封建安王,与刘彧自幼要好,都好文学。他们同被侄子宋帝刘子业囚禁,他谄媚奉迎,救下刘彧。刘休仁拥立刘彧,任司徒、尚书令,又总领大军,出入战阵,平定四方,功勋第一。刘彧病重,担心他会夺取儿子帝位,将他骗入宫中毒死,时年二十九岁。

宋明帝刘彧说两位弟弟是同谋 刘彧毒死十二弟司徒刘休仁,对外说刘休仁是畏罪自杀,担心人心不稳,下诏向各大臣镇将详细说明。刘彧说十三弟司空刘休祐贪婪残暴,心怀不轨,因为刘休仁位居宰相,便向其行贿,结党意图谋反。他声称两人"寝必同宿,行必共车,休仁性软,易感说,遂成缱绻,共为一家"。

宋明帝刘彧为弟弟刘休仁流泪 刘休仁被刘彧赐死前,怒骂使者:"上有天下,是谁之功? 孝武以诛子孙而至于灭,令复遵覆车,枉杀兄弟,奈何忠臣抱此冤滥! 我大宋之业,岂能长久!"刘休仁死后,刘彧经常对人说,与刘休仁从小嬉戏,他功勋又高,杀他实在不得已。刘彧痛哭流涕,说欢适之方,于今全尽。

宋明帝刘彧杀弟弟刘休若 刘休若是宋文帝刘义隆幼子,排行十九,封巴陵王,时任荆州刺史。十三哥刘休祐死后,刘彧让他入京继任职位,腹心将佐都说还朝必有大祸。中兵参军王敬先劝刘休若割据荆楚以拒朝廷,他假装答应,报告刘彧后杀掉王敬先。刘彧认为他性情温和,能得人心,将他召回建康后便处死。

宋明帝刘彧杀寿寂之吴喜 刘彧继位初宽仁大度,数年后猜忌残忍,臣子有人不合他意,常被诛杀。太子屯骑校尉寿寂之刺杀宋前废帝刘子业有功,他厌恶其勇猛,将其外贬,在路上暗杀。淮陵太守吴喜平定三吴有功,得知寿寂之被杀,请求改任闲职。刘彧认为吴喜多计得人心,将来必定不愿扶持幼主,迫其自杀。

徐爰历事刘宋七个皇帝 徐爰在东晋末跟随宋武帝刘裕北伐,思理独到,为刘裕所知。宋少帝为太子时,他陪侍左右,宋文帝刘义隆继位,他得亲任。刘义隆常授以兵略,让徐爰传达给前线将领。宋帝刘劭弑父夺位,他假意追击刘义恭,逃出宫城。他因熟知朝仪被宋孝武帝任用,再得宋前废帝宠待,后被宋明帝厌恶。

徐爰写下宋书沈约采用 徐爰多读史书,熟知朝仪,善解皇帝心意,既长于附会,又饰以典文,被宋文帝刘义隆赏识任用。宋孝武帝刘骏后对他也委以重任,朝仪都需他来决议。何承天先前修撰国史未成逝世,徐爰时任游击将军、尚书左丞,刘骏让他兼领著作郎续写。南梁沈约完成《宋书》,人物传记多出自他手。

徐爰被宋明帝刘彧憎恶 宋帝刘子业屠戮公卿,唯有徐爰巧于奉迎,始终无事,刘子业任他黄门侍郎兼射声校尉,宠待亲密,群臣难比。刘子业每次出行,常与太尉沈庆之、姐姐山阴公主同乘御辇,他也在上面。刘彧为亲王时,徐爰礼敬甚简,刘彧深恨,登基后下诏论罪,贬至交州,他后来回京,八十二岁病逝。

陆修静是南方道教领袖　陆修静是东吴丞相陆凯的后裔,幼习儒术,后来修天师道。宋文帝刘义隆闻其大名,命尚书左仆射徐湛之请他入宫讲道,他固辞不就。陆修静周游四方,后来隐居庐山,潜心修道。宋明帝刘彧将他召到建康,在北郊天印山筑馆住下,他收集整理道经,经其改革后的道教成为南朝天师道正宗。

陆修静改革南方天师道　陆修静广集道经,将《上清经》《灵宝经》《三皇文》分别分为洞真、洞玄、洞神三部,编著《三洞经书目录》,这是道教史上第一部经书目录。陆修静自称三洞弟子,制定道教斋戒与仪范,使后世作为依循。他弘扬灵宝派,使之大行于世,其大弟子孙游岳及再传弟子陶弘景光大上清派。

陆修静创立庐山简寂观　陆修静被宋明帝刘彧召至建康传道,七十一岁去世,刘彧赐其谥号"简寂先生",他生前在庐山的道观便被称简寂观。简寂观在唐以前,是庐山道教最重要的宫观和当时最大的修道场所,唐宋时影响仍在,北宋末因战乱没落。朱熹有诗:"于今知几载,故宇日荒废。空余醮坛石,香火难复燃。"

陆修静有故事虎溪三笑　相传庐山东林寺高僧慧远,潜心修佛,以寺前虎溪为界,立誓:"影不出户,迹不入俗,送客不过虎溪桥。"有次隐士陶渊明和道士陆修静来访,三人相谈甚欢,慧远相送,边走边谈,忽闻虎啸,原来不觉过溪,三人大笑而别。后世画家多作《虎溪三笑图》,实际陆修静晚于另两人近百年。

第九章　领军萧道成，龙蟠朱雀航

刘彧、王彧一起死

南朝中书通事舍人小职位掌大权　中书通事舍人原是中书省的低级小吏，亦称中书舍人。中书省负责起草诏书，魏晋时，权在长官中书监、中书令。到南朝，宋孝武帝刘骏开创先例，以心腹寒人任舍人，执掌中书省机要，为皇帝高级秘书，如戴法兴、巢尚之。宋明帝刘彧的幸臣王道隆、阮佃夫、杨运长皆任舍人。

王道隆是宋明帝刘彧的第一幸臣　王道隆初为小吏主书，传错宋孝武帝刘骏的诏书，被逐出宫外，刘彧出镇彭城时，他任典签。刘彧继位后，王道隆任中书舍人，成为其心腹，位卑权重，后出宫侍奉太子刘昱。他为人和谨，不肆意毁伤他人，刘昱登基后，皇叔桂阳王刘休范围攻建康，时任右卫将军的他率军迎战阵亡。

阮佃夫是宋明帝刘彧的第二幸臣　阮佃夫初为小吏，后为湘东王刘彧主衣，又任刘彧世子刘昱老师。刘彧被宋帝刘子业囚禁时，他与王道隆、李道儿等人密谋,成功刺杀刘子业。刘彧继位后,阮佃夫任中书舍人得宠信,骄奢淫逸,每制一衣造一物,京城莫不效仿。史称"阮佃夫、王道隆、杨运长并执权柄,亚于人主"。

杨运长是宋明帝刘彧的第三幸臣 杨运长初为小吏,擅长射箭,刘彧为亲王时以他为射师,谨慎朴实,被刘彧信赖。刘彧继位后,杨运长任中书舍人,与阮佃夫、王道隆、李道儿等共执朝权,赞成刘彧除掉几位弟弟。他为人廉正,不建园宅,不受馈赠,但无见识,后有意响应反对权臣萧道成的沈攸之,为萧道成所杀。

宋明帝儿子刘昱不是亲生? 皇后王贞凤生了两女,他为湘东王时,李道儿为其师,他把小妾陈妙登送给李道儿,后又要回。陈妙登为他生下长子刘昱,后立为太子,民间盛传刘昱是李道儿之子。《南齐书》说"明帝素肥瘦,不能御内",和《宋书》都称其诸子是其诸弟姬妾怀孕后,送入宫中所生,吕思勉认为不实。

宋明帝刘彧办宫女裸体宴会 刘彧曾大宴贵戚朝臣,命宫女脱衣,皇后王贞凤不悦,用扇子遮面。刘彧怒道:"你娘家寒酸,现在共为笑乐,为何不看?"她说:"寻乐方法很多,哪有会集姑姊看裸女为乐?我娘家贫寒,却不以此为乐。"刘彧大怒,将她赶走。其兄长王彧得知说:"皇后以前柔弱,现在如此刚正。"

宋明帝刘彧不喜欢女人妒忌 尚书右丞荣彦远、湖熟令袁慆两人妻子以妒忌被他赐死,他使近臣虞通之撰《妒妇记》。刘宋公主莫不严妒,侄女临汝公主许配江湛之孙江敩,他故意使人为江敩作表辞婚,召诸公主阅读,借以讽劝。他的姐妹临川长公主刘英媛诋毁丈夫王藻,使其被杀,心生悔意,请求回到王家养子。

宋明帝刘彧使人撰写辞婚表 刘彧让人为江敩作表辞婚侄女临汝公主,称:"至如王敦慑气,桓温敛威,真长佯愚以求免,子敬灸足以违诏,王偃无仲都之质,而俅露于北阶,何瑀阙龙工之姿,而投躯于深井,谢庄殆自同于矇叟,殷冲几不免于强锢。"列举了数位东晋至刘宋驸马的窘状,刘惔字真长,王献之字子敬。

宋明帝刘彧设立大学总明观 总明观又称东观,置祭酒,即校长,设玄、儒、文、史四科,它不是纯粹教学,而是藏书、研究和教学三位一体的学术中心。它有着结构完备的领导机构,比起宋文帝刘义隆所设四学馆在管理上更完善,使四个单科大学发展成为一所多科性综合大学。齐武帝时,国子学兴建而废止。

宋明帝刘彧是一位文雅皇帝 刘彧少时和善,风姿端雅,好读书,爱文辞,为亲王时撰江左以来文章志,续卫瓘所注《论语》二卷。刘彧多作颂歌,有《通国风》:"沈柳宗侯皆殄乱,泰始开运超百王。司徒骠骑勋德康,江安谟效殷诚彰。刘沈承规功名扬,庆归我后祚无疆。""沈柳宗侯"指沈庆之、柳元景。

宋明帝刘彧建庙被骂　刘彧将自己以前的王府改为湘宫寺，极为豪奢，新安太守巢尚之回京朝见，刘彧问："卿至湘宫寺未？此是我大功德，用钱不少。"虞愿在一旁侍立，说："此皆百姓卖儿贴妇钱所为，佛若有知，当慈悲嗟愍，罪高浮图，何功德之有！"尚书令袁粲并众臣失色，刘彧大怒，将虞愿赶下殿去。

宋明帝刘彧杀弟有愧　刘彧喜好美食，身体肥胖，曾被侄子宋帝刘子业称"猪王"。他憎恶刮风，夏天常穿小皮衣，任近侍二人为司风令史，起风就先奏闻。刘彧继位初经常亲撰书信给部属及叛臣，对士族叛将宽仁，对寒门将领关怀。他后来屈杀功高的弟弟司徒刘休仁，病危时喊道："司徒宽恕我。"不久便病逝。

宋明帝刘彧先明后昏　刘彧继位初宽仁待人，任用贤臣良将，后来猜忌好杀，奢侈无度。南梁裴子野说他"易之以昏纵，师旅荐兴，边鄙蹙迫，人怀苟且，朝无纪纲，内宠方议其安，外物已睹其败矣。"司马光说他"猜忍奢侈，宋道益衰"。他三十四岁病逝，命褚渊、刘勔、袁粲、蔡兴宗、沈攸之五人同为顾命大臣。

虞愿是刘宋刚直之官　虞愿初任湘东王刘彧的常侍，刘彧继位后，认为他熟知儒学吏治，又是自己旧部，对其非常厚待。虞愿曾直言批评宋明帝刘彧花费民财修建寺庙。宋人据此有诗："数椽败屋湘宫寺，虞愿忠规正凛然。十级浮屠那复有，虚抛贴妇卖儿钱。"他虽然多次触犯刘彧，但所受赏赐还是超过其他人。

231

虞愿是刘宋清正之官　虞愿曾劝谏宋明帝刘彧作为君主不应沉迷围棋,后来任晋平太守,继任者在写给朝士的信中说:"此郡承虞公之后,善政犹存,遗风易于遵守,我几乎清净无事。"褚渊曾去拜访他,他不在家,褚渊见其坐榻上积满尘埃,有书数卷,叹道:"虞君之清,一至于此。"令人扫地拂榻,然后离去。

王彧被皇帝造谣　王彧是宋明帝刘彧的妻兄,任尚书右仆射,刘彧加封他尚书左仆射等官爵,他坚决不受。刘彧坚决不许,让新任尚书右仆射褚渊宣诏任命。王彧多次请辞,刘彧不允,说:"人居贵要,只要问心如何。"但刘彧以王彧外戚贵盛,张永久经军旅,都不信任,编造歌谣说:"一士不可亲,弓长射杀人。"

王彧是位风度男　王彧是王导四世孙,美风姿,袁粲说:"景文非但风流可悦,乃至饮食亦复可观。"有人早年见过谢混,说:"景文比谢叔源,则为野父。"袁粲惆怅道:"恨眼中不见此人。"宋文帝刘义隆对他非常钦重,用其名为儿子刘彧取名,让刘彧娶其妹王贞风。宋明帝刘彧继位,他只能以字景文行于世。

王彧拒绝娶公主　王彧幼为堂叔王球所知怜,少时与陈郡谢庄齐名,长与会稽孔觊并称南北之望。有一次,宋文帝刘义隆与群臣钓鱼,刘义隆很久都没钓上,王彧说:"臣以为垂纶者清,故不获贪饵。"众人都说所言极是。宋孝武帝刘骏的第五女新安公主先嫁太原王景深,后离婚许配给王彧,他以患病坚决推辞。

王彧刘彧一起死 宋明帝刘彧一年杀三弟,次年又杀妻兄王彧。他当时病重难愈,担忧死后皇后临朝,一向身居高位的王彧以国舅身份,必定担任宰相,王家门族强盛,会有野心。刘彧便派使者送毒酒给王彧,命其自尽,诏书称:"朕不谓卿有罪,然吾不能独死,请子先之。与卿交往,欲全卿门户,故有此处分。"

王彧死得很优雅 宋明帝刘彧命王彧自尽的诏书送到时,他正和客人下棋。他看完诏书后,放在棋桌下面,神色不变,继续思考如何围劫。一局棋罢,王彧将棋子收拾完毕,缓缓地对众人道:"皇上赐我一死。"他研墨写下回信,答谢诏书,拿起毒酒,一边倒一边对客人说:"此酒不可相劝。"说完喝下毒酒。

宋后废帝刘昱被杀

宋帝刘昱爱好爬竹竿 刘昱五六岁时,开始读书,厌学贪玩,老师无法管教。他喜欢爬漆账竿子,可以爬到离地一丈多,上去半天才下来。刘昱年龄渐长,喜怒无常,左右稍有不称意,他动手就打,因为太过顽劣,父亲宋明帝刘彧经常让母亲陈贵妃痛打他。他十岁继位,因为内畏太后,外惮诸大臣,不敢乱来。

宋帝刘昱是小杀人狂 刘昱继位后,渐长便胡作非为,常穿小裤衫出宫游玩,夜宿客舍,昼卧道旁。他自称刘统,民间传闻他是李道儿之子,又自称李郎或李将军。刘昱与禁军军营女伎私通,随从钳锤凿锯等不离身,用击脑、剖心等残忍手法杀人。百姓白天不敢开门,路上行人断绝,他一天不杀人,就闷闷不乐。

平庸王爷刘休范谋反　刘休范是宋文帝刘义隆第十二子,封桂阳王,向来低劣无才能,兄弟们都看不起他。宋明帝刘彧杀了三个弟弟,没有杀他。刘彧死后,太子刘昱继位,刘休范时任江州刺史,率军自寻阳出发,昼夜兼程,直扑建康。他声讨幸臣杨运长、王道隆蛊惑先帝,无辜杀害其兄弟刘休仁、刘休若二王之罪。

张永情报错误成逃将　刘宋末,张永升任南兖州刺史、征北将军。他少便驱驰,志在效力,年老志气未衰,优游闲任不乐,被起用非常喜悦,即日回京。张永还未出任,桂阳王刘休范率军攻打建康,他领兵备战,探子回报说:"台城失陷。"军队溃散,他弃军逃走。事平后,以其旧臣不加罪,只免官削爵,他愧疚病逝。

萧道成躺着打仗　皇叔刘休范谋反,进军建康,宋帝刘昱召集群臣商议,无人应对。唯右卫将军萧道成指出:刘休范轻兵疾下,乘我无备,今应变之术,不宜远出,应该坚守城池,刘休范千里孤军,后无积粮,求战不得,自然瓦解。刘昱命诸将率军拒敌,萧道成在新亭迎战,两军激战,他解衣高卧,以安众心。

刘休范犯傻被杀 刘休范起兵攻打建康,萧道成迎战于新亭,萧道成的部将黄回献计诈降,与张敬儿两人同去。他见二将来降,喜而轻信,送二子给萧道成为人质,将黄回、张敬儿置于左右。刘休范的亲信劝谏,他却听不进去。黄回、张敬儿寻觅时机,乘他饮酒时,张敬儿夺其佩刀,将他斩杀,将首级送给萧道成。

黄回曾是抢劫犯 黄回是军户出身,拳捷果劲,勇力兼人,曾经屡为劫盗,早年隶属臧质。臧质叛亡,他被赦免,又因打架入狱,在狱中结识宋孝武帝刘骏的幸臣戴明宝,成为其亲信,出狱后受提携。宋明帝时,黄回从属刘勔西讨立功,后献计诈降,除掉叛王刘休范,又击败叛王刘景素,位至镇北将军。

陈灵宝弄丢叛王头 刘宋桂阳王刘休范反叛,被萧道成的部将诈降杀死,萧道成命队主陈灵宝拿着刘休范的人头,招降攻打建康皇城台城的叛军。陈灵宝半路遇上敌人,情急下将人头扔进路边的水沟。他奔去台城,说刘休范死了,无人相信。守卫台城的中领军刘勔、右军将军王道隆相继战死,台城差点被攻陷。

萧道成平叛成新贵 刘宋皇叔刘休范叛乱,中计被杀,萧道成登上新亭的北城门,向台城内外的叛军喊话,说刘休范已死,一时叛军人心涣散。他率军入宫,歼灭残余,百姓纷纷道:"全国家者,萧公也。"此次平叛,萧道成功劳最大,他被升任中领军。他与袁粲、褚渊、刘秉三位重臣共议朝政,并称"四贵"。

刘景素是刘宋的最后贤王　宋文帝刘义隆诸子尽死,孙子里最年长的是刘景素,其父是素有贤名的建平王刘宏。他有父风,好文章书籍,礼遇士大夫,朝野莫不称赞。他的堂弟宋帝刘昱狂凶无道,时人都说他宜当帝位,被权臣阮佃夫、杨运长忌惮。他后起兵,计划不周,兵败被杀,时年二十五岁,刘宋再无贤王。

阮佃夫家中仆人有官职　阮佃夫谋杀宋前废帝有功,被宋明帝刘彧宠任,手握重权,大肆受贿。有人送绢两百匹,他嫌少不回书信,朝臣无论贵贱皆来攀附,他矜傲无比。阮佃夫家中宅舍园池,诸王府邸莫及,家伎数十,艺貌冠绝,金玉锦绣,宫中难比。他的仆从都被授官,捉车人虎贲中郎,傍马者员外郎。

阮佃夫强索美女张耀华　宋帝刘昱继位,曾任其老师的阮佃夫成为头号权臣,无人敢不从。何恢有家伎张耀华,美而有宠,何恢将要出任广州刺史,邀请阮佃夫来家宴饮。他见到张耀华,非常喜欢,频频求取,何恢说:"恢可得,此人不可得也。"他拂衣而出,说:"想惜指失掌吗?"便让有司以公事弹劾何恢。

宋帝刘昱肢解剖腹谋反者　刘昱胡作非为,阮佃夫密谋将他废掉,另立新主,事泄后被刘昱所杀。有人告发沈勃、孙超等人与其同谋,刘昱将他们抓捕,亲手薢割。当时,沈勃在家守孝,羽林军还未赶到,刘昱一人挥刀上前杀死沈勃。他闻到孙超嘴里有蒜味,就剖腹查看。

236

两人全家都被肢解脔割,婴孩不免。

宋帝刘昱想要毒死王太后　宋明帝的皇后王贞凤时为太后,她不是
刘昱生母,经常教训刘昱。端午节时,王贞凤赐给刘昱羽扇,刘昱嫌
扇子不好看,就让太医煮毒药,说要毒死太后。左右劝他说:"太后一
旦死了,皇上要作为孝子守孝三年,怎么能再出去玩。"刘昱听后说:
"你的话很有道理。"于是作罢。

宋帝刘昱会裁衣作帽吹笛　刘昱是杀人小恶魔,天性好杀,以此为
乐,民间惊恐,百官忧惧。他让人制造一辆没有帷盖的车,上面加篷,
乘坐出入。随从数十人和仪仗队在后面追赶刘昱,总是追不上,又害
怕被杀,也不敢追上。很多事情他过目就会,锻造金银,裁衣作帽,无
不精绝。他没有学过吹笛,却一吹就成韵调。

萧道成的大肚子成箭靶　一日,宋帝刘昱带人闯入领军府,当时天
热,中领军萧道成正袒胸露腹在午睡。刘昱在他肚子上画好靶子,拉
弓要射,萧道成说:"老臣无罪。"有侍从劝说:"萧领军肚子大,是个好
靶子,射死就没有了,不如去掉箭头射。"刘昱去掉箭头,一箭正中肚
脐,投弓大笑说:"此手何如!"

宋帝刘昱很想杀萧道成　刘昱忌惮萧道成的威名,经常自己磨矛,
说:"明日杀萧道成。"母亲陈太妃骂他说:"萧道成有功于国,杀了他,
谁还为你尽力!"刘昱便没动手。萧道成忧惧,与袁粲、褚渊密谋废

立,袁粲不同意。有人劝说萧道成奔赴广陵起兵,有人说应在京城见机行事,其族弟萧顺之认为应在京城。

宋帝刘昱梦里脑袋搬家　刘昱当皇帝的第五年的七夕,他白天坐着敞篷车出宫,和侍从比赛跳高。晚上他去新安寺,偷了一只狗煮着吃,与和尚喝酒,喝醉了才回宫。刘昱让近侍杨玉夫看织女星渡银河,说:"看到就报告,看不到就杀了你!"他熟睡后,被杨玉夫所杀,死时十五岁,降封为苍梧王,史称宋后废帝。

萧道成很怕小皇帝刘昱　宋帝刘昱滥杀,朝臣恐慌,越骑校尉王敬则投靠中领军萧道成。他经常夜穿布衣,躲在路边,刺探刘昱的行踪,暗中结纳刘昱的侍卫。刘昱被杀后,王敬则拿着首级来见萧道成,萧道成担心有诈,不敢开门。他大呼,也不开门,只好从墙外扔进首级,萧道成用水清洗,确认后才戎装而出。

大哥萧道成有小弟王敬则　宋帝刘昱被杀后,萧道成当夜入宫,次日以太后令召尚书令袁粲、中书监褚渊、中书令刘秉议事。萧道成须髯尽张,目光如电,王敬则拔刀,在座位旁跳起来说:"天下事都要听萧公的!敢有开一言者,血染敬则刀!"他要求萧道成登基,被萧道成呵斥,褚渊说:"非萧公不能善后。"

萧道成成为刘宋第一权臣　宋帝刘昱死后,萧道成拥立其三弟九岁的安成王刘准登基,为宋顺帝。萧道成进位司空、录尚书事、骠骑大

将军,袁粲迁中书监,刘秉迁尚书令、中护军。刘秉原来以为尚书省总揽政务,由皇族主持,政局无变。萧道成总揽军政,安插心腹,重臣褚渊依附萧道成,刘秉和袁粲被架空。

萧道成轻易创南齐

沈攸之有船有马雄踞荆州 沈攸之为宋明帝刘彧平定晋安王刘子勋有大功,被任郢州刺史,后转任荆州刺史。他挑选郢州精良兵马军械,跟随赴任。刘彧死后,沈攸之以征蛮为名,大肆征兵造甲,养马至二千余匹,治战舰近千艘,粮仓府库丰盈。他还扣留过路士子商旅,藏匿四方亡命之徒,被刘宋朝廷生疑忌惮。

沈攸之爱好抓老虎杀大象 沈攸之先后任刘宋郢州、荆州刺史,为政严苛,鞭打士大夫,痛骂下属官吏,但明晓政事,士民忌惮,无人敢欺。他好围猎猛兽,听说某地有老虎,便亲自追捕,总能捕获。有一次,三只大象在江陵城北游走,他亲自去将它们格杀,忽有流箭射来,射中马上障泥,原来是朝廷刺客,刺杀未遂。

沈攸之暗箭来袭被刺未遂 宋明帝刘彧死后,幼主宋帝刘昱继位,任荆州刺史的他自以功高,才略过人,不守朝廷制度。他富贵拟于王者,夜中诸厢点烛达旦,后房姬妾百人,皆一时绝色。沈攸之据守江陵,兵甲强盛,朝廷猜忌,多次征他入朝,他不受命。杨运长等密遣刺客至江陵,趁他出城猎象,放箭行刺未成。

萧道成、沈攸之亲家成仇敌　萧道成与沈攸之曾同任宫中宿卫,两人交好,萧道成的长女嫁给沈攸之的三子为妻。沈攸之后来功高任荆州刺史,宋后废帝时,有人说他意图叛乱,萧道成在朝中为他担保不会。宋后废帝被杀,萧道成任宰相执掌朝政,将他进号车骑大将军。他认为萧道成向来名位在他之下,心中不平,谋划讨伐。

萧道成、沈攸之决战夺刘宋　萧道成拥立宋顺帝后,派人将宋后废帝刘昱杀人所用的凶器,送给镇守江陵的亲家荆州刺史沈攸之。沈攸之说:“吾宁为王凌死,不为贾充生。”沈攸之雄踞上游已达十年之久,向来蓄养兵马,物资丰厚,有战士十万,铁马三千。他伪称有宋明帝和王太后的密诏,兴师问罪权臣萧道成。

袁粲是刘宋的最后忠臣　刘宋末,镇将沈攸之起兵讨伐权臣萧道成,袁粲与宗室刘秉及黄回等将领密谋攻杀萧道成。他却将计划告诉萧道成的密友褚渊,褚渊立即转告萧道成。事泄兵败后,儿子袁最以身护父,袁粲说:“我不失为忠臣,你不失为孝子。”父子同时被萧道成的部将戴僧静所杀,刘秉、黄回相继被杀。

袁粲是荀粲的铁杆粉丝　袁粲原名袁愍孙,自幼仰慕三国时荀彧的幼子荀粲。荀粲字奉倩,他就向宋孝武帝刘骏请求改名为粲,不被允许。后来他又向宋明帝刘彧请求,才改名成功,取字景倩。有一次,刘骏率群臣在中关寺吃斋饭,吃完后袁粲又与人吃鱼肉。他时任尚书吏部郎,尚书令何尚之密奏刘骏,他被免官。

袁粲被袁淑预言当三公　袁粲少好学,有清才,伯父袁洵出任吴郡太守,他随同前往,穿旧衣读书,足不出户。堂兄袁顗每次约他出游,他都称病推辞。袁粲深得叔父袁淑看重,袁淑对家中子弟说:"我门不乏贤,愍孙必当复为三公。"有人想嫁女给袁顗,其父袁洵说:"顗不堪,政可与愍孙婚。"后来他位至司徒。

袁粲是名士作风的宰相　袁粲幼年丧父,伯父袁洵、叔父袁淑并当世荣显。宋明帝时,他任尚书令,位高却不问政事,下属有事请求裁决,以吟咏作答。袁粲好饮酒,喜吟讽,爱闲居高卧,策杖独游,著《妙德先生传》以续嵇康《高士传》自许。他谋攻权臣萧道成败亡,南梁裴子野说他"蹈匹夫之节而无栋梁之具"。

袁粲被宋孝武帝怒揭底　袁粲出身陈郡袁氏,但家境贫寒,父亲袁濯早逝,母亲纺布以供家用,后来因是宋孝武帝刘骏的旧部得其重用。袁粲时任吏部尚书,一次在宴会上,他对颜师伯劝酒,颜师伯不喝,他以其出身寒素轻侮。刘骏怒道:"袁濯儿不逢朕,员外郎未可得也,而敢以寒士遇物!"将他贬为海陵太守。

袁粲啸咏在竹林　袁粲清整有风操,负才尚气,爱好虚远,喜欢独步园林,饮酒赋诗。他的家靠近城边,他常常持杖逍遥行走,高兴之时,悠然忘返。郡南有人家有竹林,袁粲有次率性步行前往,也不通报主人，直接进入竹林，啸咏自得。主人出来，两人谈笑，一会有车骑羽仪来到门前，主人这才知道他是何人。

袁粲饮酒邀路人　有一次，袁粲徜徉在郊野的白杨树林，路遇一士大夫，便喊来一起酣饮。这人以为被他赏识，次日来访，他说："昨天饮酒无伴，姑且相邀罢了。"不与这人相见。袁粲有诗："访迹虽中宇，循寄乃沧洲。"唐孙元晏有诗："负才尚气满朝知，高卧闲吟见客稀。独步何人识袁尹，白杨郊外醉方归。"

刘秉政变手发抖　刘秉的祖父刘道怜是宋武帝刘裕的二弟，父亲为刘义宗，宗室中有才能者少，有声誉的他得到堂弟宋明帝刘彧重用。刘秉与袁粲谋攻萧道成，原计划晚上他投奔镇守石头城的袁粲。他恐慌不安，吃完午饭就收拾行装，喝汤洒到胸前，双手抖个不停。天没黑他就带着家眷出逃，致使密谋暴露。

刘遐向兄求刺史　刘遐是刘秉的弟弟，与父亲正妻殷氏的养女有私情，殷氏不许。后来殷氏暴病身亡，被怀疑是他暗中毒害，他被宋孝武帝刘骏流放。宋明帝时，刘遐位至吴郡太守，刘秉当权，他求任刺史未得。刘秉说："我在，用汝作州，会有损声望。"他说："富贵时则说不可相关，有罪连坐之日，为得免不？"

沈攸之责问部属晋人有答　沈攸之率军进攻郢城，夜有风浪，粮船沉没。仓曹参军崔灵凤的女儿嫁给郢城守将柳世隆之子，他正色问：

"当今军粮要急,而卿不以为意,是因与城内有婚姻吗?"崔灵凤答道:"乐广有言,下官岂以五男易一女?"他欢然意解。西晋时,女婿司马颖进攻在京的司马乂,乐广被司马乂质问。

沈攸之叹命运恨不早读书　刘宋末,沈攸之讨伐萧道成,率精锐猛攻郢城,郢城守将柳世隆灵活抵抗,多次取胜。郢城久攻不下,军心涣散,部属逃亡,大本营江陵又被雍州刺史张敬儿攻克,沈攸之于逃亡路上自缢而死。他出身行伍,后来好读书,熟读《史记》《汉书》,常叹道:"早知穷达有命,恨不十年读书。"

沈攸之作民歌《西乌夜飞》　《古今乐录》载:"《西乌夜飞》者,宋元徽五年,荆州刺史沈攸之所作也。攸之举兵,发荆州东下;未败之前,思归京师。故其和云:'白日落西山,还去来。'送声云:'折翅乌,飞何处,被弹归。'"后有歌词:"日从东方出,团团鸡子黄。夫归恩情重,怜欢故在傍。"

萧道成轻而易举创南齐　刘宋末,萧道成除去政敌袁粲、沈攸之后,被加封太傅、太尉、相国,晋爵齐公,再为齐王。他的太尉左长史王俭协助暗中谋划,使宋顺帝刘准禅位,萧道成改国号为齐,为齐高帝。刘宋作为南朝版图最大的帝国,包含弑父夺位的宋帝刘劭在内经历五代九任皇帝,历时六十年,至此结束。

崔祖思为萧道成定国号　崔祖思少有志气,好读书史,萧道成镇守淮阴时,他投奔任其主簿,很受亲待,参与谋议。萧道成为权臣后,初议封梁公,他进言说:"谶书云'金刀利刃齐刘之'。今宜称齐,实应天命。"得到采纳,金刀利刃为刘。他没多久病逝,夺位的齐高帝萧道成叹道:"我方欲用祖思,不幸,可惜!"

殷灵诞出次国刘宋没了 刘宋末,遣使者殷灵诞、苟昭先至北魏,听说齐高帝萧道成受禅,殷灵诞对魏典客说:"宋、魏通好,忧患是同。宋今灭亡,魏不相救,何用和亲!"北魏命刘宋降王刘昶率军南征,他请求任其司马,不被允许。后来两人被遣归,齐武帝萧赜继位,苟昭先将他的话上奏,他被下狱而死。

宋齐两朝使者北魏对骂 南齐取代刘宋后,北魏孝文帝拓跋宏阅兵南郊,宴请群臣,置齐使车僧朗于宋使殷灵诞下。车僧朗不肯就席,说:"灵诞昔为宋使,今为齐民。乞魏主以礼见处。"殷灵诞大怒,两人互骂。流亡的刘宋亲王刘昶收买宋降将,在宴会刺杀车僧朗。北魏捕杀凶手,送丧隆重,让殷灵诞等人南归。

萧道成是兰陵萧氏的首位皇帝

刘准不愿再生帝王家 禅让帝位那天,十一岁的宋顺帝刘准吓得躲起来,王敬则领兵入殿,他被找出,收泪问:"要杀我吗?"王敬则说:"移驾别宫而已,皇上先辈取司马家天下,也是如此。"刘准哭道:"愿生生世世,再不生帝王家。"宫人皆哭。他拍着王敬则的手说:"若我安全,当赏辅国将军你十万钱。"

萧道成杀尽刘宋王侯 齐高帝萧道成将退位的刘宋末帝宋顺帝刘准降封汝阴王,迁居丹阳,派兵监视。两个月后,兵士听得门外马蹄声杂乱,以为有变,将其杀害,时年十一岁。随后,"宋之王侯无少长皆幽死矣"。《宋书》说宋明帝刘彧晚年阳痿,刘准是其弟刘休范之子,吕思勉认为不实,是作者沈约编造。

谢朏不为萧道成解玺 齐高帝萧道成受禅那天,时任侍中的他在值班,他当解玺。谢朏装作不知问:"有何公事?"有人传诏说:"解玺授齐王。"他说:"齐自应有侍中。"便拿枕头躺下。传诏的官员便说他生病了,他说:"我没病,为何这么说?"穿起朝服,走出宫门,乘车回家。当天只得以王俭任侍中解玺。

萧道成为谢朏举蜡烛 萧道成准备夺取刘宋帝位,他的太尉左长史谢朏有大名,他很想让谢朏担任自己的佐命重臣。一晚,萧道成召见谢朏,屏退左右侍从,说出打算,等了很久,谢朏却不说话。这时仍有两个举蜡烛的侍从在旁侍候,他便把两人打发出去,自己手举蜡烛,可是谢朏依旧不语,他只好把侍从唤回房内。

谢朏是千金小神童 谢朏是谢庄之子,幼年聪慧,谢庄很喜欢,常置左右,十岁时能写文章。谢庄游山赋诗,让他为文,他揽笔便成。王彧对谢庄说:"贤子足称神童,复为后来特达。"谢庄笑抚其背说:"真吾家千金。"宋孝武帝刘骏游姑孰,让谢庄携谢朏跟随,他作文上奏,刘骏称赞说:"虽小,奇童也。"

谢朏是三朝大名士 谢朏才高名重,被萧道成引为长史,宋顺帝的皇后谢梵境是他的侄女。齐高帝萧道成夺取刘宋帝位,时任侍中的他辞官,后又出仕,升至侍中。齐明帝萧鸾夺位,他避事出任吴兴太守。萧鸾召他为侍中兼中书令,他请辞不就。南梁时,他在梁武帝萧衍多次恳请下,任尚书令、司徒,享年六十六岁。

谢朏让弟弟多喝酒 齐明帝萧鸾谋划夺位时,其弟谢瀹时为吏部尚书,谢朏送谢瀹数斛酒,写信说:"可力饮此,勿豫人事。"梁武帝萧衍很爱其诗,说:"不读谢诗,三日觉口臭。"他幼年被父亲谢庄称作"千金"。唐孙元晏有诗:"谢家诸子尽兰香,各震芳名满帝乡。唯有千金更堪重,只将高卧向齐王。"

王琨围观两场禅让 右光禄大夫王琨是王导曾孙,王华堂弟。东晋末,他在朝任郎中,目睹晋恭帝司马德文禅位给宋武帝刘裕,八十岁时又看到宋顺帝刘准禅位给齐高帝萧道成。刘准离宫时,王琨攀其车轮猭尾恸哭道:"人以寿为欢,老臣以寿为戚,既不能先驱蝼蚁,频见此事。"呜咽不自胜,百官人人泪如雨下。

王琨是非婚私生子 王琨之祖父王荟是王导第六子,父亲王怿痴傻,无人愿嫁,与西南夷侍婢生他,取名昆仑。后来王怿娶妻无子,他被改名，立为嗣子。王琨少时恭谨稳重，被堂伯父司徒王谧喜爱。堂兄王华以门户衰弱，待他如亲兄弟，为他娶晋将桓修之女。他因此被宋武帝任郎中，王华后得宋文帝重用，多次举荐他。

王琨是刘宋大清官　王琨历任地方太守都清廉俭约，宋孝武帝时，出任广州刺史，当时南方富庶，在任者常致巨富，世称"广州刺史但经城门一过，便得三千万也"。王琨无所取纳，还上表捐献一半俸禄，离任回京，宋孝武帝刘骏知其廉洁，故意问他有钱多少，他说："臣买宅一百三十万，余物称之。"刘骏大悦。

王琨持重回避女伎　王琨谦恭谨慎，至老不变，朝会必早起，简阅衣裳，计数冠帻，如此数四，为人所笑。尚书右仆射颜师伯豪贵，在尚书省设女乐，他时任度支尚书，被邀同听。传酒行炙者都是颜家内伎，王琨以男女无亲授，传行每至，令其置胡床上。他转脸回避然后再取，在座者莫不抚手嗤笑，他容色自若。

王琨直言评价刘勔　中领军刘勔有栖退之志，上表请求出任东阳太守，尚书令袁粲以下众臣莫不赞美。王琨说："永初、景平，唯谢晦、殷景仁为中领军，元嘉有到彦之，为人望才誉，勔不及也。近闻加侍中，已为怏怏，便求东阳，臣恐子房赤松未易轻拟。"其耿直如此。汉初名臣张良字子房，说愿随赤松子游。

王琨节俭省下军需　王琨俭于财用，设酒不过两碗，常说"此酒难遇",盐豉姜蒜之类并挂于屏风。酒浆都放在榻下,家中有求,他自己打酒。宋前废帝时,准备讨伐义阳王刘昶,六军戒严,需要紫檖,左右准备置办。他说:"元嘉初征谢晦,有紫檖在匣中,不须更作。"检取果然找到。紫檖为系在战裙的飘带。

王琨刚正不屈权贵 宋孝武帝时,王琨任吏部郎,按照规定若有公卿嘱托只用其两门生。皇叔江夏王刘义恭要他安排两人,后又增加,被他拒绝。南齐初,他任武陵王师,宰相王俭是他的族侄孙,王俭示意他在东海郡安插人。他对传话人说:"语郎,三台五省,皆是郎用人,外方小郡,当乞寒贱,省官何容复夺之。"

王琨历事三朝十一帝 东晋末帝晋恭帝在位时,二十来岁的王琨入朝任郎中,目睹晋亡,自宋武帝刘裕起,历经刘宋九帝,又目睹宋亡。南齐初,王琨被任侍中,齐高帝萧道成病逝,当时拉车的牛不在家,离台城数里,便步行入宫。朝臣都对他说:"故宜待车,有损国望。"他说就应如此,不久病逝,享年八十四岁。

齐高帝萧道成是兰陵萧氏首位皇帝 南朝有四大侨姓望族,琅琊王氏、陈郡谢氏、陈郡袁氏、兰陵萧氏。兰陵萧氏初兴,从西汉时萧何的六世孙大臣萧望之开始,到东汉中落。在南朝初萧氏由外戚萧思话振兴,成为次等世族,萧氏开创南齐、南梁两朝,后为高门望族。其在隋为外戚,在唐多宰相,唐末才走向衰落。

齐高帝萧道成之父萧承之用空城计　萧承之是刘宋将领,少有大志,才力过人,位至右军将军,萧道成是他的第三子。刘宋首次北伐兵败,北魏遣军进攻济南,他时任济南太守。北魏聚集大军于城下,他只有几百名士卒,情势危急,他命士兵隐蔽起来,并大开城门。魏军怀疑城中有重兵埋伏,不敢入内撤退。

齐高帝萧道成之父萧承之设破甲计　萧承之时任汉中太守,跟随萧思话讨伐进攻汉中的氐族。他率领先锋部队进击,攻克要塞,但在汉水两岸被围困四十多天,敌军穿犀牛皮甲,刀箭无法伤害。他苦想数日,得出一计,让士兵列阵用长槊出击,刺中敌人后,再用大斧锤击槊尾。敌军无法抵挡,只得焚营而退。

齐高帝萧道成少年是个好学生　萧道成小名斗将,深沉有大量,宽严清俭,喜怒无色。十三岁时,大儒雷次宗在建康鸡笼山立学馆,他前去就读。雷次宗说:"萧道成内润,良璞也。"他十七岁参军,十九岁领兵征蛮,二十七岁任建康令。少府萧惠开说:"昔日魏武为洛阳北部时,人服其英。今看萧建康,已然超过。"

齐高帝萧道成壮年是个好将军　宋明帝刘彧继位,四十岁的萧道成升任右军将军。当时四方皆反,刘彧命萧道成领军东讨,在晋陵一日破敌十二垒。徐州刺史薛安都归降北魏,派堂侄薛索儿攻击淮阴,萧道成北上击败薛索儿。宋后废帝时,萧道成率军平定皇叔桂阳王刘休范叛乱,因功升任中领军,成为朝中重臣。

齐高帝萧道成晚年是个好皇帝　萧道成革除宋孝武帝刘骏以来诸多暴政，下诏修建儒学，削除私兵。他减免赋税，提倡节俭，反对奢靡，将宫中的金铜器具全部用铁器替代。萧道成说："使我治天下十年，当使黄金与土同价。"司马光评价他说："高帝以功名之盛，不容于昏暴之朝，逆取而顺守之，亦一时之良主也。"

齐高帝萧道成禁穿绣裙和锦鞋　萧道成在位期间，减税安抚流民，限制诸王营立私邸，禁止宗室封山占水，与百姓争利。萧道成提倡俭约自奉，不许民间使用各种华丽饰物，不得将金银制成金箔银箔，马鞍等不能使用金银装饰，不能用金铜铸像，甚至不准织绣花裙，不准穿锦鞋等。他的这些要求和做法历代所未有。

齐高帝萧道成修筑建康外城墙　自东晋以来，京城建康外城只是竹篱，有六个大门，有人在白虎樽进言说："白门三重关，竹篱穿不完。"意为竹篱太不安全，萧道成便下令修建外城城墙。刘宋旧制，每年元旦朝会，设白虎樽于殿庭，有能献直言者，打开此樽饮酒。樽盖上有白虎图纹，欲令言者如虎，无所忌惮。

齐高帝萧道成教导儿子写诗文　萧道成虽不以才学闻名，但少时在学读书，亦深知诗文。他任中领军时，与谢超宗共同作文，爱其才翰。萧道成登基，五子武陵王萧晔呈诗，学谢灵运体，他说："康乐放荡，作体不辨有首尾，安仁、士衡深可宗尚，颜延之抑其次也。"谢灵运

250

为康乐公,西晋潘岳字安仁,陆机字士衡。

齐高帝萧道成写围棋著作　萧道成师从名儒雷次宗,博涉经史,善属文,工草隶书,弈棋第二品。他在文学上推崇西晋的潘岳、陆机,在战场率军击败敌将薛索儿,平定叛王刘休范。萧道成继位后,常与直阁将军周覆、给事中褚思庄下棋,累局不倦,并著有《齐高棋图》二卷。他是史载首位亲自撰写围棋著作的皇帝。

齐高帝萧道成有马号将军　宋后废帝刘昱被杀的那天晚上,萧道成骑着赤马入宫,宫内得知刘昱死了,都称万岁。他登基后,将所乘赤马号为"龙骧将军",世称"龙骧赤"。萧道成曾被宋明帝刘彧猜忌,深怀忧虑,见到河泽中的群鹤,有感作《群鹤咏》:"八风舞遥翾,九野弄清音。一摧云间志,为君苑中禽。"

第十章 柳沈虎威在,褚王风声扬

褚渊是两位皇帝的好友

褚渊被南齐士民鄙视 宋明帝刘彧是亲王时与褚渊为文友,继位后以他为亲信重臣,临终前任他为顾命大臣。褚渊早年与齐高帝萧道成深交,向刘彧推荐使其参与机要,后助其代宋建齐。他后任南齐宰相,遭到时人鄙薄,称"人笑褚公,至今齿冷,无为效尤",作歌"可怜石头城,宁为袁粲死,不作褚渊生"。

褚渊软弱依附萧道成 刘宋末,褚渊是首席顾命重臣,袁粲知道他与萧道成交好,对他说:"国家所倚,唯公与刘秉及粲,愿各自勉,无为竹帛所笑。"他说:"愿以鄙心寄公腹内。"萧道成功业日重,王俭议加九锡,萧道成担心褚渊不同意。有人说褚渊"保妻子,爱性命,非有奇才",最终他果然没有反对。

褚渊也曾拒绝萧道成 萧道成时为刘宋权臣,王俭提议应加九锡,由

252

他去告知褚渊，萧道成说应该亲自前往。没过几天，萧道成前去拜访褚渊，恳谈许久，说："我有梦说应当得官。"褚渊说："现在授官如此，恐怕一二年间不能提升，吉梦未必立即实现。"萧道成回去告诉王俭，王俭说："褚彦回不明事理。"

褚渊无节求官萧道成 刘宋末，中领军萧道成与中书监褚渊、尚书令袁粲商议废掉残暴宋帝刘昱，袁粲反对，褚渊默然，归心萧道成。沈攸之在外起兵，袁粲在朝谋变，萧道成召他商议，他说："西夏衅难，事必无成，公当先防备其内。"萧道成晋爵齐王，他说何曾自魏司徒为晋丞相，求为齐官，萧道成谦而不许。

褚渊与袁粲曾有过节 褚渊时任卫将军，因母亲去世离职，朝廷征召，他都拒绝，袁粲素有重名，前去劝说，他才接受。后来袁粲任尚书令，也因母亲去世离职，他去劝其复职，言辞恳切，袁粲始终不肯，他怀怨在心。刘宋末，袁粲密谋推翻萧道成，不听左右劝说，告诉褚渊，随即被褚渊密告萧道成，导致败亡。

褚渊一家娶四位公主 褚渊的父亲褚湛之官至尚书左仆射，娶宋武帝的七女始安公主为妻，始安公主病逝后再娶其五姐吴郡公主。褚湛之与妾郭氏生子褚渊，与吴郡公主生子褚澄，褚澄娶舅舅宋文帝之女庐江公主，褚渊娶宋文帝之女南郡公主。褚渊"美仪貌，善容止，俯仰进退，咸有风则"，是南齐的美男宰相。

褚渊祖父为宋武帝心腹　褚渊的祖父褚秀之的妹妹褚灵媛是晋恭帝司马德文的皇后，宋武帝刘裕夺位后，将司马德文夫妻幽禁。其妻妾生下男婴，就让褚秀之兄弟毒杀，后让他们引开褚灵媛，士兵杀死司马德文。褚灵媛的女儿司马茂英嫁给刘裕长子刘义符，后为皇后，宋少帝刘义符被废杀，司马茂英与母同为被废皇后。

褚渊分家只要千卷书　褚渊幼时，他的父亲褚湛之有爱牛堕井，褚湛之亲率左右救牛，他不围观。父亲去世，褚渊将家财都分给弟弟，自己只取数千卷书。父亲有两厨宝物，在母亲郭氏那里，被父亲的正妻吴郡公主索取，郭氏不愿交出。他劝道："只要有我在，何患无物？"郭氏还不愿意，他流泪恳求，郭氏这才依从。

褚渊不拿鳆鱼换钱财　淮水时属北魏，江南无鳆鱼，偶尔有人辗转得到，一条值几千钱。有人赠给褚渊鳆鱼三十条，他当时虽为显贵，但是很穷，有仆人建议卖掉，说可以得到十万钱。褚渊正色道："我觉得这是食物，不是财货，不知道可以卖钱，虽然家中困乏，怎么可以卖掉馈赠换钱？"最终全部送给亲朋。

褚渊凭风度能当宰相　褚渊仪貌俊美，风度翩然，每次退朝，百官和异族使节都目送他离去。时人将他比作曹魏美男何晏，宋明帝刘彧叹道："褚渊能迟行缓步，便持此得宰相。"众人曾在袁粲家中雅集，初秋凉夕，风月甚美，他抚琴奏《别鹄》之曲，王彧、谢庄抚节叹道："以无累之神，合有道之器，不可得已。"

褚渊眼睛如白虹贯日　褚渊少有世誉,和雅有器度,不妄举动。有一次,房子失火,烟焰逼近,左右惊扰,他神色怡然,索来乘舆,缓缓离去。褚渊能清谈,善弹琵琶,齐武帝萧赜为太子时,送他一把金镂柄银柱琵琶。他未为刘宋尽忠,有人常以名节讥讽他,他眼白很多,被称"白虹贯日",说这是刘宋的亡征。

褚渊被骂没有脸见人　褚渊时任南齐司徒,入朝时用腰扇遮阳,功曹刘祥经过说:"作如此举止,羞面见人,扇鄣何益!"他怒道:"寒士不逊!"刘祥说:"不杀袁粲刘秉,怎能不做寒士!"刘祥是东晋重臣刘穆之的曾孙,性格刚直,轻言肆行,撰刘宋史讥讽南齐代宋,后因抒怀诗被贬广州,纵酒病逝。

褚渊被褚炤感叹名节　褚渊被拜南齐司徒时,家中宾客满座,堂弟褚炤叹道:"彦回少立名行,何意披猖至此?门户不幸,乃复有今日之拜,使彦回做中书郎而死,不应是一名士吗?名德不昌,遂有期颐之寿。"他爱开玩笑,特意送褚炤马车,褚炤大怒道:"著此辱门户,那可令人见?"取火烧车,驾车人连忙逃走。

褚渊被萧道成当朱祐　有一次,萧道成宴请群臣,酒后说:"卿等并宋时公卿,亦当不言我应得天子。"王俭等人还没回答,褚渊手持笏板说:"陛下不得言臣不早识龙颜。"萧道成笑道:"吾有愧文叔,知公为朱祐很久。"东汉光武帝刘秀字文叔,朱祐为其少年好友、心腹大将,早年随刘秀起兵，多次劝其称帝。

褚渊高官两朝当不完　刘宋时，褚渊担任过尚书右仆射、中书令、卫将军、侍中，加封开府仪同三司，后任中书监、司空。萧齐初，齐高帝萧道成登基，褚渊任司徒，任他尚书令被固辞，萧道成去世，遗诏中封他录尚书事，即宰相。齐武帝萧赜任他司空、骠骑将军，侍中、录尚书事照旧，病逝后家无余财，追赠太宰。

褚澄是南齐大医学家　褚澄是褚渊的弟弟，母亲是宋武帝五女吴郡公主，娶妻舅舅宋文帝之女庐江公主。褚澄医术高明，凡病者均不分贵贱，审其乡壤、风俗、精神苦乐等然后施药。南齐初，他任吴郡太守时，皇次子豫章王萧嶷患病，被他治愈。他后任侍中、右军将军，勤快谨慎，女儿褚令璩为南齐末帝萧宝卷皇后。

何戢与褚渊两位美男是好友　何戢是何尚之的孙子，何偃之子，娶宋孝武帝刘骏的爱女山阴公主刘楚玉为妻。刘楚玉曾强迫姑父褚渊来家里服侍自己，褚渊不从，在何家住了十天，两人为友。何戢俊美，行为举止与褚渊相模仿，人称"小褚公"。宋后废帝时，褚渊推荐何戢当侍中，他当时仅二十九岁，因此推辞。

何戢专投齐高帝萧道成所好　刘宋时，何戢与萧道成交往，多次一起饮宴，发现萧道成爱吃水引饼，即面条，以后每次宴会就都为其准备。萧道成登基后，不断给他升官，后任吏部尚书，又加骁骑将军。

何戢家业丰厚，衣饰奢丽，岳父宋孝武帝曾赏赐他一把蝉雀扇，是名家所绘，他托人献给萧道成，萧道成非常高兴。

王俭的府第莲花池

王俭是琅琊王氏最后名臣 王俭是王导五世孙，王昙首的孙子，母亲是宋文帝刘义隆的嫡女东阳公主刘英娥，父亲王僧绰被刘英娥的同母兄弟刘劭所杀。王俭由叔父王僧虔抚养长大，得袁粲赏识推荐，舅舅宋明帝把女儿阳羡公主嫁给他。他辅佐齐高帝萧道成代宋建齐，封南昌公，任尚书右仆射时才二十八岁。

王俭被王僧虔和袁粲推重 王俭自幼好学，手不释卷，宾客中不少人对他称颂赞美，叔父王僧虔说："我不患此儿无名，正是担心他名声太盛。"王僧虔手书东汉崔瑗的《座右铭》赠王俭，作为训诫。袁粲闻其名，见到他后说："宰相之门也，栝栢豫章虽小，已有栋梁气矣，终当任人家国事。"他当时未满十八岁。

王俭被齐高帝说上天赐予 齐高帝萧道成继位后，私下对王俭说："我今日以青溪为鸿沟。"他回答说："天应民顺，庶无楚、汉之事。"权臣所居东府城和皇宫所在台城在青溪东西。萧道成登基礼仪诏策皆出于王俭，他熟知朝典，问无不答，萧道成叹道："《诗》云'维岳降神，生甫及申'，今亦天为我生俭也。"

王俭创时尚发型解散髻　王俭幼有神采，专心笃学，少有宰相之志，得时人推许。刘宋末，他认为中领军萧道成雄异，便成为其亲信。王俭助其谋夺帝位，建立南齐，后位至卫将军、尚书令，为南齐名相。他斜插发簪，作解散髻，对人说："江左风流宰相，唯有谢安。"实则借以自比，这种新潮发型朝野争相效仿。

王俭赏析音乐妙语作答　齐高帝萧道成有次在宴会上，问王俭："你喜欢音乐，哪些与朕相同？"王俭回答说："沐浴唐风，事兼比屋，亦既在齐，不知肉味。"意为所好音乐，听到如同沐浴着唐尧时代的仁政，来到了比屋可封的民间；也像是孔子在齐国听见《韶乐》，三个月不知肉味。他的回答深得萧道成称赞。

王俭爱雅集写诗称丽事　王俭喜欢召集才士，指定事物，作诗赞美，称为"丽事"。有一次，庐江何宪写得最好，王俭奖他五花簟和白团扇。何宪坐于簟上，手拿团扇，十分得意。秣陵令王摛这时才来，挥笔而就，词情华美，让左右抢下何宪的花簟和扇子，上车而去。王俭笑道："这就是大力的，拿到就走！"

王俭幕府多才士称莲池　王俭居南齐相位，兼领吏部，府中幕僚，一时才彦，时人称俭府为莲花池。庾杲之入其府，某宗室形容说"泛渌水，依芙蓉，何其丽也"，府中知名者有任昉、萧琛、谢朓、王融、萧衍等人。后世以"俭府"为幕府美称，谓其主客皆才俊，或称"莲府""莲幕"，有唐诗"王俭花为府"。

王俭写诗作文有典雅风　王俭在南齐是宰相也是文豪，"手笔典裁，为当时所重"，典雅是他及追随者的主要风格。其代表作《褚渊碑文》被黄侃称为大手笔，有诗"秋日在房，鸿雁来翔。寥寥清景，蔼蔼微霜。草木摇落，幽兰独芳。"另有《春诗二首》，诗风清丽，王夫之称赞说"二十字如一片云，因日成彩"。

王俭家开学士馆为儒宗　王俭少时赋诗"稷契匡虞夏，伊吕翼商周"，后任宰相，淡泊少欲，唯以经国为务，车服尘素，家无遗财。他熟读儒家经典，每次朝会讨论，必引用先儒言论，时人称其儒宗，成为朝野楷模。王俭在府中开学士馆，讲论儒学，极力推动了南朝儒学的发展，作为南齐名臣，病逝时年仅三十八岁。

江淹被名士何点扬名　江淹出身寒素，最早担任州从事的小官，后来追随建平王刘景素，被名门隐士何点赏识，得以逐渐显名。刘宋末，刘景素起兵他受牵连被免官，后得齐高帝萧道成重用。尚书右仆射王俭对他说："卿年三十五，已为中书侍郎，才学如此，何忧不至尚书金紫。所谓富贵卿自取之，但问年寿何如尔。"

江淹吃鹅喝酒写战檄　江淹早年仕途不得志，后来萧道成辅政，闻其才名，将他征召入朝。桂阳王刘休范围攻建康，朝廷慌乱，讨伐檄文没有人写。萧道成找来江淹，先赐酒食，他向来能吃，一只烧鹅快吃完，酒喝了数升，檄文也写完了。齐高帝萧道成登基后，他升任中书侍郎,萧道成署名文诏,都由他负责撰写。

江淹论战五胜与五败 萧道成与沈攸之对敌,江淹分析战局说:"公雄武有奇略,一胜也;宽容而仁恕,二胜也;贤能毕力,三胜也;民望所归,四胜也;奉天子而伐叛逆,五胜。彼(沈攸之)志锐而器小,一败也;有威而无恩,二败也;士卒瓦解,三败也;缙绅不怀,四败也;悬兵数千里,而无同恶相济,五败也。"萧道成很赞赏。

江淹捡到貂冠当侍中 江淹仰慕司马相如为人,不好经学,倾心文赋。他十三岁时丧父家贫,砍柴养母,在打柴处捡到一顶高官的貂蝉冠,想拿去卖掉。他母亲说:"这是上天给你的祥兆,你有如此才行,怎会长久贫贱,可以留着等当上侍中自己戴。"后来果如其母所言,江淹在南齐当上侍中,一路攀升为南朝显贵。

江淹冷面御史弹群臣 齐帝萧昭业继位初,江淹任侍中兼御史中丞,萧鸾时为尚书令,萧鸾认为他足以能振肃百官。江淹纠察风纪,清正严明,弹劾中书令谢朏等朝中显贵,以及临海太守沈昭略等地方长官,一时内外肃然。萧鸾称赞他说:"自宋以来,不复有严明中丞,君今日可谓近世独步。"萧鸾后为齐明帝。

江淹五色彩笔赋别恨 江淹的诗赋有盛名,与鲍照并称南朝辞赋大家,其《恨赋》《别赋》与鲍照的《芜城赋》《舞鹤赋》同为南朝辞赋绝唱。江淹晚年称梦见一人自称郭璞,对他说:"吾有笔在卿处多年,可以见还。"他自怀中掏出五色笔归还，自后才思减退。后以"江淹笔"比喻杰出的文才或文才出众者。

江淹梦中还锦才思退　江淹卸任宣城太守的归途中，夜晚梦见一人自称张协，说："从前我把一匹锦寄存在你那里，现在可以归还。"他从怀中拿出几尺锦给张协，张协生气地说："怎么只剩这么点了？"回头看见丘迟，说："剩下的几尺没什么用，送给你。"自此江淹的文章便大不如前，张协是西晋著名文士。

江淹江郎才尽的真相　江淹年少时以文辞扬名，晚年才思减退，时人称"江郎才尽"。《南史·江淹传》对此有两段故事，一个说他把五色笔还给了郭璞，一个说他把残锦还给了张协。有人说是因为他晚年遇到喜好文墨而气量狭窄的梁武帝萧衍，不敢以文才凌驾皇帝之上，因此故意藏拙，也有人说他是真的才尽了。

江淹官运青云仕三朝　江淹除了青年时在刘宋仕途受阻，后来一直官运亨通，宋末齐初，以才学得齐高帝萧道成赏识，逐步升至高位。南齐末，他审时度势，投奔萧衍，梁武帝萧衍登基后，江淹被任散骑常侍、左卫将军，位至金紫光禄大夫。从齐到梁，他凭借绚丽文才，从次门寒士成为朝中显贵。

檀超口出狂言交好友　檀超初任州府小吏，萧惠开为州副长官别驾，他与之抗争，萧惠开自以地位居前，出言欺侮。他举动啸傲，毫不示弱,张目怒道:"我与卿俱是国家微贱时的外戚,何足以一爵高人!"宋武帝刘裕的养母是萧惠开的姑奶,其二弟刘道怜的妻子是檀超的姑奶,萧惠开听后欣然,与他成刎颈之交。

檀超自言胜过晋郗超　檀超少好文学,放诞任气,宋孝武帝刘骏听说他擅写文章,让他入东宫任职。檀超嗜酒,好谈咏,自比东晋名士郗超,说高平有二超,又对人说:"还是觉得我更出色。"他受齐高帝萧道成赏爱,被任骁骑将军,司徒右长史。南齐初设史官,让他与江淹共同担任撰写齐史,他没有完成就去世。

柳沈家门再度兴

荀伯玉是齐高帝萧道成的智囊　当初宋明帝刘彧猜忌萧道成,下诏把荀伯玉从南兖州刺史任上调回朝中,他不想回京。参军荀伯玉让他派骑兵在边境骚扰,北魏随即派出人马,刘彧便让萧道成留任。荀伯玉为萧道成多出奇计,深得信赖,南齐建立后,他任前将军,大有权势,时人有言:"十敕五令,不如荀伯玉命。"

荀伯玉母亲去世后家门外堵车　荀伯玉之母病逝,王晏与萧景先前去吊丧,五更出发,发现王侯朝臣的车队排了近三里,后来得以向前,又在大厅等了很久。出来后,两人又饿又累,气息惙然,切齿形于声貌,次日入宫,就说:"臣等所见二宫门比起荀伯玉宅,可以罗雀。"又说:"外论云,千敕万令,不如荀公一命。"

荀伯玉父亲墓地风水好又不好　荀伯玉初在刘宋晋安王刘子勋处任职,刘子勋败亡后,他流落街头算卦。荀伯玉未发迹时,有风水师看其父墓地说:"当出大贵者,但不长久,还出失行女子。"他说:"朝闻道,夕死可矣。"没多久,他的姐姐在出嫁前夜,与人私奔,找寻不到,最后出家为尼。他后被齐武帝萧赜所杀。

萧顺之暗夜杀刺客　萧顺是齐高帝萧道成的族弟,两人自幼交好,少年时共登金牛山,路旁枯骨纵横,萧道成说:"周文王以来千年,有谁能掩埋这些枯骨?"说时憬然动色。他由此知其有大志,经常相随。萧道成每次为主将领军作战,萧顺之常为副手,故将薛索儿派人夜潜大营,提刀径至萧道成床前,被他手刃。

萧顺之定策废皇帝　当时宋帝刘昱昏庸暴虐,滥杀朝臣,时任中领军的萧道成计划离京,在外起兵。萧顺之认为一旦逃亡,就成叛将,难以成事,不如行伊霍之事,即在京密谋,废黜皇帝。萧道成深以为然,最终刘昱被刺杀,萧道成夺权。他曾任吴郡太守,吴郡张绪常称:"文武兼资,有德有行,吾敬萧顺之。"

萧顺之独守朱雀桥　刘宋末,萧道成总揽军政,大将黄回与镇守石头城的中书监袁粲是同党,密谋攻杀萧道成。萧顺之得知袁粲的行动后,率家兵据守建康南门外的要道朱雀桥。黄回的探子得知后,回去禀报:"朱雀桥南一长者,英威毅然,坐胡床南向。"黄回说:"这是萧顺之。"便不敢出城与袁粲接应。

萧顺之没有当宰相 齐高帝萧道成建南齐,萧顺之是佐命功臣,他从容对萧顺之说:"当令阿玉解扬州相授。"阿玉是其子萧嶷小名,太子萧赜曾暗指萧顺之对弟弟萧嶷说:"非此翁,吾徒无以致今日。"齐武帝萧赜登基后,忌惮萧顺之,所以不使他为相。萧顺之历任领军将军、丹阳尹,三子萧衍知名,即梁武帝。

柳世隆为柳氏之门幸存者 宋前废帝刘子业昏庸无道,尚书令柳元景与其他辅政大臣密谋废其帝位。事情暴露后,柳元景被刘子业遣军所杀,两个弟弟、八个儿子、数十位侄子全被杀害。侄子柳世隆在外任上庸太守,得以幸免。柳元景后被宋明帝刘彧平反,柳世隆在南齐出将入相,成为勋贵,再度振兴河东柳氏。

柳世隆继承柳元景虎威 柳世隆是刘宋大将柳元景的侄子,少有风度器宇,柳元景对他的赏识喜爱超过诸子,把他推荐给宋孝武帝刘骏。他得刘骏召见,刘骏赞许他说:"三公一人,是将来事也。"将柳元景曾经的封号虎威将军授予他。柳世隆后来战功显赫,在郢城成功抵御沈攸之,使其败亡,在南齐官至尚书令。

柳世隆得聪慧妻子救命 宋明帝刘彧继位,各地藩镇反对,柳世隆起兵支持刘彧,被孔觊的弟弟孔道存击败,遭到通缉。部下斩杀和柳世隆相貌相似者,送去首级,他被捕的母亲和妻子看到。其母认出不是,便不悲伤,妻子则号啕大哭,私下对母亲说:"如果不悲,会被察觉,只有痛哭瞒骗过去。"孔道存得以相信。

柳世隆大功抵御沈攸之　刘宋荆州刺史沈攸之起兵讨伐权臣萧道成,柳世隆得萧道成之子萧赜举荐,防守郢城。沈攸之认为郢城弱小,不值一攻,柳世隆先回信示弱,后又辱骂挑战。沈攸之大怒,遣军昼夜攻城不止,被柳世隆多次击退。沈攸之久攻郢城不克,军心动摇,部将叛离,最终他逃回荆州,自缢而死。

柳世隆被萧道成当国宝　沈攸之讨伐萧道成被柳世隆成功击溃,最终败亡,他为萧道成立下大功,被召为侍中,又升任尚书右仆射。柳世隆因守母丧回家,齐高帝萧道成登基后,又将他起用,晋爵为公。萧道成对司徒褚渊说:"看到世隆太过哀伤瘦弱,几乎不能再认出他,使人恻然,应把他当作世珍国宝。"

柳世隆是南齐风流儒将　柳世隆出身将门,却好读书,折节弹琴,涉猎文史,音吐温润,向齐高帝萧道成借阅秘阁藏书,被赐二千卷。柳世隆少立功名,晚年好谈玄理,琴艺高超,指法世称柳公双琐,为士流第一。他自称:"马矟第一,清谈第二,弹琴第三。"他任尚书令,不干世务,垂帘鼓琴,风韵清远,甚获世誉。

柳世隆将门家风变雅士　《南齐书》说柳世隆"文以附众,武以立威,元帅之才,称为国辅",《南史》说他"文武器业,殆人望也,诸子门素所传,俱云克构"。河东柳氏是刘宋时崛起的雍州地方武力强宗,柳世隆好读书谈玄弹琴,从寒门勋贵走向士族。其子柳悦、柳惔、柳恽皆为齐梁名士,后裔在隋唐才俊辈出。

柳世隆家产只愿留古书　刘宋末,柳世隆在郢州任司马时,萧道成之子萧赜任郢州长史,两人深交。他因战功在南齐身居高位,齐武帝萧赜登基后,任他尚书令。柳世隆为官清廉,喜好儒典,张绪问他:"观君举措,当以清名留给子孙?"他说:"一身之外,亦复何须,子孙不才,将为争府,如其才也,不如一经。"

柳世隆预言自己的死期　柳世隆是好读善琴的儒将,并精通术数,所作占卜龟甲值万钱,有占卜著作《龟经秘要》。齐武帝萧赜继位,年号永明,他说:"永明九年我亡,亡后三年丘山崩,齐亦于此季矣。"题壁"永明十一年",流泪对心腹说:"汝当见,吾不见也。"后来,他果然于永明九年去世,萧赜于永明十一年去世。

沈文季报仇杀同宗　沈文季是刘宋太尉沈庆之的次子,少以宽雅正直而为人所知。宋帝刘子业派沈攸之杀其堂伯沈庆之,军士围住沈家,收捕沈氏诸子。大哥沈文叔对他说:"我能死,你能报仇。"随后自缢,他挥刀驰马而去,无人敢追。刘宋末,沈攸之起兵败亡,他捕杀沈攸之的弟弟新安太守沈登之,并诛其宗族。

沈文季与妻是酒友　沈文季风采傲岸,举止有度,妻子王氏是名臣太保王弘的孙女。沈文季饮酒可至五斗，王氏能喝三斗，他任吴兴太守时，与王氏有时对饮一天，照样处理公务。宋明帝刘彧宴请群臣，刘彧让御史监察谁没喝醉，他不肯喝，被赶下殿去。晋平王刘休祐被兄长刘彧所杀，其旧部僚佐只有他去墓前祭奠。

沈文季拒绝弹琵琶　沈文季与褚渊都擅长弹琵琶，有回皇次子豫章王萧嶷举行酒宴，褚渊取琵琶弹《明君曲》，他下席大喊说："沈文季不能作伎儿。"萧嶷说："这么做不损仲容之德。"魏晋名士阮咸，字仲容，善琵琶。沈文季在南齐深得重用，初任侍中、左卫将军，后又得齐武帝、齐明帝信任，封西丰侯，位至尚书右仆射。

沈文季饮酒嘲褚渊　背叛刘宋的南齐司徒褚渊以高门自许，轻视别人，沈文季心中不平。太子萧赜宴请朝臣，他多次举酒劝褚渊，褚渊不满，对萧赜说："沈文季说我为政其旧郡，屡次给我加酒。"他说："诗说：'唯桑与梓，必恭敬止。'看到老宅桑梓，都要恭敬地停下行礼，怎能像明府你亡国失土，不识故乡。"

沈文季饮酒斥褚渊　在太子萧赜的宴会上，谈及北魏犯边，褚渊说："陈显达、沈文季当今将略，足委以边事。"沈文季向来忌讳被称将门，因此发怒，他对萧赜说："褚渊自谓是忠臣，未知身死之日，何面目见宋明帝？"萧赜笑道："沈率醉了。"他时任太子右卫率，此言被御史举报，齐高帝萧道成毫不在意。

沈文季不学善应对　沈文季出身江东将家,虽不爱读书,但发言必有辞采,被称善对,擅长琵琶弹棋。齐武帝萧赜对他说:"南士无仆射,已有多年。"他回答说:"南风不竞,非复一日。"萧鸾掌权时,他被任尚书右仆射,即副宰相。琅琊王氏的旁支尚书令王晏戏称他吴兴仆射,他答道:"琅琊仆射似不出卿门。"

挑水屠狗成公侯

张敬儿曾是挑水工　张敬儿初入伍时家贫,闲时打工,曾在襄阳城东吴泰家挑水。他与吴家婢女私通,被吴泰发现后追杀,躲到一口空棺材才逃过。后来张敬儿在鹊尾州与敌将刘胡对峙,启奏宋明帝刘彧说:"泰以丝助雍州刺史袁顗为弩弦,党同为逆,若事平之日,乞其家财。"他没收吴家财产,将那名婢女取来为妾。

张敬儿射虎无不中　张敬儿少善弓马,有胆气,好射虎,发无不中,原名狗儿。宋明帝刘彧认为粗鄙,为他改名,弟弟张猪儿随之改为张恭儿。张敬儿因军功升任宁朔将军、越骑校尉,跟随右卫将军萧道成抵御桂阳王刘休范叛乱。他自请诈降,取得刘休范信任后,宴饮时趁其饮酒,夺其佩刀,杀死刘休范,立下大功。

张敬儿求官有办法　领军守卫建康的萧道成许诺前去诈降的张敬儿,取得叛王刘休范首级,可任雍州刺史,事成后又觉得他资历太浅,不想让其驻守重镇襄阳。张敬儿坚持请求,对萧道成说:"沈攸之在荆州,公知其欲何所作,不出敬儿以防之,恐非公之利也。"萧道成笑而无言,便任他雍州刺史,封襄阳县侯。

张敬儿江中救两人　张敬儿赴任雍州刺史,乘舴艋舟过江,船到江心翻了,左右会游泳的都逃走。有两个小吏在舱里呼救,他一只胳臂挟住一个,在江上漂流几十里才上岸,弄丢皇帝所赐符节,又被重新赐了一回。多年以后,齐武帝萧赜在一次曲水内宴上,有舴艋舟流至御座前沉没,萧赜想起被自己杀掉的张敬儿。

张敬儿卧底沈攸之　张敬儿出任雍州刺史,厚结荆州刺史沈攸之,假意成为同党,有情报就密报萧道成。沈攸之起兵讨伐萧道成,派使者通知他,他盛宴款待后,列仗将使者斩杀。沈攸之率军围攻郢城,他趁机袭取其大本营江陵,沈攸之兵败无处可归,最终自杀。他取得首级献给萧道成,升任征西将军,晋爵为公。

张敬儿不认识羊祜　张敬儿任雍州刺史时,非常贪婪,一物可用,就要夺取。他想移走西晋名臣羊祜所立的堕泪碑,有部属说:"这是羊太傅遗德,不宜迁动。"张敬儿怒道:"太傅是谁? 我不认识!"他出身行伍,不懂朝仪,听说要被调去京城,便在密室学习揖让答辞,对空参拜,操练整天,妾侍们都来偷看笑他。

张敬儿看不起王敬则　张敬儿被加封开府仪同三司,王敬则戏称他为褚渊,司徒褚渊是大文士,借以取笑他是个文盲。张敬儿说:"我是在马上得到的,不会立华林阁的功勋。"王敬则听完这话,非常厌恶。王敬则靠政变起家一路攀升,第一次宋前废帝在华林园被杀,其为帮凶,第二次宋后废帝被杀,其为同谋。

王俭看不起王敬则　王俭与王敬则同日加封开府仪同三司,徐孝嗣调侃说:"今日可谓连璧。"王俭说:"不意老子遂与韩非同传。"老子、韩非在《史记》中并列一传。有人将此言告诉王敬则,他欣然道:"我南沙县吏,侥幸得细铠左右,逮风云以至于此。遂与王卫军同日拜三公,王敬则复何恨。"毫无不快。

王敬则与高丽女子恋爱　王敬则的母亲是名女巫,常对人说:"敬则生时胞衣紫色,应得鸣鼓角。"意为儿子长大会当大官,有鼓角争鸣开道。别人嘲笑说:"你儿子能去为人吹鼓角,就很好了。"他长大后,屠狗贩卖,走遍三吴,曾被派去高丽。他喜欢上一位高丽女子,因而不肯回到刘宋,后被高丽官方收押遣返。

王敬则会表演掷刀杂技　王敬则出身寒微,幼好刀剑,以屠狗为业,二十多岁时,他来到京城求职,因擅长武艺被录为细铠将,即宫廷卫士。有一次,宋前废帝刘子业命王敬则表演他的拿手绝技拍张,他把数把短刀依次抛向空中,与白虎幢等高,接无不中,绝妙无比。刘子业看得开心,把他升为侠毂队主,即卫队长。

王敬则发迹后不计旧怨　王敬则少年时曾与暨阳县吏争斗,说:"我若为暨阳县令,当鞭打你这小吏的背。"县吏唾其面说:"你当上暨阳县令,我也成为司徒公了。"后来王敬则入宫为卫士,因功得以补任暨阳县令。这名县吏吓得逃走,被勒令回来,他待其十分宽厚,说:"我已得暨阳县,你什么时候当司徒公?"

王敬则设计拜神杀匪首　王敬则任暨阳县令时,县里有土匪为患,有座庙的神祇很受尊敬,他派人告诉匪首,说自己已在神像前发誓,如果自首,一定从轻发落。匪首答应后,王敬则在庙中设宴,匪首一到,就被抓捕。他说:"我刚才已禀告神明,如果违背承诺,就杀十头牛谢罪。"说完他吩咐杀牛祭神,再杀匪首。

王敬则处罚小偷有高招　王敬则任吴兴太守时,郡中多偷盗抢掠,有十来岁小儿于路取遗物,被他处死,从此道不拾遗,郡无劫盗。有次王敬则抓到一名小偷,就召其亲属前来,将其当众鞭打,又责罚这名小偷长期打扫街道。过段时间他又让其检举境内其他偷盗者,来代替自己扫街,那些小偷怕被认出来,全部逃走。

王敬则认识他的挂秤梁　王敬则在南齐位至三公,不以富贵自居,接待士庶殷勤。他曾经使魏在北馆种柳,有使者归来,他问:"我昔种杨柳树,今若大小?"回答说:"虏中以为甘棠。"王敬则少时屠狗,回到故里,在市集看见屠户挂秤的横梁,叹道:"吴兴以前无此横木,是我少时在此所作。"召故人饮酒闲谈。

王敬则庆幸他是个文盲　齐武帝萧赜赋诗,王敬则拿着纸说:"臣几落此奴度内。"萧赜问他何出此言,他回答说:"臣若解书,不过作尚书省的小吏都令史,哪得今日。"王敬则不识字,但善于决断,刘宋末,宫中有禁军军官与袁粲密谋反对萧道成,被他全部率军袭杀。后来政事无大小,齐高帝萧道成都委任于他。

王敬则当三公还玩杂技　齐高帝萧道成在宴会上使近臣献技,王敬则脱下朝服,袒露身体,以绛布系发髻,奋臂拍张,左右喝彩。萧道成不悦道:"岂闻三公如此?"王敬则回答说:"臣以拍张,故得三公,不可忘拍张。"当时以为名答。拍张,即表演空中接刀。最初王敬则任宫中侍卫,因擅长拍张,被宋帝刘子业提拔。

齐高帝萧道成文武各献技　有次在酒宴上,褚渊弹琵琶,王僧虔、柳世隆抚琴,沈文季唱子夜歌,张敬儿起舞,王敬则拍张。王俭说:"臣无所解,唯知诵书。"上前跪诵司马相如《封禅书》。萧道成笑道:"此盛德之事,吾何以堪之。"使陆澄诵《孝经》,王俭改诵其精要,萧道成说:"善! 更觉张昭非奇。"

垣崇祖自比韩白

垣崇祖两破北魏军　垣崇祖是垣护之的侄子,十四岁时,有干略,得垣护之称赞。他初为徐州刺史薛安都的部将,依附萧道成,以武勇得厚待。齐高帝萧道成登基后,垣崇祖任司州、豫州刺史。魏帝拓跋宏遣宋王刘昶率大军南侵,进攻寿春,被他水攻击溃。其后魏军又攻下蔡,他率部渡淮,大破魏军,位至安西将军。

垣崇祖水淹北魏军 魏军号称二十万入侵寿春,垣崇祖以敌众我寡,只能智取。他在城西北的淝水筑堰,堰北筑小城,深挖壕沟,数千人驻守。垣崇祖在城上乘舆指挥,魏军全力围攻小城,决堰放水,一片汪洋,魏军被冲入深壕,淹死数千,只得退兵。齐高帝萧道成对群臣称赞他说:"他常自拟韩白,今真其人也。"

垣崇祖自比古名将 垣崇祖少年时,伯父豫州刺史垣护之对族人说:"此儿必大成吾门,你们都比不上。"他初见时为宋将的齐高帝萧道成,便自比韩信、白起,众人不信,唯有萧道成称许。南齐初,垣崇祖击破北魏来侵,听说陈显达、李安民皆增军仪,上奏乞求,萧道成说:"韩白怎能不异于众人!"给鼓吹一部。

垣崇祖孤城退魏军 刘宋时,垣崇祖所守朐山城孤立海边,人心不定,常备船只于水侧,有急便入海。叛徒告知魏军,魏将遣步骑两万来袭,他出城送客未归,城中惊恐,皆下船欲去。垣崇祖认为魏军只是来探虚实,命随从大喊义民已破敌,需戍军速往追击。船中士兵争相上岸,他令人持火炬登山大叫,魏军退去。

垣崇祖游击战魏军 垣崇祖多次向宋明帝刘彧献策,想要收复淮北,当时北魏扬言入侵淮南,刘彧问计于他。垣崇祖说可轻兵深入,出其不意,被刘彧许可。他率数百人入魏境七百里,据南城,固蒙山,煽动郡县。魏军大举来攻,喊话攻心,部属逃奔,他对左右说:"今若俱退,必不获免。"便在后力战,大败追兵而归。

垣荣祖学武不学文　垣荣祖是垣崇祖的堂兄,少学骑射,有人对他说:"武事可畏,何不学书?"他说:"昔曹操、曹丕上马横槊,下马谈论,此于天下可以不负饮食。君辈无自全之伎,何异犬羊乎!"垣荣祖任禁军军官冗从仆射时,被宋明帝刘彧派去劝降薛安都不成,受其胁迫成薛安都部将,后来逃走归附萧道成。

垣荣祖弹鸟技术高　垣荣祖善弹,弹鸟毛尽而鸟不死,海鹄群翔,他登楼而弹,无不折翅而下。垣荣祖后任左军将军,萧道成忧惧被宋帝刘昱所杀,准备逃去广陵。他劝谏说:"领军府离台百步,公走,人岂不知? 若单行轻骑,广陵人一旦闭门不相受,公能如何? 公今动足下床,便恐即有人扣台门上报,公大事去矣。"

陈显达独眼破叛军　刘宋末,陈显达初为张永部下军官,隶属萧道成平定桂阳王刘休范叛乱时,大破敌将杜黑骡,领兵击溃围攻建康的叛军。在激战中,他的左眼被箭射中,拔箭时,箭镞却没有拔出来。有一潘姓老妇,擅长巫术,能让柱子上的钉子自己出来,陈显达请她把眼中的箭镞取出,他后在南齐位至太尉。

陈显达夜袭平僚族　刘宋镇将沈攸之起兵,陈显达率部支持萧道成,齐高帝萧道成登基后重用他,升至安西将军,出任益州刺史。益州土著不服朝廷,前后刺史无法管制当地僚族,陈显达曾经中箭为独眼,遣使质问,僚帅说:"两眼刺史尚不敢调我!"遂杀其使,他为独眼。他声称出猎,夜袭僚人,男女老少全都杀掉,从此僚人震服。

陈显达、王敬则之子玩车　陈显达和王敬则喜欢穿华服,驾好车,人称当世快牛有四头:陈显达世子青牛、王敬则三公子乌牛、吕文显折角牛、江瞿云白鼻牛。陈显达任征南大将军,自以门寒位重,升迁常有愧惧,不喜诸子豪奢行为。儿子陈休尚有次手持麈尾见他,他说:"麈尾蝇拂是王谢家物,你不用拿它!"将其收来烧毁。

李安民面方如田当封侯　李安民的父亲曾任刘宋禁军军官,补任薛县县令,刘宋二次北伐被北魏大反攻,父子一起被俘,后率部曲逃归。宋明帝刘彧继位初,李安民率水军作战,屡次立功。事平后,刘彧在新亭大会功臣,慰劳将领,让众将玩樗蒲赌博。他五掷皆卢,刘彧大惊,看着他说:"卿面方如田,是封侯样貌。"

李安民有签字皇帝放心　李安民在刘宋任广陵太守时,与萧道成深交,后被重用。齐高帝萧道成登基后,李安民封康乐县侯,升任领军将军,参与机密。萧道成对他说:"署事有卿名,我便不再细看。"宋将王元初聚党作乱,僭号皇帝,称垂手过膝,州郡讨伐十余年未果。他遣军侦察,将王元初生擒,在建康街市斩首。

李安民伏击作战胜北魏　北魏入侵,李安民率南齐军赴援角城,魏军败退,他知道有埋伏,遣族弟李长文率二百骑为前驱追击。李安民与副帅周盘龙率部在后,分军藏于林中。魏军见李长文兵少,派数千骑来攻,李长文且退且战,诱敌深入。他率周盘龙诸将挥军而至,合战于孙溪渚,魏军大败,赴水而死者不计其数。

李安民信佛不信项羽神　齐武帝继位,李安民升任抚军将军、丹阳尹,又升迁尚书左仆射。他屡献秘策被赏识,又善结尚书令王俭,都说是因王俭才位至仆射。后来李安民年老请辞,出任吴兴太守,吴兴信奉项羽神,新太守上任,必须杀掉自己驾车的牛祭神。他信佛法,不愿杀牛,没多久牛死了,便葬在神庙旁边。

周盘龙身材瘦弱是猛男　周盘龙胆气过人,尤便弓马,身形赢弱,口舌木讷,但临阵勇猛,诸将莫及。宋明帝时起,他多有军功,齐高帝萧道成继位,任他右将军。北魏入侵寿春,周盘龙协同豫州刺史垣崇祖作战,杀伤魏军数万,萧道成大喜,下诏嘉奖。他有爱妾杜氏,萧道成送其金钗二十枚,手敕说"饷周公阿杜"。

周盘龙父子兵雄威震北　北魏围攻角城,其子周奉叔单马率二百余人陷阵,被魏军万骑包围,一人回报奉叔已没。他驰马奋槊,直奔敌阵,自称"周公来!"一时所向披靡。周奉叔已杀出重围,他不知道,左右冲杀,无人敢当。周奉叔见父久不出,又跃马入阵,父子两匹骑,萦搅数万人,魏军溃败,两人名传北魏。

周盘龙貂蝉冠自兜鍪出　齐武帝萧赜多次讲演军事,常令周盘龙在军训中统领骑兵,指挥持槊演练。他后任兖州刺史、平北将军,上表称年老不可镇边,请求解职。周盘龙回朝任散骑常侍、光禄大夫,皆为高级散官,戴貂蝉冠。萧赜调侃他问:"卿著貂蝉,何如兜鍪?"他答道:"此貂蝉是从兜鍪中出。"

周山图抄书为生成大将　周山图少时贫微,替人抄书为业,有气度才干,参军为队主。宋孝武帝刘骏起兵夺位时,他崭露头角。宋明帝刘彧继位初多战乱,周山图任殿中将军,他得尚书左仆射王彧举荐,领百舸为前驱,攻破敌军湖白、赭圻二城。他后来依附齐高帝萧道成,在南齐历任游击将军、兖州刺史,封辅国将军。

周山图勇名人称武原将　周山图因战功被宋明帝刘彧赏赐宅第一座,当时张永统军征讨徐州刺史薛安都,他率两千人在武原迎接。周山图所部被敌军骑兵所追,交战多被杀伤,敌军猛烈围攻,他据城自守,又结阵死战,突围杀出。敌军败退无法阻挡,众人称赞其勇,呼为"武原将"。后来张永惨败,他收得散兵千余。

周山图好酒多失后能改　周山图嗜酒多有误事,宋明帝刘彧多次发怒责备,后来他自己改正,被任龙骧将军、历阳令。临海郡有匪徒田流自称东海王,起兵叛乱,东境震动,官军无法攻破,最终被周山图领军讨平。刘宋末,萧道成辅政,他对萧道成秘密进言道:"沈攸之久有异图,公宜深为之备。"萧道成笑而采纳。

周山图担任齐武帝副帅　沈攸之起兵,萧道成长子齐武帝萧赜时为西讨都督,求取周山图为副手。萧赜据守湓城,众议以湓城城小难固,周山图说:"今据中流,为四方势援,大家齐心协力,山隘水险可用。城小只是小事,不应当做难处。"他截取来往船板,以造楼橹,立水栅,十来天完成,深得萧赜称赞。

周山图预言沈攸之战况　周山图修筑湓城工事有功,被任前军将军,封辅国将军。沈攸之攻郢城,萧赜命他预估形势,他说:"攸之与我邻乡,多次共同征伐,深知其为人,奸险量小,无法团结众心,如顿兵坚城之下,必将会人心离散。"后来沈攸之攻城不克,部属逃亡。萧赜对他说:"周公前言,可谓是明于见事。"

周山图想将庙神封将军　北魏侵占的淮北四州百姓起兵,齐高帝萧道成派他领军接应,想让他建功,民军被魏军攻灭未果。他为太子萧赜旧部,齐武帝萧赜登基后,他出入宫廷台省,深得其亲信。义乡县有庙神姓邓,先任县令,死后显灵,他乞求封其为辅国将军。萧赜回复说:"足狗肉便了事,为何要官阶?"

南齐猛士守四方

张瑰扬威吴郡张　张瑰是张永之子,刘宋末,张永抗击桂阳王刘休范兵败，萧道成为其辩解脱罪，他因此感恩追随萧道成。张家世有豪气，张瑰有父亲张永的数百名旧时部曲，他率部十余人，为萧道成袭杀刘宋宗室、吴郡太守刘遐，立下大功，被任吴郡太守，封义成侯。时人称赞他说："瑰以百口一掷，出手便得卢。"

张瑰豪勇杀太守　刘宋尚书令刘秉密谋反对辅政的权臣萧道成，其弟刘遐时任吴郡太守。刘遐趁荆州刺史沈攸之起兵讨伐萧道成，聚集兵马，秘制军械，萧道成暗中下令让张瑰擒杀刘遐。刘遐召见张瑰，他假意听命，率部曲十八人前来，直入刘遐府内正厅，攻杀刘遐。刘遐翻窗而逃，最终被杀，郡内无人敢动。

张瑰最爱是音乐　张瑰居家豪富，伎妾满房，有十几个儿子，常说"其中要应有好者"。齐明帝萧鸾派张瑰镇守石头城，他见朝政不稳，经常以病请辞归吴，后被许可，在家悠然自得。有人讥讽他年老还畜养歌伎，他说："我少好音律，老而方解。平生嗜欲，无复一存，唯未能遣此耳。"其父儒将张永精通音律。

张瑰说皇帝御臣如养马　齐武帝萧赜继位，张瑰任雍州刺史，调任左户尚书兼右军将军，后改任太常。太常掌管礼仪祭祀，张瑰自谓闲职，便称病归家。萧赜说："卿辈未富贵，说人不与，既富贵，又想弃官离去。"他回答说："陛下御臣等若养马，无事就闲厩，有事复牵来。"萧赜犹怒，任他散骑常侍、光禄大夫。

曹虎逃跑路遇萧道成　曹虎初为刘宋禁军军官，桂阳王刘休范叛乱，他跟随萧道成迎战。曹虎在阵中率先斩获一个敌人首级还报，由此被萧道成认识。宋后废帝刘昱被杀后的第二天，他准备出外避难，在宫门外不巧遇到萧道成。萧道成问他要去哪里，他便回答："我正要去拜见明公您。"后成为萧道成亲信将领。

曹虎打仗带一支乐队　南齐初，北魏彭城、沛县的一些百姓声称反魏，齐高帝萧道成派时任宁朔将军的曹虎率军六千，前去边境援助。起兵败亡的大将沈攸之有横吹一部，为京邑之绝，被曹虎接收，他带着一起开赴前线。反魏的民军很久没到，他作战先获小胜，后来将士贪图战利品，反被魏军击败，阵亡两千。

曹虎家里歌伎没肉吃　曹虎原名虎头，被齐武帝萧赜改名。他领兵击败叛军首领桓天生，又隶属陈显达迎击北魏入侵，凭战功位至平北将军。曹虎形貌坚毅，好诱纳人心，家中食客数百，晚年好受贿，但又小气。他家中歌伎只吃酱菜，有好田宅就会去买，后来齐帝萧宝卷猜忌他，又贪其财，将他杀害。

曹虎有慧眼早识萧衍　曹虎虽是武将，却能鉴识人才。当时崔慧景和萧衍同在襄阳，崔慧景身份煊赫，他性格吝啬，不赠物给崔慧景只给萧衍。曹虎对萧衍说："卿必大贵，我当不及见，今以弱子相托。"经常私下送去财物并好马。萧衍在军中物资贫乏，找他换借没有得不到，后来梁武帝萧衍登基，选拔其两子为官。

戴僧静用小刀成功越狱　戴僧静的祖父因谋反被杀,全家被迁往青州。他少有胆力,弓马娴熟。初事青州刺史沈文秀,被北魏俘虏后逃归,成为萧道成的贴身侍卫。有一次,戴僧静被有司发现,捕入大牢,萧道成派人送去酒食,在鱼腹偷藏小刀。他招呼狱吏喝酒,将其灌醉后,用小刀弄开枷锁逃跑,被萧道成藏在家中。

戴僧静水中口衔三首级　北魏围攻角城,萧道成时任南兖州刺史,派戴僧静出战,数战告捷,任他帐内军主。有次魏军来犯,戴僧静持刀直前,魏军逃窜后退,他追杀斩下三人首级。当时正值严寒,他脱下衣服,口衔三个人头,游水归来。刘宋末他助萧道成斩杀袁粲,南齐初击败桓天生叛乱,后任征虏将军、徐州刺史。

戴僧静斩杀袁粲立大功　刘宋末,戴僧静随萧道成回京,升任羽林监,中书监袁粲占据石头城,密谋反对萧道成。他率军攻打石头城,射信入城,联系内应,夜间以绳爬入城中。当时两军激战,相持不下,戴僧静身先士卒,手斩袁粲。城外军队烧城门而入,他又追斩袁粲的同党尚书令刘秉。为萧道成除掉两位政敌。

薛渊忠心为主又喜又哭　薛渊是薛安都的堂侄,薛安都率亲族归降北魏,他未能跟随,便投奔镇守淮阴的萧道成。薛渊果干有气力,萧道成使领亲兵,备卫帐内。刘宋末,他被任骁骑将军,封竟陵侯,袁粲谋变之夜,他率军攻打石头城。事平后,次日清晨宫门不开,开门后,他见到萧道成且喜且泣,后位至司州刺史。

桓康劫狱救少主萧赜　桓康初为萧道成部下军士,勇果骁悍,曾随其长子萧赜任职赣县。萧赜支持宋明帝刘彧,被郡相捕获,部众溃散。桓康找来一担箩筐,一头装着萧赜的妻子裴惠昭,一头装着其子萧长懋和萧子良,挑入山中躲藏。他与门客四十余人,攻破郡狱,救出萧赜,死战击退追兵,萧赜后为南齐皇帝。

桓康为萧道成守大门　一天夜里,残暴嗜杀的宋帝刘昱微服出行,来到萧道成的领军府,左右说:"一府人皆眠,何不翻墙而入。"刘昱说:"我今晚想到一个地方去玩,等明晚来。"被桓康与其他两名侍卫在门后听到。次日刘昱被杀,王敬则深夜提其首级敲门,他以为是刘昱率人来到,与侍卫们便想拔刀而出。

桓康名字能吓唬小孩　宋明帝时,桓康随萧道成长子萧赜作战,摧坚陷阵,膂力过人。他所过村庄,残暴横行,江南畏惧,以其名吓唬小儿,用其像驱除疟疾。刘宋末,桓康经常守卫萧道成左右,大将黄回意图作乱,被他问罪斩杀。齐高帝萧道成登基,他封吴平伯,于淮阳大破魏军,齐武帝萧赜继位,任他骁骑将军。

焦度黑壮皇帝称健物　颜师伯任青州刺史,焦度为其部将,迎战入侵魏军,多次破阵获胜。他曾刺敌将豹皮公堕马,手杀数十人。颜师伯对宋孝武帝刘骏说焦度"气力弓马并绝人",刘骏征他任侍卫,见其身形黑壮,对颜师伯说:"真是健物。"他随皇子晋安王刘子勋出镇江州,后为刘子勋与宋明帝争雄的前锋大将。

焦度劝说王彧抗皇命　晋安王刘子勋与宋明帝刘彧交战,焦度为刘子勋大将,任龙骧将军,领三千人为前锋,屯军赭圻。每次与刘彧军作战,他常亲自上阵厮杀,战无不胜。刘子勋败亡后,焦度逃走成刘彧忧患,命江州刺史王彧将其招降,王彧对他很厚待。刘彧赐死王彧当夜,他大怒,劝王彧起兵抗命,王彧不从。

焦度功成名就焦度楼　焦度被萧道成任辅国将军、屯骑校尉,迎击起兵的沈攸之。沈攸之率大军进攻建康,途经郢城,他在城楼上放言大骂,脱衣裸体羞辱沈攸之。沈攸之大怒,围攻郢城,焦度率部力战,敌军用盾牌遮盖将要攀上城墙,他命令兵士用屎尿秽物浇泼,敌军无法登城。后来人们称此城楼为"焦度楼"。

焦度年老不减当年勇　焦度在郢城抗击沈攸之立功,升任后军将军。焦度作战勇猛,但朴实木讷,想任州官,面见齐高帝萧道成时神色异常,说不出。萧道成以其不熟民事,没有任用,几年后才任他淮陵太守。他好饮酒,喝醉就暴怒,萧道成派人管制他。他年老气力如故,见到朝廷贵戚,说起郢城旧事,如同当年。

焦度求任太守却忘词　焦度想出任竟陵太守,但不知如何置辞,亲信之人替他写好,有一百来字,他习诵数日,皆得上口。当时齐高帝萧道成视察石头城,焦度想要当众自陈,求任郡守。他却忘记之前背好的言辞,只得大声说:"度启公,度启公,度无食。"萧道成笑道:"卿何忧无食。"随即赐米百斛给他。

第十一章　庐江何氏隐，风流吴郡张

庐江何氏有三高

何氏三高隐居南朝　庐江何氏原为魏晋小族，东晋至南朝门第不断上升，何充为东晋重臣，其曾侄孙何尚之为刘宋宰相。何尚之的次子何铄有三子，依次为何求、何点、何胤。何家世代礼佛，兄弟三人先后隐居，何点名声最高。世称何点为"大山"，何胤为"小山"，将他们并称何氏三高，得众多士大夫仰慕追随。

何求太守一夜逃走　何求之父何铄任刘宋宜都太守，有精神疾病，无故杀妻，被依法处死。他和两位弟弟何点、何胤遭此家庭变故，成年后都无做官的志趣。何求谦退淡泊，朝廷多次征召都不去就职，住在吴地寺庙，足不出户。他后来被任永嘉太守，不肯去朝中，在寺里拜受，一夜忽乘小船归吴，隐居虎丘，不再为官。

何点人称游侠处士　何点"明目秀眉，容貌方雅，真素通美，不以门户自矜"，博通群书，善于谈论。他为人率性，虽然没有任官，但好亲近朝臣名士。何点遨游世间，不插簪不系带，对公卿展脚而坐，高谈阔论，敬重下层人士。有时他乘着柴车，穿着草鞋，随心漫游，酒醉而归，时人赏其通达，称他"游侠处士"。

何点隐居不婚不仕　何点十一岁时，母亲被精神失常的父亲何铄杀死，何铄后被处死。他长大后为家祸伤感，决定不结婚不做官。祖父何尚之强行为何点娶琅琊王氏的女子，礼聘后他屡次哭泣，坚持不愿，何尚之只得作罢。他隐居在建康东篱门外，园内有东晋名臣卞壶墓，他在墓边种植花草，每次饮酒必举杯祭奠。

何点不婚晚年又婚　何点一直不婚，年老时娶鲁地隐者之女为妻，但不与其相见，另建别室让妻子居住，时人都不解其意。好友张融为诗有高妙之句，年轻时被免官，何点赠诗："昔闻东都日，不在简书前。"虽是戏言，却被张融怀怨很久。何点结婚后，张融赠诗："惜哉何居士，薄暮遘荒淫。"何点也很不满。

何点不仕遇酒便醉　宋齐朝廷相继多次召何点为官，他都不就任，豫章王萧嶷来访，他从后门逃走。萧嶷侄子竟陵王萧子良得知后，说："豫章王尚望尘不及，吾当望岫息心。"何点逢酒即醉，交游宴乐不隔时日。有次他在法轮寺，萧子良前来请他赴宴，他戴方巾入席，萧子良欣悦不已，赠其徐邈酒器、嵇康酒杯。

何点嘲讽褚渊王俭　南齐初，褚渊、王俭同为宰相，何点对人说："我所作《齐书》已经完成，有赞说：'渊既世族，俭亦国华。不赖舅氏，遑恤外家。'"褚渊是宋文帝刘义隆的女婿，王俭是宋明帝刘彧的女婿，刘义隆是其外公，刘彧是其岳父加舅舅。王俭听说后，想拜访何点，知道无法见到，最终只得作罢。

何点高士识才散财　何点善于鉴识人才，幼年的吴兴丘迟，寒素的济阳江淹，都得其称赞，最后都如其言。他喜好施舍，别人送其财物，都不推辞，随后散发出去。何点有次路过朱雀门街，有盗者从车后偷走他衣服，他看见不说，旁人擒盗交给他。他以衣施盗，盗不敢受，他说那就告诉官府，盗惧怕而受，他催其快走。

何点论佛叛将仰慕　南齐末，平西将军崔慧景率军围攻建康，崔慧景性好佛义，钦慕何点，从前想要结交他不理，此次便强行召见。他裂裙为裤，赴其军中，终日谈佛，不提军事。崔慧景兵败后，齐帝萧宝卷大怒，想杀他。萧衍之弟萧畅说："点若不诱贼共讲，形势不可预料，以此而论，还应得封。"萧宝卷便作罢。

何点乱摸皇帝胡须　何点的哀乐过于常人，曾经路逢送葬队伍，叹道："此哭者之怀，岂可思邪。"便悲恸不能自禁。梁武帝萧衍与何点有旧交，登基后写手诏叙说旧情，赐以鹿皮巾等，并召见他。他穿褐戴巾入华林园，萧衍赠以诗酒，恩礼如故，任为侍中。他手捋萧衍胡须说："想把老子当臣。"辞去称病不出。

何胤放荡儒佛双修　何胤八岁时,因母亲去世哀伤若成人,长大轻薄不羁,后又折节好学。他以大儒沛国刘瓛为师,学习《礼记》《易经》及《诗经》,又在钟山定林寺听佛经,学业全都通晓。何胤纵情旷放,时人都不看重他,只得刘瓛与汝南周颙器重。王俭和张绪先后撰写新礼未成,相继逝去,他受命带领学士二十人续写。

何胤信佛爱吃鱼肉　何胤性好美食,因为礼佛,便打算不吃荤,但吃鱼鳝螃蟹。对于吃蚶蛎,他让门人讨论,学生钟祎认为:鳝与螃蟹被杀,乱动让人悲伤,至于蚶蛎蠢物,不衰不盛,不如草木,无香无臭,无异瓦砾,应长充庖厨,永为食物。同样信佛的竟陵王萧子良听后大怒,在周颙写信劝说下,晚年他断绝吃荤。

何胤高官退隐山林　何胤在南齐任侍中,心思隐遁,筑室郊外,自号小山。齐帝萧昭业继位,他因是皇后堂叔得宠,任中书令。齐明帝萧鸾夺位,何胤变卖园宅,想要归隐,后任散骑常侍。听闻吴兴太守谢朏辞官,他便离去隐居会稽山。萧鸾大怒,让有司弹劾他,后又作罢,梁武帝萧衍征召他也不应,八十六岁去世。

何宪博览无所不知　何宪出身庐江何氏,博涉多读,对于书籍,无论是天阁宝秘,还是民间散逸,他都无遗漏。任昉曾与人共执皇家秘阁四部藏书,试问何宪所知,自甲至丁,连日累夜,他全部知晓。他以才学深得尚书令王俭所重,人称他是王俭的三公。齐武帝时,他任国学博士、散骑侍郎,又为南齐使者出使北魏。

陆澄博学人称书柜　陆澄少好学,博览群书,行坐眠食,手不释卷。尚书令王俭自以博闻多识,读书比他更多,他说未必。王俭与何宪一番谈论后,他说起百十处遗漏,皆是王俭未见,王俭顿时叹服。陆澄当世称为硕学,家中藏书万余卷,读《易》三年不解文义,欲撰宋书不成,王俭对他戏言:"陆公是个书橱。"

陆澄典故大赛夺冠　尚书令王俭在尚书省官署拿出巾箱、几案及各色服饰,让学士们引用典故,说得多的就奉送物品,每人各得一两件。陆澄后到,说出很多众人不知道的典故,将所有物品都赢去。竟陵王萧子良得到一件古器,来询问他,他说:"此名服匿,单于以与苏武。"萧子良仔细察看,器底有字正如其言。

刘瓛清德人赞家风　刘瓛是东晋丹阳尹名士刘惔的六世孙,年少笃学,博通《五经》。刘宋时,袁粲时任丹阳尹,后堂夜集,刘瓛也在座,袁粲指庭中柳树对他说:"人谓此是刘尹时树,每想高风,今复见卿清德,可以说是不衰。"袁粲后来被杀,他微服前往哭拜。他后任主簿、参军等小官,因事被免,不再为官。

刘瓛向皇帝进诤言　齐高帝萧道成继位后,询问刘瓛为政之道,他说:"政在《孝经》,凡宋氏所以亡,陛下所以得者,皆是也。陛下若戒前车之失,加之以宽厚,虽危可安;若循其覆辙,虽安必危矣!"萧道成叹道:"儒者之言,可宝万世!"想重用刘瓛,让其从中书郎做起,被他推辞,后任他总明观祭酒也被拒绝。

刘瓛屋漏水称青溪　刘瓛纤弱瘦小,谦虚通达,儒学冠于当时,士子贵族莫不下席受业。他不以高名自居,拜访故人,唯一门生持小马扎随后,主人不在,便坐与门生对答。刘瓛家住瓦屋数间,屋顶残破漏水,学生不敢指斥,呼为青溪。竟陵王萧子良亲往拜见,上表父亲齐武帝萧赜为他立学馆,他只做讲堂而不居住。

刘瓛晚婚为母休妻　刘瓛为人至孝,祖母病疽经年,他手持膏药,渍指为烂。母亲孔氏很严明,对亲戚称他小名说:"阿称便是今世曾子。"刘瓛当世名儒,四十多还没结婚,齐高帝萧道成与司徒褚渊为他娶王氏女。妻子在墙上钉桩挂鞋,尘土落孔氏床上,孔氏不悦,他便休妻。他不愿为官,因养母仅任彭城郡丞。

谢超宗是谢灵运复出

谢超宗是祖父谢灵运复出　谢灵运涉嫌谋反被宋文帝刘义隆所杀,三岁的谢超宗随父亲谢凤被流放岭南,谢凤早逝,他后来回到京城。谢超宗好学有文辞,盛得名誉,后任新安王刘子鸾常侍。刘子鸾生母、宋孝武帝刘骏的宠妃殷淑仪病逝,他作悼文,刘骏大为赞赏,对其族叔谢庄说:"超宗颇有凤毛,灵运复出。"

谢超宗被刘道隆索看凤毛　宋孝武帝刘骏在宴会上称赞谢超宗的文

采,说他很有凤毛,右卫将军刘道隆问他:"听说你有奇异之物,可以看看吗?"他说:"我家贫如悬磬,哪有什么异物。"刘道隆说:"刚才侍宴,皇上说你有凤毛。"他无语入室。刘道隆以为他进去拿取凤毛,一直在外久候,没等到这才离开。

谢超宗、谢朏各有应对 宋明帝刘彧曾经故意戏弄谢超宗和谢朏,让他们从凤庄门入宫,谢超宗之父为谢凤,谢朏之父为谢庄。谢超宗说:"君命不可不往。"前往入宫,谢朏说:"君使臣以礼。"徘徊不入,他们都得时人称许。谢超宗是谢玄的四世孙,谢朏是谢万的五世孙,谢玄是谢安二哥谢奕之子,谢万是谢安四弟。

谢超宗使人不衣自暖 刘宋末,萧道成爱谢超宗的才学,袁粲得知,对萧道成说:"超宗开亮,善可与语。"任他长史、临淮太守,又任义兴太守,后因事被免官。谢超宗来东府向萧道成陈述原委,当日风大天寒,萧道成对在座宾客说:"此客至,便使人不衣自暖。"他就座后,饮酒数杯,辞气横出,萧道成与他对饮甚欢。

谢超宗出言嘲王慈 王莹升迁义兴太守,接替谢超宗,他离职义兴时与王莹交恶。他回京后让其父王慈写信,求取王莹属下一名小吏,说:"丈人一旨,如汤浇雪。"王莹回复公吏不可。谢超宗前往王慈住所,宾客在座,他对王慈说:"汤定不可浇雪。"王慈顿时面色赤红。王慈是王僧虔次子,王慈之弟,任光禄大夫。

谢超宗设计贬王莹　王懋有次拜访谢超宗,他设精白鲍、美鲊、獐胕款待。王懋问他哪得如此美味,他谎称就任义兴太守时当地所赠,假装大惊说:"丈人你难道没有?"当时王懋之子王莹任义兴太守,王懋大忿,言于朝廷,称王莹供养不足。王莹因此被免职,在南齐被弃用很久,后在南梁才得重用,官至尚书令。

谢超宗轻佻笑三公　齐高帝萧道成登基,谢超宗任黄门侍郎,当时祭祀需要郊庙歌,萧道成让褚渊、谢朏与他等十余人作歌,只有他写的被选用。有一次,司徒褚渊乘车来送出任湘州刺史的王僧虔,突然阁道断裂,褚渊掉入水中,尚书左仆射王俭受惊,光脚掉下车。谢超宗拍手大笑说:"落水三公,堕车仆射。"

谢超宗犀利讽褚渊　褚渊送别王僧虔,不小心落水,上岸后全身湿透,狼狈不堪。谢超宗在王僧虔的船上,大声说:"有天道于此,天所不容,地所不受,投向河伯,河伯不受。"褚渊怒道:"寒士不逊。"他说:"不能卖袁刘得富贵,怎不免于寒士。"他前后的言语讥诮,在朝野广为流传。袁刘即袁粲、刘秉。

谢超宗因言论丢官　谢超宗恃才使酒,对人多有轻慢,在台省当值时,经常喝醉。有一次,齐高帝萧道成召见他,谈到北伐事宜,他说:"敌虏出动有二十年,佛祖出世也没办法。"萧道成以谢超宗出言失礼,将其从黄门侍郎贬为南郡王中军司马,他心中怀怨,对人说:"我今日应为司驴。"又被免官,十年不得录用。

谢超宗因言论丢命　齐武帝萧赜继位,让谢超宗整理国史,任次子竟陵王萧子良的谘议兼记室,他更觉不得志。谢超宗为儿子娶妻车骑将军张敬儿之女,萧赜生疑。萧赜相继处死垣崇祖、张敬儿,他对丹阳尹李安民说:"往年杀彭越,今年杀韩信,尹欲何计?"李安民告诉萧赜。他被下狱,一夜白头,在流放途中被处死。

谢几卿有才如父称神童　谢几卿是谢超宗次子,能清辩,时号神童。谢超宗获罪被流放,他当时八岁,在新亭与父告别,不胜哀伤,跳入江中,后被救上岸。谢几卿十二岁为国子学生,太子萧长懋说他精通玄理,便让王俭考问他经义。他解析流畅,萧长懋大为赞赏,王俭对人说:"谢超宗为不死。"成年后博学有文采。

谢几卿路边饮酒被围观　南梁时,谢几卿任尚书左丞,通达洒脱,任性而为,不拘泥朝廷法规。有一次,谢几卿参加乐游苑宴会,散席后还没喝醉。他便来到路边酒垆,停车揭帘,在车前与三位仆人对饮,围观者如堵,他处之自若。后来他在尚书省官署,夜间穿着短裤,与门生登上阁道饮酒醉呼,因此被弹劾免官。

谢几卿说后谢不愧前谢　谢几卿熟知旧史,仆射徐勉每有疑难,就来询问。梁武帝萧衍命西昌侯萧藻率军北伐,他请求参加,被任长史。临行前,谢几卿与徐勉作别,徐勉说:"淮、淝之役,前谢已著奇功,未知今谢何如。"他应声回答:"已见今徐胜于前徐,后谢何必愧于前

293

谢?"徐勉默然,后来梁军败退,他被免官。

谢几卿失意醉酒唱挽歌 谢几卿在南梁被免官后,住在白杨石井的家中,朝臣中与他交好者纷纷载酒来访,时常宾客满座。尚书左丞庾仲容也被免官闲居,两人意气相投,一起肆情放诞。有时他们乘坐无篷车游遍郊野,喝醉就手持乐器,高唱挽歌,不在意时人的评论。皇子湘东王萧绎时任荆州刺史,经常写信劝慰他。

谢几卿裸饮后随意小便 谢几卿放达不重仪容,与人不和就肆意大骂,虽不以操行约束自己,但与家族中人相处和睦。他被免官再启用,又任尚书左丞。一次尚书省召集议事,谢几卿外出归来,宿醉未醒,取枕高卧,旁若无人。他后在尚书省官署裸身饮酒,醉后随意小便,尿湿一名小吏,被弹劾也不在意,后来病逝。

辩丽周颙与清朗陆慧晓

周颙说萧惠开性情峻刻 周颙是东晋周顗的七世孙,少为族叔公周朗所知。周朗好友、益州刺史萧惠开也很赏识周颙,带他入蜀,任他为肥乡、成都二县令,又任府中参军、主簿。他常说萧惠开性格险峻,太过于严厉苛刻,每次进言,萧惠开都很不悦,回答说:"天险地险,王公设险,只要知道如何用险就行。"

周颙是南朝的佛家居士 周颙泛涉百家,长于佛理,宋明帝刘彧以其有才学,将他召入宫中。刘彧诛杀兄弟功臣,他不敢劝谏,就诵读经书中的因缘罪福之事,刘彧有所收敛。周颙善尺牍,沈攸之送绝交书给萧道成,萧道成口授令他回信。他"音辞辩丽,出言不穷,宫商朱紫,发口成句",著有佛学文章《三宗论》。

周颙是一位素食主义者　周颙每逢集会,辞韵如流,听者忘倦,与张融相识后,相对谈玄,整日不停。他时任南齐中书郎,假期隐居钟山,清贫寡欲,只吃蔬菜。周颙言辞辩丽,王俭问:"卿在山中何所食?"他答道:"红米白盐,绿葵紫蓼。"太子萧长懋问:"菜食何味最好?"他回答:"初春韭菜,晚秋白菜。"

周颙不与何胤换书法帖　周颙少时从外公臧家得到西晋书法名家卫恒的散隶帖,学书甚工,南齐太子萧长懋让他写在玄圃茅斋的墙壁上。国子祭酒何胤以倒薤书向他请求更换此帖,他笑答:"天下有道,孔丘不会拿去交换。"倒薤是一种篆书书体,其竖画如薤菜叶,细长而头尖,代表作为三国东吴《天发神谶碑》。

周颙、何胤学佛各有所累　周颙和何胤都精通佛法,南齐太子萧长懋问周颙:"卿精进何如何胤?"他答道:"三涂八难,共所未免,然各有其累。"萧长懋问:"所累为何?"他回答:"周妻何肉。"何胤没有娶妻,但好食肉,周颙有妻有子,但只吃素。周颙后为国子博士,学生们都仰慕他辞辩的华美风格,争相效仿。

陆慧晓清朗心如照镜　陆慧晓出身吴郡陆氏,是东晋司空陆玩的玄孙。自陆玩至其祖父三代皆为侍中,都有名行,其伯父又任侍中,传为美谈。陆慧晓清正耿直,不乱交游,幼童时便得会稽太守张畅嘉许。同郡张绪称他是江东裴乐,即比作西晋名士裴楷、乐广。高士何点常说:"慧晓心如照镜,遇形触物,无不朗然。"

陆慧晓静俭辅佐皇子　齐武帝萧赜任第三子庐陵王萧子卿为南豫州刺史,称其小名说:"乌熊痴如熊,不得天下第一人为行事,无以压一州。"既而说:"我想到人选。"便任陆慧晓为其长史。临行前,萧赜问他:"卿何以辅持庐陵?"他回答说:"静以修身,俭以养性。静则人不扰,俭则人不烦。"萧赜大悦。

陆慧晓一生以礼待人　陆慧晓任司徒右长史,谢朓为司徒左长史,司徒竟陵王萧子良问王融:"我府前世谁比?"王融说:"明公二上佐,天下英奇,古来少见其比。"陆慧晓历任数位王公的长史,立身清肃,下属来访,必定起身送行。有人说他不必如此,他说:"我性恶人无礼,不容不以礼处人。"终生呼人以职位。

陆慧晓出言不从皇命　陆慧晓任吏部郎,吏部的属吏都令史历来都参与选官,他任己独行,从未与其商议。齐明帝萧鸾派人对他说:"都令史熟知旧制,可以共同商议。"他回答说:"我六十岁,不想咨询都令史来做吏部郎,皇上若说我不胜任,便当拂衣而退。"萧鸾对陆慧晓忌惮,后想任他侍中,因其身材矮小作罢。

陆慧晓没有当上侍中　陆慧晓家四代皆任侍中,时为佳话,南齐末,他任右军将军,朝廷想任他侍中。王亮说地方需要人手,应该让其出镇南兖州,王志说侍中更需英才,方镇应另有人选。王亮说,二者相较,侍中缓,拒寇急,应该先从急切者。陆慧晓便被任辅国将军、南兖州刺史,到任没多久就因病回京,后来去世。

孔珪说鼓吹不如蛙鸣　孔珪少好学有美誉,被会稽太守王僧虔器重任主簿。齐高帝萧道成在刘宋辅政时,任他记室参军,与江淹对掌辞笔。齐武帝时,孔珪任廷尉,修订法律,上表《律文》二十卷。他家院中多青蛙,王晏鸣鼓吹探望,闻群蛙鸣,说:"这太吵人耳。"他说:"我听鼓吹,还不如此。"王晏有惭色。

孔珪蛙鸣当两部鼓吹　孔珪风韵清疏,好文咏,饮酒七八斗,与妻兄张融志趣相投,又与何点、何胤兄弟深交,不乐世务。孔珪在住宅院内盛营山水,凭几独酌,别无杂事,门庭内杂草不剪,中有蛙鸣。有人问他:"想做陈蕃吗?"他笑答:"我以此当两部鼓吹,何必效蕃。"东汉名臣陈蕃少时不扫屋,说当扫天下。

孔珪作奇文嘲讽周颙　孔珪作《北山移文》,北山即钟山,移文是当时公文的一种,类似檄文。《北山移文》即钟山檄文,旨在讽刺假隐士。全文为钟山山神的自述,谴责曾在钟山隐居,又应诏为官的周颙。山神自称受骗上当,被"南岳献嘲,北陇腾笑,列壑争讥,攒峰竦诮",其文奇丽峭拔,为骈文中的上品。

孔珪弹劾文章能杀人　孔珪又名孔稚珪,文章有盛名,任御史中丞时,齐武帝萧赜让他写奏表为擅杀部属的雍州刺史王奂定罪,遣军将其攻杀。后来,齐帝萧昭业命他写奏表给王融定罪,将其处死。齐明帝时,孔珪任南郡太守,北魏连年入侵,南齐征役不息,他上表提出通和不被采纳,后来官至太子詹事,加散骑常侍。

何佟之有洁癖爱洗澡　何佟精通《周礼》《仪礼》《礼记》,是南齐的礼仪专家,深得宰相大儒王俭推重。他讲课认真仔细,被称为醇儒。何佟之为国子助教时,为诸位王侯学生讲解丧服,亲自动手示范,用草做丧服麻带,用手帕折成丧服帽子。他天生喜爱洁净,一天洗十几次澡还嫌不够,时人称其"水淫"。

韩兰英是南齐女博士　韩兰英有文才,作《中兴赋》进献,被宋孝武帝刘骏赏识,召入宫中为女官。后来齐武帝萧赜以她为博士,教六宫读书,以其年老多识,称为韩公。齐帝萧昭业谋划废除尚书令萧鸾的相位,其文为她所作。她一生历事宋齐两朝的八位皇帝,钟嵘《诗品》中说:"兰英绮密,甚有名篇。"仅存诗一首。

丘灵鞠、刘绘才辩纵横

丘灵鞠作挽歌皇帝赞　丘灵鞠少好学,善为文,被州府辟为从事。他拜访领军将军沈演之,沈演之说:"我以前任州职,拜访领军谢晦,宾主坐处,就如今日,卿将来也会如此。"丘灵鞠后来升迁到员外郎,宋孝武帝刘骏宠爱的殷贵妃病逝,他献挽歌三首,有句:"云横广阶暗,霜深高殿寒。"深得刘骏嗟叹赞赏。

丘灵鞠任官褚渊推荐　丘灵鞠任乌程令不得志,宋明帝时,他因事获罪,数年不得任官。褚渊为吴兴太守,对人说:"此郡才士唯有丘灵鞠以及沈勃。"便向宋明帝刘彧举荐他,刘彧让他写《大驾南讨记论》。不久丘灵鞠被任太尉参军,后来转任正员郎兼中书郎。齐高帝萧道成夺位时,使他参掌诏策,后任中书郎。

丘灵鞠直言提醒褚渊　丘灵鞠有次要回老家义兴,向举荐他再次为官的司徒褚渊道别,褚渊没有起身,说:"脚疾又厉害了,不能起来。"丘灵鞠说:"脚疾亦是大事,公为一代鼎臣,不可复为覆𫗧。"他就是如此强硬严刻。《易经》的鼎卦有言:"鼎折足,覆公𫗧。"𫗧是鼎中的食物,覆𫗧即指倾覆鼎中的珍馔。

丘灵鞠愿为一生祭酒　丘灵鞠不讲仪容礼节,只求高兴舒适,时任中书郎,又被命负责修撰国史。齐武帝萧赜任丘灵鞠为通直常侍,又领东观祭酒,他说:"别人居官想要多次升迁,使我终生为祭酒不恨也。"东观即总明观,为宋明帝刘彧设立,是当时的综合性教学及学术研究机构,设置玄史文儒四科,祭酒即校长。

丘灵鞠声称顾荣有罪　丘灵鞠从东观祭酒被转任骁骑将军,因为不乐武职,他对人说:"我应还东掘顾荣冢,江南地方数千里,士子风流,皆出此中。顾荣忽引诸伧度,妨我辈涂辙,死有余罪。"西晋末,王公大臣渡江,创建东晋,得到江南大族支持,顾荣时为江南大族领袖。伧意为粗野鄙贱,为南人对北人的蔑称。

丘灵鞠轻视王俭诗文　丘灵鞠好饮酒并臧否人物,有次在别人家中,见到尚书令王俭诗文,主人说:"王令文章大进。"他说:"何如我未进时?"此言传到王俭处。丘灵鞠在刘宋时大有文名,入南齐后颇减,又蓬头散带,不治家业。王俭对人说:"丘公仕宦不进,才华亦退。"他后来任太中大夫病逝,有子丘迟。

刘绘年少能与客谈　刘绘是刘宋重臣刘勔次子,刘悛之弟。他十来岁时,刘勔让其与客交谈,应答流畅,刘勔喜道:"你将来若束带立朝,就能接待宾客。"刘绘十七岁时,刘勔迎战皇叔刘休范叛军阵亡。他初任著作郎、太尉行参军,时任太尉的齐高帝萧道成见而叹道:"刘公为不亡也。"后以才学深得南齐皇室赏识。

刘绘才士被比良马　刘绘聪警有才学,善隶书,南齐初,皇次子豫章王萧嶷任江州刺史,他为其属官,应对机敏华美,所受赏遇为余人莫及。当时王晏之弟王诩为功曹,以干才得以仕进,萧嶷对僚佐说:"我虽爱才难比陈蕃,但阁下自有二骥。"东汉名臣陈蕃任太守时不见客,接待贤才专设一榻,平时悬挂不用。

刘绘文才被比祢衡　刘绘虽然性格豪侠，但厌恶武事，善于射箭，未曾跨马。皇子鱼复侯萧子响被杀后，曾抚养过侄子萧子响的豫章王萧嶷想将其收敛安葬，让刘绘撰写奏表，他求纸笔，须臾便成。萧嶷对其中"提携鞠养，俯见成人"这八字最为满意，叹道："祢衡何以过此。"后来北魏遣使，他以辞辩奉命接待。

刘绘谈吐别开一门　刘绘撰《能书人名》，自称善作飞白书，言谈颇好自夸，与众才士齐聚皇次子司徒竟陵王萧子良的西邸。当时张融、周颙都善于言谈，张融声音优美节奏舒缓，周颙言辞华丽反应敏锐。他为后进领袖，机敏聪悟，其言谈顿挫有风采，时人说："刘绘贴宅，别开一门。"意为他在张周二人之中。

刘绘想代兄长去死　刘绘侍奉兄长刘悛恭谨，与人说起，呼为"使君"。后来刘悛触犯齐帝萧昭业将要被杀，他伏阙请代兄死，刘悛得尚书令萧鸾解救。齐明帝萧鸾登基后对其任用，南齐末，刘绘被齐帝萧宝卷任雍州刺史，固辞不受。他后来参与张稷废杀萧宝卷密谋，任大司马萧衍的大司马从事中郎，有子刘孝绰。

王秀之三世不事权贵　王秀之之祖父王裕之性格贞正，徐羡之、傅亮当朝，不与来往。父亲王瓒之官至五兵尚书，从未拜访任何朝贵，江湛对何偃说："王瓒之今便是朝隐。"柳元景任尚书令，颜师伯任尚书右仆射，皆为贵要，王瓒之也不探望。王秀之任都官尚书，也不与尚书令王俭交往,三世不结交权贵,时人称赞。

王秀之任官恐富求归 王秀之年幼时,祖父便爱其风采,后来初任著作佐郎、太子舍人。吏部尚书褚渊见其高洁,想把女儿嫁与,他不愿意,褚渊便任他为两府外兵参军。王秀之后任晋平太守,至郡一年后,对人说:"此邦丰壤,禄俸常充,吾山资已足,岂可久留以妨贤路。"上表请求别人代任,时人称王晋平恐富求归。

王僧祐不见堂兄王俭 王僧祐是王弘的侄孙,王俭的堂弟,被王俭推重。王俭时为南齐重臣,每次带着仪仗鸣笳奏乐,前来他家探视,他便称病不出。王俭说:"这正是我对此人的期望。"世人皆推崇王俭欣赏才德,敬重王僧祐不趋炎附势。他赠诗王俭:"汝家在市门,我家在南郭。汝家饶宾侣,我家多鸟雀。"

王僧祐不与何点交友 王僧祐雅好博古,善老庄,不尚繁华,工草隶书,擅长琴艺,亭然独立,不与世人交游。刘瓛听说后很喜欢,上书举荐王僧祐,他任司空祭酒,称病不与公卿游。齐高帝萧道成对王俭说:"你堂弟可谓朝隐。"王俭说:"臣堂弟非敢妄同高人,只是爱闲多病。"名士何点请求与他交往,他也不从。

王僧祐不为萧子良弹琴 齐武帝萧赜多次讲武,王僧祐献《讲武赋》,堂兄王俭借阅他不给。皇子竟陵王萧子良听说他善琴,在座位上取琴给他,请其演奏,他不从命。王僧祐后任太子中舍人,值班时患病,接班者没来他便离去，御史中丞沈约弹劾说："肆情运气，不顾朝典，扬眉阔步，直辔高驱。"他以钱财赎罪得免。

王僧祐避世不要朋友　王僧祐自幼聪悟，叔父王微抚其首说："儿神明意用，当不做轻率人。"他从不与人交友，堂兄王俭当时名高位重，宾客盈门，来访他也不见，被时人称赞。自天子至侯伯，王僧祐未曾与一人交游，唐孙元晏有诗论他他："肯与公卿作等伦，澹然名德只推君。任他车骑来相访，箫鼓盈庭似不闻。"

狂怪张融凌云一笑

张融得罪皇帝贬千里　张融是吴郡张畅之子，宋孝武帝刘骏听说他早有声名，将他任为宠爱的八子新安王刘子鸾的参军。刘骏为悼念病逝的刘子鸾母亲、宠妃殷淑仪，修建新安寺，公卿百官都大送钱帛，他只送一百钱。刘骏说："张融太穷，应给他优厚俸禄。"让他出任封溪令。封溪地属交州，今越南河内西北。

张融几乎成僚族食物　张融弱冠有名，同是吴郡的道教领袖陆修静赠他白鹭羽麈尾扇，说："此既异物，以奉异人。"张融被贬到交州，堂叔张永送行，说："好像听到旨意，你不久会归来。"他说："不怕不归，只怕归来复去。"路经险嶂，有僚人准备将他杀害吃掉，他神色不变，作洛生咏，僚人惊异便放了他。

张融文辞奇诡作海赋　张融渡海至交州,遇大风浪,终无惧色,吟咏道:"干鱼自可还其本乡,肉脯又有什么办法。"又作海赋,文辞诡激,与众不同。张融后来拿给顾觊之看,顾觊之说:"卿此赋实超玄虚,但恨不道盐。"他便补注:"漉沙构白,熬波出素,积雪中春,飞霜暑路。"顾觊之去世,他为其背负坟土。

张融不与王瞻做同事　刘宋时,张融任仪曹郎等小官,后任南阳王友,其父张畅曾被胁迫参与叛乱,差点被平叛的王玄谟所杀。当时王玄谟之子王瞻任南阳王长史,他便请求去职,未得许可。张融家贫,想得到俸禄较高的官职,写信给堂叔征北将军张永、吏部尚书王僧虔求取,时人都认为他非御人之才,最终无果。

张融风格奇异被围观　张融求任中散大夫,不被许可,吴郡张氏都好理音辞、修仪范,而他的行为举止非常怪异。张融坐着高抬膝盖,行走拖着脚步,翘身仰首,见者惊异,聚集围观,有如市集,他了无惭色。齐高帝萧道成任刘宋太尉时,向来喜欢他,与其交往融洽,见到他经常笑道:"此人不可无一,不可有二。"

张融被萧道成赠旧衣　齐高帝萧道成登基后,亲笔下诏赐给张融一件上衣,诏书说:"见卿衣服粗故,诚乃素怀有本,交尔蓝缕,亦亏朝望。今送一通故衣,意谓虽故,乃胜新也。是吾所著,已令裁减,称卿之体,并履一量。"张融后来历任其子豫章王萧嶷、孙子竟陵王萧子良二人的僚佐,两人去世,他数次悲恸痛哭。

张融妙答齐帝萧道成　张融时任中书郎，有次被齐高帝萧道成召见，很久才到。就座后，萧道成问他："为何来迟？"他回答说："自地升天，按理不会太快。"后来魏帝领兵至淮而退，萧道成问群臣："何意忽来忽去？"当时无人能答，张融在下座，高声说："以无道而来，见有道而去。"公卿都认为他才思敏捷。

张融自叹古人不见他　张融善草书，经常自夸，齐高帝萧道成说："你的书法很有骨力，但恨无二王的法度。"他答道："非恨臣无二王法，亦恨二王无臣法。"又常叹道："不恨我不见古人，所恨古人又不见我。"张融的玄理无师法，清谈鲜有对手，将文集名为玉海，褚渊问原因，他说："玉以比德，海崇上善。"

张融四字让王俭上前　张融向宰相王俭作别还乡，王俭站立举袖，没有向前。他也举手说："歌曰'王前'。"王俭只得前来，他说："使融不为慕势，而令君为趋士，不是很好吗？"齐宣王见颜斶，说："斶前。"斶说："王前。"王不悦。斶说："斶前为慕势，王前为趋士。与使斶为慕势，不如使王为趋士。"

张融巧谈瘦马意求官　齐高帝萧道成曾答应任张融为司徒左长史，很久没下诏书。张融所乘一马很瘦，萧道成问："卿马何瘦，给粟多少？"他说："日给一石。"萧道成又问："何瘦如此？"他说："臣许而不与。"次日，他即被任司徒左长史。张融谈瘦马求官及在萧道成面前放屁,其事均见于宋庞元英《谈薮》。

张融在皇帝面前放屁 张融与弟弟张宝积一起进见齐高帝萧道成,他不巧放屁,张宝积起身谢罪说:"臣兄冒犯皇上。"萧道成笑而不问。一会上来食物,张融不与张宝积同食,萧道成:"何不与贤弟同食?"他说:"臣不能与谢气之口同盘。"萧道成大笑。张宝积被何点称为张家保家之子,后来官至御史中丞。

张融不住屋不住水里 张融身矮貌丑,精神清彻,王敬则见他腰带太宽松,故意说:"你腰带太紧。"他说:"既非步吏,为何紧带?"张融曾告假还乡,齐武帝萧赜问他其住处,他回答说:"臣陆居非屋,舟居非水。"萧赜不解,问其堂兄张绪,张绪说:"融近东山,未有居所,暂且拉只小船上岸住。"萧赜大笑。

张融酒后叹言孔夫子 齐武帝萧赜在总明观举行讲经,诏令朝臣来听,张融进去后,就榻而坐。他私下索酒独饮,长叹道:"呜呼!仲尼独何人哉。"被御史中丞到扬弹劾免官,后又复职。张融所作《海赋》与西晋张华《海赋》并为名作,文章多散佚,有诗:"白云山上尽,清风松下歇。欲识离人悲,孤台见明月。"

张融奇行怪语似晋人 豫章王萧嶷大宴宾客,张融吃烤肉,想要盐蒜,却始终不说话,只是摇动食指,半天才停止。他与吏部尚书何戢交好,一天去拜访何戢,误到刘澄家里。张融下车入门,说:"不是。"

入室望见刘澄,又说:"不是。"然后坐下看着刘澄说:"都自不是。"于是离去,他的行为怪异如此。

张融聊及父名嘲魏使 张融接待北魏使者李道固,就席后,李道固看着他说:"张融是宋彭城长史张畅子不?"他蹙额皱眉良久,说:"先君不幸,名达六夷。"当初,张畅险些被起兵叛乱的刘义宣所杀,得同僚竺超民求情幸免。张畅临终前让张融一定要报答其后人,后来他对待竺超民之孙竺微如同兄长,经常接济。

张融愿意为张欣替死 刘宋皇叔刘义宣叛乱,张融父亲张畅被胁迫参与,衣服被平叛士兵抢去,差点被杀。张兴世为之披上衣袍,求情得免,张兴世病逝,张融负土成坟。后至南齐,张兴世之子张欣获罪要被处死,张融请求竟陵王萧子良让自己替死,萧子良说:"此乃是长史美事,恐朝有常典,不得如长史所怀。"

张融、陆慧晓名士邻居 张融和陆慧晓的住宅并排,中间有池,上有二株杨柳,何点赞叹说:"此池便是醴泉,此木便是交让。"齐高帝萧道成派五子武陵王萧晔出镇会稽,为其精选僚佐,以陆慧晓为功曹,与府参军刘琎共同述职。刘琎亦是清介之士,路经吴地,来到两家池前,酌水而饮,说:"饮此水,鄙吝念头便尽。"

张融写文章求新求变 张融于文章颇为自负,称:"吾文章之体,多为世人所惊,汝可师耳以心,不可使耳为心师也。夫文岂有常体,但以有体为常,政当使常有其体。丈夫当删诗书,制礼乐,何至因循寄人篱下。"临终前告诉儿子:"吾文体英变,变而屡奇,岂吾天挺,盖不隤家声,汝可号哭而看之。"

张融说死后凌云一笑　张融病逝前有遗言,死后建无旒白旌,不设祭,令人持麈尾登屋招魂,说:"吾生平所善,自当凌云一笑。"他让三千买棺,不制新衾,在棺中左手执《孝经》《老子》,右手执《法华经》。张融让丧事完毕,两妾各遣还家,又说:"以吾平生之风调,何至使妇人行哭失声,不须暂停闺阁。"

风流张绪不解作诺

张绪曾提拔宰相王俭　张绪是张永的侄子,张融的堂兄,少知名,清简淡泊。他被叔父张镜比作西晋名士乐广,得堂叔张畅向宋孝武帝刘骏举荐。宋明帝刘彧每次见张绪,就赞叹其清谈,他后任侍中兼吏部郎,参与选官。十八岁的王俭被拟任记室,他认为其品德门第俱佳,应任秘书丞,得到同意,王俭后为南齐宰相。

张绪得王俭最高好评　齐高帝萧道成继位,任张绪中书令,他善于谈玄,名望很高,萧道成对其深加敬重推崇。王俭对人说:"张绪是东晋过江所未有,在以前北士中才能找到,不知汉时陈寔、黄宪能超过他吗?"萧道成曾去庄严寺听僧达讲经,座位相隔很远,听不到张绪说话,难以移动他,就迁僧达以靠近他。

张绪被王俭阻止升迁　齐高帝萧道成想任张绪为尚书右仆射,询问王俭,王俭说:"绪少有清望,自是美选,但南士由来少居此职。"褚渊说:"俭年少,或许不记得,江左用陆玩、顾和,皆是南人。"王俭说:"晋氏衰政,不可作为准则。"萧道成便作罢。王俭出身侨姓望族琅琊王氏,故而抑制江南大族晋升。

张绪说一生不解作诺　袁粲任吏部尚书时,对宋孝武帝刘骏说:"臣观张绪有正始遗风,宜为宫职。"后至南齐,他升至侍中兼吏部郎,不以荣禄为念,朝野皆贵其风。他曾与客人闲谈,说一生不解作诺,即不知顺从。当时袁粲、褚渊主政,二人得知此言后,便将张绪外放为吴郡太守,而他起初并不知道原因。

张绪是易学一时之宗　张绪长于《周易》,言精理奥,在当时很受尊崇,经常说曹魏的何晏不解易中七事。齐武帝时,张绪后任中正,皇弟长沙王萧晃嘱托选用吴郡某人任州议曹,他认为资历不符,坚持不许。萧晃写信向其一再请求,他正色回复道:"这是我身家所在的州乡,殿下怎能强逼?"萧晃这才作罢。

张绪当年风流似杨柳　张绪吐纳有风度,听者皆忘饥疲,见者肃然如在宗庙。有人献蜀柳数株,枝条修长,状若丝缕,当时芳林苑刚刚建成,齐武帝萧赜把柳树种下,常赏玩赞叹,说:"此杨柳风流可爱,似张绪当年时。"堂弟张融很敬重他,待如亲兄。他病逝后,张融携酒在灵前酌饮,恸哭道:"阿兄风流顿尽。"

张绪、杨柳入唐宋诗词　齐武帝萧赜赞赏殿前的杨柳如张绪当年风流,此典故多被后人写入诗词。唐彦谦:"不知新到灵和殿,张绪何如柳一枝。"牛峤:"桥北桥南千万条,恨伊张绪不相饶。"贯休:"马卿山岳金相似,张绪风情柳不如。"韩翃:"风流似张绪,别后见垂杨。"辛弃疾:"最怜杨柳如张绪,却笑莲花似六郎。"

张绪门生小吏有其风　张绪每次朝见离去,齐武帝萧赜都会目送,对王俭说:"绪以位尊我,我以德贵绪。"王俭后任尚书令,尚书省的属吏中有一令史有风度,王俭赞赏并诧异,问:"经与谁共事?"此人回答说:"十余岁在张令门下。"王俭目送,当时有下属说:"这是康成门人。"东汉大儒郑玄字康成。

张充荡子三十能改过　张充是张绪的次子,少好逸游,有次张绪告假回吴,正遇见他打猎,左臂鹰,右牵狗。张充看见父亲船到,跪拜岸边,张绪说:"一身两役,岂不是很辛劳。"他说:"充闻三十而立,今年二十九,请至来岁。"张绪说:"过而能改,颜回如此。"次年,他便修身向学,明晓《老子》《易经》。

张充写信王俭被父打　王俭时任尚书令,朝政大事齐武帝萧赜都听从其言,张充听说萧赜打算任其父张绪为尚书右仆射,王俭坚决不从。他很愠怒,便写信向王俭陈述,王俭认为他太轻佻,把信给张绪看,张绪将他杖责一百。他被御史中丞到挚弹劾免官,不得录用,沈约看到信后,说:"充始为之败,终为之成。"

张充讲学王侯都下拜　张充任南齐侍中,萧衍攻下建康,召集百官他不来。梁武帝萧衍登基后,重用张充,任他为太常、吏部尚书,他选官公允被称赞。张充再任国子祭酒,登堂讲学,皇太子以下皆至,王侯多在国子学中,执经以拜。他升任尚书仆射,最后回老家吴郡任太守,下车便抚恤贫民老者,故旧莫不欢悦。

第十二章　迎敌据中流,萧颐兴齐邦

萧赜大杀父亲旧臣

齐武帝萧赜攻取南康郡　宋明帝刘彧和晋安王刘子勋叔侄大战时,二十七岁的萧赜任赣令,赣县属江州南康郡,刘子勋原为江州刺史。萧赜对刘子勋抗命不从,被郡相抓捕,得家将桓康率众劫狱救出。郡相率兵数百追击,他与门客迎战,生擒郡相,杀敌一百余,随即率部曲起兵,聚众三千余,数战告捷,攻下郡城。

齐武帝萧赜中流待敌军　刘宋末,其父萧道成辅政,萧赜任江夏内史。沈攸之起兵,朝廷还未加处置,他认为中流可以待敌,便占据溢城作战守之备。萧道成听说后,大喜道:"此真我子也!"沈攸之途中围攻郢城,未至溢城便溃败。萧赜后任领军将军,镇守石头城,总督京畿军事,萧道成晋爵齐公,他被立为世子。

齐武帝萧赜与妻子不和　萧赜之妻裴惠昭生子萧长懋、萧子良,其弟萧嶷的妻子庾氏勤于女工,奉事公婆恭谨不倦,裴惠昭难比,不被公婆看重。萧赜与她也不和睦，任赣令时曾将她送回建康，年幼的萧子良不悦，后又召回。裴惠昭性情刚严，萧子良的妻子袁氏有过失，被她训罚。她为皇太子妃时病逝，后被追封皇后。

齐武帝萧赜最宠张景真　萧赜是齐高帝萧道成长子，被立太子，萧道成十三岁时他便出生。他自以年长，随父征战同创大业，对朝政专断，多违制度。近侍张景真得其宠信，奢侈过度，他拜陵归来，随行的张景真白服乘画船，坐胡床，观者都以为是太子。对此无人敢言，荀伯玉感叹不能畏死不言，密奏萧道成。

齐武帝萧赜最恨荀伯玉　刘宋末，萧道成让荀伯玉看宅，管理家事。长子萧赜另建住宅，遣人去大宅掘树数株，荀伯玉不给，飞马报知萧道成，被萧道成称赞做得很对。齐高帝萧道成登基后，太子萧赜纵容亲信张景真僭越礼仪，被荀伯玉上奏。萧道成大怒搜检东宫，责问萧赜，处死张景真，萧赜由此深恨荀伯玉。

齐武帝萧赜宠爱不及二弟萧嶷　齐高帝萧道成素来宠爱次子豫章王萧嶷，萧赜因是嫡长子，其长子萧长懋又是嫡长孙，因此他被立太子。萧赜放纵近侍张景真，触怒萧道成，他忧惧称病一个多月，萧道成怒气未消，想废其太子位。王敬则入宫叩头，请萧道成去东宫抚慰萧赜，萧道成无言不动，被王敬则勉强拉去。

齐武帝萧赜太子位幸亏王敬则　齐高帝萧道成想废萧赜太子位，被王敬则劝说拉去东宫,召诸王宴饮。四子长沙王萧晃握华盖,三子临川王萧映执雉尾扇,萧赜次子闻喜公萧子良持酒枪,长子南郡王萧长懋行酒,萧道成与次子豫章王萧嶷及王敬则自捧肴馔。萧道成大饮,大醉尽欢,日暮才离去,此后无废萧赜之意。

齐武帝萧赜私怨杀王瞻 王瞻是王玄谟之子,素轻萧赜,萧赜一次卧榻休息,王瞻对其弟萧嶷说:"帐中物亦复随人寝兴。"他衔恨未形于色。萧赜后为太子,王瞻任永嘉太守,进宫跪拜不合朝仪,被他交付廷尉处死。他派人告诉父亲齐高帝萧道成,萧道成回复说:"语郎,此何足计!"后听说王瞻已死,默然无言。

齐武帝萧赜爱兄弟杀旧臣 齐高帝萧道成在位仅四年,五十六岁去世,四十三岁的太子萧赜继位。萧道成病危时告诫他说:"宋氏若不骨肉相图,他族岂得乘其衰弊,汝深戒之。"萧赜对诸位弟弟并无猜忌,但对萧道成数位大有功勋的旧部不信任。他将旧臣构陷罪名诛杀,荀伯玉、垣崇祖、张敬儿等人相继被处死。

齐武帝萧赜杀谋臣荀伯玉 齐高帝萧道成临终前,指着心腹谋士荀伯玉对太子萧赜说:"此人事我忠,我身后,人必为其作口过,汝勿信也。可令往东宫长侍白泽,最低以南兖州处之。"萧赜长子萧长懋小字白泽。他向来深怨荀伯玉,继位后捏造谋反罪将其处死。有人说:"伯玉能谋太祖而不能自谋,岂非天哉!"

齐武帝萧赜杀良将垣崇祖　垣崇祖是齐高帝萧道成的亲信大将,当时萧道成宠爱次子萧嶷,他便没有主动攀交太子萧赜。萧赜生疑,待他回朝,对其礼待,酒后许以富贵。当时北魏来扰,萧道成让垣崇祖连夜出发,他来不及向萧赜辞行,萧赜认为其心不诚而怀恨。萧赜继位后,诬陷他与荀伯玉勾结谋反,捕杀二人。

齐武帝萧赜杀悍将张敬儿　垣崇祖被杀后,张敬儿很忧惧,妻子对他说:"吾昔梦一手热如火,而君得南阳郡,元徽中,梦一大腿热如火,君得本州,建元中,梦半体热,便得开府,今梦全身发热。"此言被萧赜得知。张敬儿与蛮族交易,萧赜起疑,将其抓捕,他将貂蝉冠投地说:"此物误我!"后与四子被杀。

张敬儿想当三公口学鼓吹　齐高帝萧道成去世,张敬儿在家里私下哭道:"官家大老天子,可惜! 太子年少,对待我远不及。"张敬儿时任车骑将军,萧道成遗诏加封他开府仪同三司,他对家中伎妾说:"我拜后,应开黄阁。"口中自为鼓声。他后在慈姥庙为妾求子,拜神时自称三公。三公的官署大门为黄色,称黄阁。

张敬儿喜好卜术最信占梦　张敬儿当初讨伐荆州,每次见到部将,就会谈梦,说:"未贵时,梦居村中,社树高数十丈,等到雍州任刺史,又梦社树直上至天。"暗示自己贵不可言。齐高帝死后,有人在乡里作歌谣,使幼童传唱:"天子在何处? 宅在赤谷口。天子是阿谁? 非猪如是狗。"他原名狗儿,宅前有地名赤谷。

仁爱的豫章王萧嶷

萧嶷威武持幡督战 萧嶷与长兄齐武帝萧赜同母,皆为齐高帝萧道成的皇后刘智容所生。他为人宽仁弘雅,有大成之量,倍受萧道成钟爱,封豫章王。刘宋末,萧道成迎击围攻建康的桂阳王刘休范,萧嶷当时三十一岁,任宁朔将军,领兵参战。刘休范率军猛攻要地新亭垒南,他手执白虎幡督战,屡次击退敌军的进攻。

萧嶷平息蛮族内乱 刘宋末,萧嶷任武陵内史,荆州刺史沈攸之率军勒索蛮族,致使西溪蛮王田头拟身亡,其弟田娄侯夺位,其子田都出走。蛮部大乱,劫掠平民,攻至郡城,萧嶷遣军击破蛮军。田娄侯因惧怕而归附,被他诛杀,命田都继位,蛮部这才安定。他后回朝任职,被司徒袁粲称赞说:"后来佳器也。"

萧嶷能谋选出上策 父亲萧道成忧惧被宋后废帝刘昱所杀,计划外逃起兵,萧嶷劝谏说:"主上狂凶,臣子不能自保,单行道路刺杀,易以立功,若在外州起兵,鲜有克胜。物情疑惑,必先人受祸,今于此立计,万万不可有误。"刘昱身亡当夜,萧道成通报萧嶷大事已定,让他次日早早入宫,任他侍中,总管宫内直卫。

萧嶷吓退嗜杀宋帝 宋后废帝刘昱在位时,萧嶷之父中领军萧道成在领军府,萧嶷居于青溪家宅。喜好杀人的刘昱夜间路过萧宅,想要偷袭。他发觉后,命左右舞刀戟于中庭,刘昱从墙缝看见,认为有所防备离去。后来萧嶷遣军进攻镇守石头城的袁粲有功,升中领军,荆州刺史沈攸之败亡,他被任镇西将军、荆州刺史。

萧嶷美政善治荆州 刘宋末,萧嶷出任荆州刺史,停止府州迎接仪式,以市税重滥,更改额度,将多余税款归还民众,规定二千石以上官员不得从商。其父萧道成代宋建齐为帝,大赦诏书未至,萧嶷就下令免除百姓在刘宋时的拖欠税款。百姓对其仁政大为喜悦,王俭来信称赞说:“自庾亮以来,荆楚无复如此美政。”

萧嶷料定魏军动向 南齐初,北魏入侵司、豫二州,时任荆州刺史的萧嶷派遣南蛮司马崔慧景北讨,又遣军赴援司州。魏军渡淮进攻寿春,分骑而出,部属忧心,他说:“虏入春夏,非动兵之时,令豫、司强守,遏其津要,彼见坚严,自当溃散,必不敢越二镇而南也。”后来魏军果然没有继续向南,于寿春败退。

萧嶷计除匪首张群 义阳劫帅张群亡命数年,侵袭义阳、武陵、天门、南平四郡,前任荆州刺史沈攸之数次征讨无果,将其招安。沈攸之败亡后,张群聚众结寨,依据险要,再度为匪。萧嶷定计,派遣部属任义阳太守,劝诱张群归降,以厚礼示好。在座上出其不意,将张群斩首,随从数百人皆散去,四郡得以安定。

萧嶷任官两府两州 萧嶷从荆州刺史任上被征还京城建康,在江边出发，数千士民垂泪送别。后来北魏有异动，父亲齐高帝萧道成派他出任荆、湘二州刺史、南蛮校尉。萧嶷此前被封骠骑大将军、开府仪同三司，南蛮校尉是负责管理荆楚蛮族事务的重要武官，也可开府置僚佐，一般刺史不兼任，此时他有两府两州。

萧嶷位在三公之上　萧嶷身材高大，注重仪容风范，仪仗卫队为百官第一，每次出入殿省，旁人瞻望，肃然起敬。萧嶷自以地位隆重，深怀退意，请求辞去太子太傅，不被兄长齐武帝萧赜许可。他又请辞扬州刺史，希望让给萧赜次子竟陵王萧子良，也不被许可。萧赜后又封他为大司马，大司马为上公，比三公位高。

萧嶷仁爱不问过失　萧嶷处事宽厚，得朝野欢心，不参与朝务，但多秘密献策，深得兄长齐武帝萧赜信任。有次，萧赜派他去拜陵，回来路过季子庙，观沸井涌泉，有水牛冲入队伍。卫士准备执牛查问，萧嶷不许，取绢一匹横系牛角，放归其家。他为人泛爱，不喜听人过失，左右有投书揭发，他置于靴中，不看焚烧。

萧嶷常陪皇帝出游　父亲齐高帝萧道成曾有心让萧嶷继位，萧嶷对待兄长萧赜恭悌尽礼，从未违忤，萧赜对他友爱亦深。齐武帝萧赜多次出游，唯有萧嶷陪从，一次两人同车夜归，他到宫门下车。萧赜说："今夜行，不要被尉司呵斥。"任扬州刺史的他回答说："都城之内，皆属臣州，愿陛下不垂过虑。"萧赜大笑。

萧嶷不祝皇帝万岁　兄长齐武帝萧赜每次去他家，都不摒除外人，说："我往大司马第，就是回家。"他对萧赜说："古来言愿陛下寿偕南山，或称万岁，这是假话，如臣所怀，实愿陛下极寿百年亦足矣。"萧赜说："百年复何可得，止得东西一百，就很好了。"两人相执流泪。南朝东钱八十当百，西钱七十当百。

萧嶷是位节俭贤王　萧嶷是南齐豫章王，位至大司马，为齐武帝萧赜最亲密的弟弟，不好奢华，崇尚节俭。萧嶷经常告诫诸子说："凡富贵少不骄奢，以约失之者鲜矣。汉世以来，侯王子弟以骄恣之故，大者灭身丧族，小者削夺邑地，可不戒哉！"他四十九岁病逝，遗命丧事从简，有子十六，八子萧子显后世最知名。

萧嶷之死皇帝悲恸　萧嶷去世后，兄长齐武帝萧赜素食数十日，诏书中说两人"友于之深，情兼家国"，使王融作墓志铭，有言："半岳摧峰，中河坠月。"萧赜看后流泪说："这正是我想说的。"半年后的冬天，他才奏乐宴请群臣，席间忆起萧嶷，感伤落泪。他登上两人往日常去的景阳楼，悲从中来，下令毁楼。

萧子显九流宾客便挥扇　萧子显是齐高帝萧道成的孙子，豫章王萧嶷第八子，自幼聪慧，受萧嶷宠爱。他博学能文，好饮酒，爱山水，不敬鬼神，恃才傲物。萧子显见九流宾客，不与交谈，只是举起手中扇，一挥而已。后至南梁，他得梁武帝萧衍赏识，官至吏部尚书，撰有多部史学著作，除《南齐书》外，其他皆散佚。

南齐诸王多才俊

萧映左右书左右射 萧映是齐高帝萧道成第三子,封临川王,少而警悟,美言笑,善容止,二十岁起历任各州刺史。当时南齐初建,萧映以年少临州,吏治聪敏,府州官员皆敬重而听令,自刘宋彭城王刘义康以后未有。他善骑射,解声律,能左右书左右开弓,应对接待宾客,风韵韶美,三十一岁病逝,朝野莫不惋惜。

萧晃威风有萧四伞 萧晃是齐高帝萧道成第四子,封长沙王,与三哥萧映同母,少有武力,善骑射,被萧道成喜爱。沈攸之起兵,他率众出巡,伞盖高执,气焰熏天,时人称"焕焕萧四伞"。萧晃任豫州刺史时杀死典签,萧道成大怒,对其处以杖刑。萧道成临终前,嘱咐其兄长太子萧赜,将他置于京城近蕃,勿令远出。

萧晃装备全被沉江 南齐诸王在京城,卫队最多四十人,萧晃爱武饰,卸任还京,私载数百侍卫的仪仗,被发现后投于江中。大哥齐武帝萧赜严禁诸王有私仗,听闻大怒,准备依法处置萧晃。二哥豫章王萧嶷叩头流泪说:"晃罪诚不可恕,陛下当忆先帝念白象。"其小字白象。萧赜也垂泣,便未问罪,但也不亲宠他。

萧晃马槊无人能拔 齐武帝萧赜曾游钟山,随行的四弟长沙王萧晃以马槊刺入路边枯树,萧赜令左右数人来拔,竭尽全力,却拔不出。

萧赜让萧晃驰马拔槊，他应手就拔出，每次远州献骏马，萧赜就让他试马。他三十一岁病逝，父亲齐高帝萧道成以前常说他："此我家任城也。"曹操次子曹彰武勇过人，封任城王。

萧晔好学书棋双绝　萧晔是齐高帝萧道成第五子，封武陵王，生母罗氏因过失被萧道成处死，因自幼丧母，受萧道成钟爱。最初家贫，萧晔学书无纸笔，以指画空中及画掌学字，遂工篆法，无棋局，破荻为片，指点行势，遂至名品。他刚颖俊出，与众兄弟作诗，萧道成称赞道："见汝二十字，诸儿作中最为优者。"

萧晔善射自夸其手　武陵王萧晔性格疏放，不被大哥齐武帝萧赜喜爱，萧赜至二弟豫章王萧嶷别墅，宴请诸位弟弟，独不召他。萧嶷说："风景殊美，今日甚忆武陵。"萧赜这才召他。萧晔善射，屡发命中，环顾四座说："手如何？"萧赜面色不悦。萧嶷说："阿五常日不行，今可谓仰藉天威。"萧赜稍微释然。

萧晔出言直刺萧赜　萧晔无宠于大哥齐武帝萧赜，因未出镇地方，多次言语不满。在华林园赌射，萧赜让他连续中的，他连放六箭中五箭，被赐钱五万。萧赜举酒来敬，萧晔说："陛下以前不以箭术赞许臣。"萧赜不语。有次饮宴，他酒醉伏地，貂衣沾肉盘，萧赜说污貂，他回答说："陛下爱其羽毛而疏其骨肉。"

萧晔不用房子换官　大哥齐武帝萧赜继位，萧晔封左将军，历任中书令、祠部尚书。萧颐后来任他江州刺史,以他至方镇,求其住宅给诸皇子。萧晔说:"先帝赐臣此宅,使臣歌哭有所。陛下欲以州易宅,臣请不以宅易州。"他上任三个多月,典签奏其得失,被召回任左民尚书,又转任前将军、太常卿,依旧不得志。

萧晔自嘲如同乞丐　萧晔到大哥齐武帝萧颐的次子竟陵王萧子良府第,时值冬月,路逢乞人,他脱襦赠送。侄子萧子良见萧晔衣单,送襦给他,他说:"我与那人有何分别!"有次尚书令王俭来访,他留王俭吃饭,盘中只有菘菜和咸鱼。萧晔将后堂山称作首阳,以报怨贫薄。商朝大夫伯夷、叔齐隐居首阳山采薇而食。

萧晔得侄孙皇帝倚仗　萧晔后历任丹阳尹、护军将军,大哥齐武帝萧颐病逝,遗诏任他卫将军。当时皇次子竟陵王萧子良在殿内,皇太孙萧昭业未立,众论喧疑。萧晔说:"若立长则应在我,立嫡则应在太孙。"他的数位兄长都已去世,他为皇弟中最长。萧昭业继位,对萧晔非常倚仗,他于次年去世,年仅二十八岁。

萧嵩早逝萧锵很受宠　萧嵩是齐高帝萧道成第六子,封安成王,性情清和却多病,任散骑常侍、秘书监,镇守石头城时病逝,年仅二十四岁。萧锵是第七子,封鄱阳王,和顺恭谨,有宠于大哥齐武帝萧颐,被任领军将军,领军之授,其他诸王所未有。萧颐车驾出游,他经常率卫队随从,所受恩待仅次于二哥萧嶷。

信佛的萧长懋和萧子良

萧长懋得祖父齐高帝萧道成厚望 萧长懋是齐武帝萧赜的长子,姿容丰润,小名白泽,作为长孙被萧道成钟爱。二十岁的他回京,时为刘宋权臣的萧道成大喜道:"你回来,我事成。"萧道成让他与文武宾客交往,对心腹荀伯玉说:"我外出时,城中军全受长懋节度,我在,内外防卫及诸门甲兵,都让长懋经常管理。"

萧长懋奉命诱杀刺史镇将范柏年 齐高帝萧道成任二十岁的长孙萧长懋为雍州刺史,镇守重镇襄阳。梁州、南秦州刺史范柏年颇著威名,在沈攸之起兵时观望,事平后萧道成召他回京。继任者已至,他不肯离任,被结怨的胡谐之进谗。萧道成虑其为变,让萧长懋许诺任其长史,范柏年来到襄阳,被萧长懋拘禁杀害。

范柏年善于应对宋明帝刘彧赏识 范柏年初为刘宋梁州州将,被刺史派到京城谙事,刘彧谈到广州贪泉,便问范柏年:"卿州复有此水不?"他回答:"梁州唯有文川、武乡、廉泉、让水。"刘彧又问:"卿宅在何处?"他答道:"臣所居廉让之间。"刘彧赞叹其善答,颇为欣赏,他从此历任内外要职,官至梁州刺史。

萧长懋是东晋南朝首位封王的皇孙 萧长懋从容有风仪,解声律,工于射箭,饮酒可至数斗。祖父齐高帝萧道成好《左氏春秋》,他便奉命诵读,经常谈论。萧长懋封南郡王,是江左皇孙封王的先例。父亲齐武帝萧赜继位,他被立太子,礼接文士,畜养武人,作为亲信分布殿省。萧赜晚年好游宴,他处理政事,威加内外。

萧长懋奢侈设置机关墙遮挡园林 萧长懋为南齐太子,信奉佛教,立六疾馆以养穷民。他性情温和,但好奢华,东宫殿堂皆雕饰精绮,超过父亲齐武帝萧赜的宫殿。萧长懋扩建玄圃园,其中楼观塔宇,多聚奇石,山水妙极。他担心萧赜望见,在四周遍植修竹,又建造数百面带有机关的移动墙壁,随时可以出现或撤除。

萧长懋豪华别墅触怒父亲齐武帝 萧长懋性好奢侈,立楼馆于钟山下,号称东田。齐武帝萧赜有次路过,见其弥亘华远,壮丽极目,于是大怒,将他责骂。萧长懋身为太子,使亲信徐文景造辇及乘舆等御物,萧赜一次来到,匆匆不及隐藏,徐文景置佛像于辇中,不被怀疑。他病逝后,萧赜在东宫见其服玩,怒而销毁。

萧长懋太子早逝萧道成江山被夺 萧长懋向来多病,过于肥胖,三十六岁病重去世,谥号文惠太子。百官认为他早晚继位,都惊叹惋惜,父亲齐武帝萧赜痛哭。萧长懋厌恶堂叔萧鸾,曾私下对弟弟萧子良说:"我心里不喜欢此人,应是他福德太薄。"萧子良从中劝解。后来萧鸾政变夺位,尽杀其祖父齐高帝萧道成子孙。

萧子良门下有竟陵八友 萧子良是齐武帝萧赜的次子,封竟陵王,位居司徒，少有清尚，礼才好士，诚待宾客。当时天下才士皆游集于萧子良府第，士子及朝贵的诗文，他都为之编撰刊发。萧衍、范云、萧琛、任昉、王融、谢朓、沈约、陆倕八位青年出身不同，都因才学得他亲待，聚集在其门下，人称"竟陵八友"。

萧子良幼年使父母和好　刘宋时，萧子良的父亲齐武帝萧赜任赣令，母亲裴惠昭性格刚严，两人关系不谐。萧赜派人将裴惠昭送回建康老家，当时已经上路，年幼的萧子良在厅堂很不高兴。萧赜问他："你为何不读书?"萧子良说："我娘都不知道在哪里，读书有何用!"萧赜感到惊异，便派人又将裴惠昭接回。

萧子良是虔诚佛教信徒　萧子良与同母兄长太子萧长懋都敬信佛教，他尤为心诚，经常在府第举行各类斋戒，大集朝臣众僧，亲自打杂，世人都觉其有失司徒身份。在萧子良的带动下，佛教盛行为东晋以来未有。他一生奉戒极严，自号净住子，劝人为善，未尝厌倦，多次上书劝谏爱好射雉的父亲齐武帝萧赜停止打猎。

萧子良是南齐仁善王子　萧子良笃信佛教，礼佛精恳，汤用彤说他："竟陵王者，乃一诚恳之宗教徒也。"当时水灾，吴兴最为严重，萧子良打开粮仓赈济灾民，建立官舍收养贫病者，供给衣食药物。他多次上书请求减免赋税，主张不可国富民贫，言称"守长不务先富民而唯言益国，岂有民贫于下，而国富于上邪?"

萧子良范缜论佛家因果　范缜盛称无佛,萧子良说:"君不信因果,世间何得有富贵,何得有贫贱?"他回答:"人生如树花同发,随风而散,或有拂帘幌坠于茵席之上,或关篱墙落于溷粪之侧。坠茵席者,殿下是也,落粪溷者,下官是也。贵贱虽复殊途,因果竟在何处?"萧子良无言。

范缜好学青年多白发　范泰为范缜之高祖,范晔为其曾叔公,他少孤贫,侍母孝谨。他十几岁时向名儒刘瓛求学,被刘瓛称奇,后亲自为其举行冠礼。范缜在刘瓛门下数年,布衣草鞋,来去步行,刘瓛弟子多是王公贵族,出入车马,他在其中毫不自卑。后来他博通经术,年二十九,发白皤然,作伤暮诗、白发咏以自嗟。

范缜不信神鬼不拜庙　范缜性质直,好危言高论,被士人疏远,只与表弟萧琛交好。萧琛以善辩知名,经常佩服他言语简至。范缜在南齐任尚书殿中郎,南齐北魏和亲,选择才士担任使者,他与堂弟范云、萧琛相继出使,闻名北魏。他后任宜都太守,当时夷陵有伍相庙、唐汉三神庙、胡里神庙,都被他禁止祭祀。

范缜神灭论震惊南齐　范缜先与信佛的竟陵王萧子良辩论,又著《神灭论》宣称"形存神存,形谢神灭",逻辑严密,朝野喧哗。萧子良集僧驳斥范缜,无法使他屈从。钱锺书称赞《神灭论》说:"精思明辨,解难如斧破竹,析义如锯攻木,王充、嵇康以后,始见斯人。范氏词无枝叶,王逊其简净,嵇逊其晓畅。"

范缜风骨不卖论取官　范缜认为形谢神灭,被王琰讥讽说:"呜呼范子! 曾不知其先祖神灵所在。"他回答说:"呜呼王子! 知其祖先神灵所在,而不能杀身以从之。"南齐司徒、皇子竟陵王萧子良派王融劝他不要做异端,说以他才德,何患不至中书郎。他大笑说:"使范缜卖论取官,已位至令仆,何止中书郎。"

范缜南齐南梁不得志　范缜坚持神灭论得罪南齐司徒萧子良,不被重用,任宜都太守因母亲去世离职,住在南州。萧衍起兵经过,他穿丧服来迎,两人在萧子良门下是旧交,萧衍见其大悦。梁武帝萧衍登基后,任范缜晋安太守,他为政清廉,只受俸禄,升任尚书左丞。他自以首迎萧衍,志在权轴,所怀未满,心中快快。

范缜、王亮两人为良友　范缜与王亮曾同任尚书殿中郎,相交友爱,他说:"我不诣余人,惟诣王亮,不饷余人,唯饷王亮。"王亮因事被梁武帝萧衍贬为庶人,范缜进言说:"司徒谢朏本有虚名,陛下擢之如此,前尚书令王亮颇有治实,陛下弃之如彼,是愚臣所不知。"萧衍不悦,他被御史中丞任昉弹劾,流放广州。

范缜与皇帝群臣论战　范缜被流放广州数年后,被召回京任中书郎、国子博士。梁武帝萧衍信佛,他撰写反佛文章《神灭论》,萧衍亲撰《敕答臣下神灭论》反击。大僧正法云发动萧琛、沈约等六十四人,总撰七十五篇文章反驳他。范缜"辨摧众口,日服千人",东宫舍人曹思文自认"情思愚浅,无以折其锋锐"。

王琰著作神佛故事集　王琰在南齐任太子舍人,入南梁为吴兴令,笃信佛法,曾与倡导神灭论的范缜针锋相对。他著有志怪小说集《冥祥记》,已散佚,鲁迅《古小说钩沉》辑录一百余则,多为佛教灵验的各种神异事迹。王琰出身太原王氏,可能为东晋幸臣王国宝之后,王国宝被杀后,家属流放交州,后辈不显于世。

萧子响出继非常不高兴　萧子响是齐武帝萧赜第四子,早年过继给二叔豫章王萧嶷,萧嶷有子后,留他为嫡子。他勇力绝人,开弓四斛力,多次在园池中乘马,奔驰于竹林树下,身无损伤。萧子响因出继,车服与兄弟诸王不同,每次入朝愤愤不平,拳打车壁。萧赜知道后,使其车服与皇子一致,后来归为皇子,封巴东王。

董蛮有力名蛮话不蛮　萧子响出任荆州刺史,直阁将军董蛮粗有气力,他想带去。董蛮说:"殿下癫如雷,怎敢相随?"他笑道:"君敢出此语,亦复奇癫。"其父齐武帝萧赜为董蛮改名仲舒,问:"今日仲舒,何如昔日仲舒?"董蛮回答:"昔日仲舒,出自私庭,今日仲舒,降自天帝,以此言之,远胜从前。"

萧子响斩杀长史与典签　萧子响少好武,卫队六十人皆有胆,任荆州刺史多次在内斋杀牛置酒,与侍卫们聚乐。他私下作锦袍绛袄,想与蛮族交易兵器。长史刘寅等属官将其所为写下联名信,密奏其父齐武帝萧赜,萧赜下令仔细搜检,刘寅等人想秘密进行。萧子响得知后,将刘寅与司马、参军、典签八人等一并斩首。

萧子响被戴僧静鸣不平　荆州刺史、巴东王萧子响诛杀僚佐,其父齐武帝萧赜大怒,命戴僧静领军进发江陵,捉拿萧子响。戴僧静说:"巴东王年少,长史司马捉之太急,心中愤恨不顾后果,所以如此。天子儿过误杀人,有何大罪,今急遣军西上,人情惶惧,无所不至,臣不敢奉敕。"萧赜沉默不答但心中认可。

萧子响被迫击败朝廷军　萧子响诛杀多位属官,其父齐武帝萧赜派卫尉胡谐之、游击将军尹略、中书舍人茹法亮率三千禁军讨伐。萧子响遣使称愿回京请罪,尹略回复说:"谁会和你这种反父之人说话。"他听后流泪,送去牛酒,尹略弃入江中。他愤怒难忍,发兵攻击,禁军大败,尹略被杀,胡谐之、茹法亮单艇逃走。

萧子响被萧顺之下毒手　萧子响斩杀僚佐,击败问罪的朝廷军后,其父齐武帝萧赜又派大将萧顺之领兵前来。大哥太子萧长懋向来忌恨萧子响,密令萧顺之将他处死。他带领左右三十人,乘小舟赴京请罪,途中见到萧顺之,想要辩白,萧顺之不许,将其缢死。萧子响时年二十二岁,有司奏请去除其皇籍,赐为蛸氏。

齐武帝萧赜悔杀萧子响　萧赜之四子巴东王萧子响因残杀属官,受朝廷军讨伐,被迫击败朝廷军,后被萧顺之所杀。他自首前写下密信数页,藏于王妃裙腰中,其中说:"轻舫还阙不得,此苦之深,唯愿矜怜,无使竹帛齐有反父之子,父有害子之名。"萧顺之回京后,被萧赜心中责怪怨恨,萧顺之忧惧生病,不久去世。

齐武帝萧赜听猿鸣忆子 四子萧子响杀僚佐,攻禁军,被杀百日后,萧赜为其做法事,亲自上香。他见到处死萧子响的萧顺之,呜咽多时,左右莫不掩涕。后来萧赜有次来到景阳山,见一猿猴跳跃悲鸣,问后堂丞何意,回答说:"小猿前日堕崖致死,其母求之不见,所以如此。"他想起萧子响,哀叹抽泣良久。

南朝宋齐典签位低权重 刘宋中期至南齐,宗王出任州刺史,皆设典签。典签经常回京,向皇帝汇报州务,原为小吏,自此权大,人称签帅。齐武帝萧赜说四子萧子响造反,戴僧静称诸王都应反,他说:"诸王无罪而一时被囚,取一挺藕、一杯浆,签帅不在则竟日忍渴。诸州但闻有签帅,不闻有刺史,怎能不反!"

萧赜的老友记

到㧑被宋帝刘彧夺爱 到㧑是到彦之的孙子,宋明帝刘彧继位,想收拢人心,以其功臣之后,将其升任太子洗马。他家资豪富,宅宇山池,伎妾姿艺,都是上品。到㧑颇有才调,善纳交游,有爱伎陈玉珠,刘彧求取不与,强行夺去,他很怨恨。刘彧命有司诬告到㧑,要将其处死,他入狱后,数宿须鬓皆白,后被免死。

到㧑一年三次被升官　到㧑得罪宋明帝刘彧,便称病不任官,刘彧死后,才得复起。他曾与萧赜同随刘彧在郊野射雉,两人又渴又累,他寻到一早青瓜,与萧赜对剖分吃。后至南齐,到㧑任司徒左长史,齐武帝萧赜继位后,多次来到他家,感恩其旧德。他因此一岁三迁,后来历任御史中丞、左卫将军、五兵尚书。

到㧑酒后肆言嘲同僚　有次宴饮,到㧑自恃齐武帝故旧,说新野庾杲之:"蠢尔蛮荆,其俗鄙。"说余姚虞悰:"断发文身,其风陋。"王晏显贵后,雅步从容,他问:"王散骑又为何如此?"王晏曾任员外散骑侍郎。王敬则削木瓜,他说:"此非元徽头,为何用刀刻它?"元徽为年号,借指被杀的宋后废帝刘昱。

虞悰住内陆有海鲜吃　虞悰少时谨慎自律,性情醇厚,萧赜在刘宋初任官时家贫,他以其国士之眷,经常接济。他每次出行,必呼萧赜同车,萧赜非常感激。虞悰治家财物丰足,奴婢无闲人,任豫章内史时,会稽海味被送到府上。齐武帝萧赜继位后,以他布衣之旧,说:"我当令卿复祖业。"任他侍中,朝臣惊讶。

虞悰是南齐大美食家　虞悰善为饮食,调味皆有技巧,豫章王萧嶷盛宴宾客,问他:"今日肴羞,还有遗漏吗?"他说:"恨无黄颔臛,何曾《食疏》所载也。"齐武帝萧赜向虞悰求扁米䊚,他献䊚及杂肴若干,太官烹饪不及。萧赜求取诸饮食方,他保密不肯出具,萧赜一次酒后不舒服,他献醒酒鲭鲊一方就好。

虞悰被称作古之遗直　齐帝萧昭业被堂叔公萧鸾废杀,虞悰私下叹
道:"王、徐用军士废天子,天下岂有这种道理?"王为王晏、徐为徐孝
嗣,后来齐明帝萧鸾登基,他称病不陪侍。萧鸾让王晏拿出太后的废
立诏书给虞悰看,以其旧臣想拉拢,他大哭推辞。群臣想将其治罪,
徐孝嗣说:"此亦古之遗直。"于是作罢。

张欣泰将门好文不好武　张欣泰是刘宋将领张兴世之子,少有志节,
不以武业自居,好隶书,读诸子及史。他十来岁时,拜见重臣褚渊,褚
渊问:"张郎弓马多少?"他回答:"性怯畏马,无力牵弓。"褚渊称奇。
张兴世从雍州刺史离任,积蓄三千万,被宋帝刘子业率众劫走,一夜
垂尽。张兴世忧惧感伤,不久病逝。

张欣泰不爱武装爱儒装　张欣泰在刘宋时和萧赜交好,齐武帝萧赜
继位后,将其升任步兵校尉兼羽林监。他交结多是名士,下班后便游
园池,戴鹿皮冠,衲衣锡杖,挟素琴。萧赜得知后说:"将家儿何敢作
此举止!"后来有次萧赜外出,让张欣泰率军护卫,他却在松树下饮酒
赋诗。萧赜怒而将他遣出,数日后召还授文职。

胡谐之家说傒语同化宫女　胡谐之为豫章郡南昌人,任骁骑将军。
齐高帝萧道成想让他与贵族联姻,嫌他家都说傒语,派四五名宫女去
他家,教其子女官话。两年后,萧道成问:"卿家人语音已正未?"他答

道:"宫人少,臣家人多,非唯不能得正音,遂使宫人顿成偲语。"萧道成大笑,向朝臣说遍,偲语即赣地方言。

胡谐之求马不成被骂偲狗　齐武帝萧赜任江州刺史时,胡谐之任别驾,风采瑰润,以旧恩被萧赜厚待,朝臣多与其交游。他向梁州刺史范柏年求良马,范柏年对来使说:"马非狗子,哪可得为应无极之求。"接待简慢。使者怀恨而归,回复说:"柏年说,胡谐是何偲狗,无厌之求。"他切齿致愤,偲狗时为对赣人骂词。

刘悛干练不惧江潮修古堤　刘悛是刘勔之子,被宋明帝刘彧亲待,曾与齐武帝萧赜同在宫中当值,两人交好。他任武陵内史,郡内南江古堤久废未修,修治未毕,江水忽至,百姓弃役逃走,他亲自上前勉励,百姓重归修好。刘悛精明能干,有治事才,离郡回京,吏民送者数千人,与众人执手垂泪,百姓感动,赠送丰厚。

刘悛与齐武帝萧赜贫贱交　刘宋时,刘悛便与萧赜深交,萧赜继位后任他前军将军。萧赜多次来到他家宴乐,戴鹿皮冠,穿其菟皮裘,到夜间才离去。刘悛后随萧赜登蒋山,萧赜数次叹道:"贫贱之交不可忘,糟糠之妻不下堂。"回头对他说:"此况卿也,世言富贵好改其素情,吾虽有四海,今日与卿尽布衣之适。"

刘悛被齐明帝萧鸾救一命　刘悛善取悦皇帝,承迎权贵,宾客闺房,花费颇大。老友齐武帝萧赜去世,皇太孙萧昭业继位,他进献减少,萧昭业要将其处死,被萧鸾所救。刘悛虽被免官,但每天都有宾客,萧鸾夺位后他被起用。他历朝皆受恩遇,齐高帝萧道成为七子萧铄纳其妹为妃,萧鸾为长子萧宝义纳其女为妃。

萧景先皇帝族兄兼好友 萧景先是齐高帝萧道成的堂侄,经常得其提携,跟随萧道成出镇淮阴,防卫城内,委以心腹。萧景先与萧赜非常亲密,萧赜任职广兴郡,向父亲萧道成请求让他同行,他被任萧赜的司马,自此常相追随。他后任司州刺史,当年冬天北魏在司州边境增兵,意图来侵,他严阵待敌,魏军终而撤退。

萧景先为皇帝出猎安保 齐武帝萧赜继位,萧景先从司州刺史任上被征回京,任侍中兼领军将军。萧赜在刘宋任职时,他作为部属尽心侍奉,因此特受恩宠。萧景先回到建康时,萧赜在景阳楼召他叙旧,唯有皇弟豫章王萧嶷一人在席。萧赜常去郊外射雉,车驾出行,他率卫队跟随,仔细探察周边,确保萧赜安全。

萧景先遗言伎妾送皇帝 叛帅桓天生在边界引来魏军,司州北境动荡,齐武帝萧赜派曾任司州刺史的萧景先前去安抚。他领军来到,百姓安心,牛酒来迎,还未退兵,突然病逝。他在遗言中将大宅及若干牛马上交朝廷,伎妾献给皇帝及太子,"可以明月、佛女、桂支、佛儿、玉女、美玉入宫,美满、艳华奉东宫"。

附:南北朝大事年表

纪年			大事纪
南朝纪年	**北朝纪年**	**公元**	
宋武帝 永初元年	魏明元帝 泰常五年	四二〇	刘裕受禅为宋武帝,废晋恭帝为零陵王,沮渠蒙逊陷酒泉,杀李歆。
二年	六年	四二一	沮渠蒙逊陷敦煌,李恂死,西凉亡。
三年	七年	四二二	宋武帝卒,太子义符即位,魏主嗣伐宋,陷滑台、青、兖诸郡。
营阳王 景平元年	八年	四二三	魏筑长城,自赤城至五原二千里,魏陷洛阳虎牢,魏主嗣卒,太子拓跋焘即位。
宋文帝 元嘉元年	太武帝 始光元年	四二四	宋徐羡之、傅亮等废其主,义符为营阳王,迎立宜都王义隆,是为宋文帝,柔然入寇魏盛乐宫,平阳王长孙翰等击退之。
二年	二年	四二五	宋文帝亲政,西秦乞伏炽磐攻北凉,徙其民五千于枹罕,夏赫连勃勃卒,子赫连昌继位。
三年	三年	四二六	魏置太学,祀孔子,魏大举伐夏攻入长安与统万,宋诛徐羡之、傅亮,讨杀谢晦,以檀道济为征南大将军、江州刺史。
四年	四年	四二七	魏取夏都统万,晋处士陶潜卒。
五年	神䴥元年	四二八	魏擒赫连昌,夏人拥立赫连定,定反攻,复取长安,西秦乞伏炽磐死,子慕末立,宋人伐魏之济阳、陈留。
六年	二年	四二九	魏大举伐柔然、高车,拓地数千里,魏以崔浩为抚军大将军。

335

七年	三年	四三○	宋遣刘彦之、王仲德等大举北伐,先胜后败,尽失青、兖之地,魏伐夏,夏主西走上邽,关中复入于魏,燕主冯跋卒,跋弟冯弘自立。
八年	四年	四三一	宋遣檀道济北救滑台,与魏师三十余战终失滑台,夏主赫连定陷南安,灭西秦,赫连定西走,为吐谷浑王慕璝所俘,夏亡。
九年	延和元年	四三二	魏主亲征北燕,攻和龙未下,宋益州史刘道济聚敛伤政,蜀民相聚叛变。
十年	二年	四三三	宋平蜀乱,北凉王沮渠蒙逊卒,子牧犍继立,杨难当袭据汉中。
十一年	三年	四三四	北燕王冯弘称藩于魏,宋人击走杨难当,收复汉中。
十二年	太延元年	四三五	西域诸国与高句丽遣使入贡于魏,魏再伐北燕。
十三年	二年	四三六	北燕主冯弘奔高句丽,北燕亡,宋杀江州刺史檀道济。
十四年	三年	四三七	魏遣使西域,西域十六国入贡,魏主以妹妻沮渠牧犍。
十五年	四年	四三八	高句丽王杀冯弘,魏主北伐柔然无功,宋征豫章人雷次宗至建康开馆授生徒。
十六年	五年	四三九	魏主攻入姑臧,北凉主沮渠牧犍降,北凉亡。
十七年	太平真君元年	四四○	宋主诛刘湛、刘斌等,以刘义恭为司徒。

十八年	二年	四四一	魏击沮渠无讳,取酒泉。
十九年	三年	四四二	魏主起道坛,受符箓,杨难当侵蜀,宋遣将裴方明击走之。
二十年	四年	四四三	魏人复据仇池。
二十一年	五年	四四四	魏主诏天下不得私养沙门巫觋,又诏王公卿大夫之子皆诣太学,百工贾皆习父兄之业。
二十二年	六年	四四五	宋始更新历。孔熙与范晔谋反诛。魏使万度归伐鄯善,虏鄯善王,发冀州民造浮桥于碻磝津,分道南寇,宋徙青、徐之民以避其锋。
二十三年	七年	四四六	林邑王范阳迈入寇于宋,宋遣交州刺史檀和等伐之,与将军宗悫讨平之,克林邑。宋文帝筑玄武湖,魏人入侵宋之青、兖、冀三州。魏主禁佛教,大诛沙门,毁佛像经典。魏平盖吴之乱。
二十四年	八年	四四七	魏主杀沮渠牧犍,宋铸大钱。
二十五年	九年	四四八	魏成周公万度归大破焉耆、龟兹。
二十六年	十年	四四九	魏再伐柔然,柔然可汗北遁。
二十七年	十一年	四五〇	宋沈庆之大破雍州蛮,降者二万五千户。魏主自将步骑十万南侵,围宋之汝南悬瓠,四十二日不下而还。魏主杀崔浩,宋主大举北伐,一路趋许洛,一路入关中,魏军反攻,宋军败退,魏军追至瓜步。
二十八年	十二年	四五一	魏主临瓜步而还,魏取碻磝,魏宋之役,六州荼炭,宋徙彭城流民千余家南还。

二十九年	文成帝 兴安元年	四五二	魏主信中常侍宗爱,大杀东宫官属。魏宗爱作乱,宗爱杀魏主焘,立南安王余,又弑余,刘尼等拥立太孙拓跋濬,杀宗爱。宋主复北伐至碻磝,败归,魏主复兴佛教。
三十年	二年	四五三	太子劭弑其君义隆,武陵王骏举兵讨劭,杀之。武陵王骏即位,是为宋孝武帝。
孝武帝 孝建元年	兴光元年	四五四	荆州刺史刘义宣,豫州刺史鲁爽与江州刺史臧质反,帝遣沈庆之、薛安都等讨平之。
三年	太安二年	四五六	魏立贵人冯氏为皇后,宋以宗悫为豫州刺史。
大明元年	三年	四五七	魏以高允为中书令,魏师入寇宋兖州。
二年	四年	四五八	魏主北伐柔然度大漠,处罗可汗远遁,刻石纪功而还,宋主信任中书通事舍人戴法兴、戴明宝等。
三年	五年	四五九	宋南徐州刺史竟陵王诞反于广陵,命沈庆之讨平之,杀东扬州刺史颜竣。
三年	和平元年	四六〇	魏出击吐谷浑无功而还,柔然攻高昌。
五年	二年	四六一	宋雍州刺史海陵王休茂反,为其部下所杀。
七年	四年	四六三	宋大修宫室。
八年	五年	四六四	宋孝武帝骏卒,太子业即位。柔然处罗可汗卒,子受罗部真可汗立,率众侵魏,为魏师所败。

明帝 泰始元年	六年	四六五	宋幼主子业荒暴无人理,诛杀功臣,为侍臣所杀,群臣共立湘东王,是为宋明帝。
二年	献文帝 天安元年	四六六	魏主拓跋濬卒,太子弘立,是为献文帝。宋晋安王子勋据寻阳称帝,为沈攸之等讨平,杀子勋,尽杀世祖诸子二十八人。
三年	皇兴元年	四六七	宋徐州刺史薛安都降北魏,魏取宋淮北四州及豫州淮西之地,宋遣沈攸之再击彭城,萧道成镇淮阴。
四年	二年	四六八	宋东海州刺史与兖州刺史皆降魏,魏兵陷历城以萧道成为南兖州刺史。
五年	三年	四六九	魏陷宋青州,俘刺史沈文秀,并徙青、齐民于平城。
六年	四年	四七〇	魏大举伐柔然往返六千里,魏长孙观击吐谷浑。
七年	孝文帝 延兴元年	四七一	宋帝猜忌杀群王,又作湘宫寺,魏主好黄老,信浮屠,自称上皇,徙居崇光宫,让位于太子宏,是为魏孝文帝。
泰豫元年	二年	四七二	宋杀扬州刺史王景文,宋主彧卒,太子昱即位。
后废帝 元徽元年	三年	四七三	魏以孔子二十八世孙孔乘为崇圣大夫,武都氏王杨文度降魏。
二年	四年	四七四	桂阳王休范反,右卫将军萧道成讨平之,以萧道成为中领军,与袁粲、褚渊、刘秉共秉政,称四贵。

四年	承明元年	四七六	魏冯太后鸩杀献文帝,宋建平王景素起兵京口反,萧道成等讨平之。
顺帝 昇明元年	太和元年	四七七	宋萧道成弑帝,而立安成王准,自为司空骠骑大将军,氐王杨文度再反,袭陷魏仇池,魏皮欢讨杀之,更以杨文弘为武都王。宋荆州刺史沈攸之举兵讨萧道成。
二年	二年	四七八	沈攸之事败死,萧道成自为太尉,都督十六州军事,旋又加位太傅。
齐高帝 建元元年	三年	四七九	萧道成由相国封齐公,晋齐王,旋逼宋主禅位,废顺帝为汝阴王,继杀之。
二年	四年	四八〇	齐以褚渊为司徒,魏攻齐之寿阳、钟离,为齐师击退。
三年	五年	四八一	魏攻齐之淮阳,为齐人击退,魏定新律八百三十二章。
四年	六年	四八二	齐主萧道成卒,太子赜即位,是为齐武帝。魏以镇西大将军李崇为荆州刺史,治上洛,宣慰民夷。
武帝 永明元年	七年	四八三	齐魏遣使交聘,魏禁同姓为婚。
二年	八年	四八四	齐竟陵王子良为司徒,开西邸养士,魏增户调为官禄,严惩贪污。
三年	九年	四八五	魏置学馆选师傅教诸王。魏行均田制。魏以王俭为国子祭酒,开学士馆,总明四部。
五年	十一年	四八七	魏令著作郎崔光等改修国史,又诏立县学、党学。

七年	十三年	四八九	魏主出宫人以赐贫无妻者,遣邢产聘齐。
八年	十四年	四九一	魏冯太后卒,齐帝杀荆州刺史巴东王子响。
九年	十五年	四九一	魏孝文帝亲政,魏作明堂、营太庙,齐魏互遣使聘问。
十年	十六年	四九二	魏脩尧舜禹周公孔子之祀,魏三道伐柔然,齐遣萧琛、范云访魏。沈约撰《宋书》。
十一年	十七年	四九三	魏主议伐齐,大举南下至洛阳,罢南征而迁都洛阳。齐武帝卒,西昌侯萧鸾拥奉太孙即位,萧鸾辅政擅权。
明帝建武元年	十八年	四九四	萧鸾弑帝,立新安王昭文为帝,旋又废帝自立,是为齐明帝。明帝大杀宗室群王,魏主禁士民胡服,又亲将南征,进攻襄阳、义阳、钟离等地。
二年	十九年	四九五	明帝分遣王广之、萧坦之、沈文季等督师拒魏。魏师攻钟离、义阳不下而还。魏主令民变北俗习正音,选武勇士十五万人为羽林虎贲,设四门学于洛阳,铸太和五铢钱。
三年	二十年	四九六	魏改姓元氏,尊衣冠之族,详立门氏婚姻,行养老之礼,魏主废太子恂。
四年	二十一年	四九七	魏主杀太子恂,立皇子恪为太子,魏主亲将进攻南阳。

永泰元年	二十二年	四九八	齐帝大杀宗室,尽诛高武子孙诸王,魏人攻陷宛城,南阳太守房伯玉降。齐遣崔慧景、萧衍援救雍州,大败于邓城。齐豫州刺史裴叔业围攻涡阳未克。齐王敬则反于会稽,为左兴盛崔慕祖所讨平。齐以萧衍为雍州刺史。齐明帝卒,太子宝卷即位,魏主得疾,自悬瓠回邺城。
东昏侯永元元年	二十三年	四九九	齐太尉陈显达将兵伐魏,魏主扶病亲征大破齐师。魏孝文帝卒于谷塘原,太子元恪即位,是为魏宣武帝。齐杀萧遥光、萧坦之,陈显达起兵江州反,至建康兵败死。
二年	宣武帝景明元年	五〇〇	齐豫州刺史裴叔业叛降于魏,魏得寿阳、合淝,崔慧景与江夏王宝玄起兵反,攻建康为萧懿所败,慧景死,帝又杀萧懿,懿弟萧衍起兵雍州,与荆州刺史萧宝融共反。
和帝中兴元年	二年	五〇一	魏主年幼幸臣用事,魏政浸衰。齐萧衍攻入建康,帝为宫内人所杀,立南康王宝融为帝,是为齐和帝。
梁武帝天监元年	三年	五〇二	萧衍大杀齐明帝子孙,鄱阳王萧宝寅北奔于魏,齐和帝禅位于梁王萧衍,是为梁武帝。江州刺史陈伯之北降于魏。

二年	四年	五〇三	梁以沈约、范云为尚书左右仆射,萧宝寅与陈伯之求援于魏,魏令元英交将军会宝寅、伯之南征寿阳。魏北边饥荒,命尚书左仆射怀源巡行北方六镇。
三年	正始元年	五〇四	梁遣姜义庆袭寿阳,为魏师所败,又遣曹景宗马仙琕等援义阳,亦为魏师所败。魏遂陷义阳,魏学术大盛,州举茂林,郡贡孝廉。
四年	二年	五〇五	梁置五经博士立州郡学,梁汉中太守夏侯道迁以南郑降魏,魏人进据汉中诸城,攻入剑阁,梁州十四郡尽入于魏。武帝以西昌侯萧渊藻为益州刺史,又以临川王萧宏为都督,大举伐魏。
五年	三年	五〇六	陈伯之率众八千复降梁,临川王萧宏兵溃,魏中山王英率军进围钟离,诏遣曹景宗、韦叡等进援钟离。
六年	四年	五〇七	梁曹景宗与韦叡大败魏师于钟离,魏尚书令高肇用事,害死王皇后。
七年	永平元年	五〇八	魏立贵嫔高氏为后,高肇益用事,魏悬瓠军主白早生以悬瓠降梁,魏遣邢峦讨伐早生,收复悬瓠。
八年	二年	五〇九	魏中山王英攻陷三关,魏主大兴佛法,于式乾殿为诸僧及朝臣讲《维摩法经》,沙门自西域来者三千余人,立永明、闲居两寺,州郡共有一万三千余寺。

十年	四年	五一一	魏师陷朐山,梁遣马仙琕、张稷克复朐山,大破魏师,以张稷为青冀刺史。
十一年	延昌元年	五一二	梁以临川王宏为太尉骠骑将军,令明山宾等重订五礼,魏立皇子诩为太子,始不杀其母。
十三年	三年	五一四	魏高肇为大将军,将步骑十五万入寇益州,梁用王足计,发人役二十万,筑淮堰于钟离。
十四年	四年	五一五	魏宣武帝卒,太子诩即位,是为魏孝明帝,诛高肇。魏于忠用事,胡太后临朝听政。
十五年	孝明帝熙平元年	五一六	梁筑淮堰成而复崩,没缘淮村落十余万口,魏胡太后好佛,作永宁寺、石窟寺,极土木之巧。
十七年	神龟元年	五一八	魏遣使入西域求佛书,复修三字石经。
普通元年	正光元年	五二〇	魏侍中元乂杀清河王怿,幽胡太后于北宫,魏遣使聘梁,南北修好。
二年	二年	五二一	梁武帝置独孤园以收养穷民,魏南荆州刺史桓叔兴率部降梁。
三年	三年	五二二	魏宋云惠生西行四千里,至乾罗国取佛经,还抵洛阳。
四年	四年	五二三	魏沃野镇民破六韩拔陵聚众反。

五年	五年	五二四	魏临淮王彧讨破六韩拔陵,战败,怀朔五川均反。魏秦州氏莫折念生反,杀秦州刺史,诏李崇讨破六韩拔陵又败,六镇皆陷,封秀容部长尔朱荣为梁郡公,梁李国兴等收复义阳三关。
六年	孝昌元年	五二五	魏胡太后复临朝废杀元义,柔玄镇民杜洛周反于上谷,梁裴邃克复郑城新蔡。
七年	二年	五二六	魏城阳王徽与黄门侍郎徐纥用事,魏政日非,骚乱四起,国用不足,预征六年租税,梁夏侯亶攻下寿阳等五十二城,复以寿阳为豫州。
大通元年	三年	五二七	葛荣陷殷州,杀刺史崔楷,魏乐安王鉴以邺城叛降,葛荣为源子邕所灭。梁武帝舍身同泰寺,复还宫,梁将湛僧智与夏侯夔攻下魏之涡阳十三城,萧宝寅叛魏,据长安称齐帝。
二年	孝庄帝永安元年	五二八	魏胡太后鸩孝明帝,尔朱荣起兵入洛阳,杀太后群臣,另立彭城王子攸,是为孝庄帝。尔朱荣又平葛荣,尔朱荣遂为大丞相,长孙稚克长安,萧宝寅奔万俟丑奴,万俟丑奴称天子,魏宗室诸王北海王颢等纷纷降梁。

中大通 元年	二年	五二九	梁令陈庆之助魏北海王颢取荣城梁 国,颢称帝于睢阳,继续进攻克洛 阳。尔朱荣奉孝庄帝反攻,陈庆之 大败还建康,元颢走死。魏孝庄帝 复入洛阳,加尔朱荣天柱大将军,以 尔朱兆为车骑大将军,万俟丑奴杀 魏东秦州刺史高子朗,梁武帝再舍 身同泰寺,又举行四部无遮大会。
二年	三年	五二〇	魏遣尔朱天光等擒灭万俟丑奴,执 杀萧宝寅,陇西悉平。以宇文泰为 征西将军,魏孝庄帝杀尔朱荣与元 天穆,尔朱兆将兵会尔朱世隆,兴兵 渡河攻洛阳,迁孝庄帝于晋阳杀之, 尔宋兆令高欢统六镇之兵。
三年	节闵帝 普秦元年		梁以陈庆之为南北司二州刺史。
	废帝 中兴元年	五三一	魏尔来世隆立广陵王恭为帝,是为 节闵帝。高欢起兵讨尔朱氏,并立 渤海太守元朗为帝,是为废帝,尔朱 兆与尔朱世隆亦起兵讨高欢,为欢 所败。
四年	孝武帝 永熙元年	五三二	高欢入据洛阳,尔朱兆、尔朱天光等 共攻邺城,为高欢所败,欢乘胜进 攻,遂下洛阳。废元朗、元恭,立平 阳王元脩,是为孝武帝。以高欢为 大丞相、天柱大将军,高欢北击尔朱 兆,兆北走秀荣。

五年	二年·	五三三	高欢北袭秀容,杀尔朱兆,以贺拔岳为雍州刺史,宇文泰为夏州刺史。梁武帝幸同泰寺讲《般若经》。
六年	三年(东魏孝静帝天平元年)	五三四	魏秦州刺史侯莫陈悦杀贺拔岳,宇文泰又杀侯莫、陈悦,定秦陇之乱,遂以宇文秦为关西大都督。孝武帝恶高欢,西奔长安依宇文泰,高欢立清河王世子善见为帝,是为魏孝静帝。并迁都于邺城。宇文泰弑其君脩,别立南阳王宝炬,是为魏文帝,建都长安,于是魏分东西。

纪年			公元	大事纪
南朝	北朝			
	东魏	西魏		
梁武帝大同元年	孝静帝天平二年	文帝大统元年	五三五	东魏以高欢为相国,撤洛阳宫殿材木,筑邺城新宫,以高欢子高洋为骠骑大将军。西魏以宇文泰为丞相,都督中外,封安定公,宇文泰用苏绰为行台左丞,参典机密。东西魏交战不已。
二年	三年	二年	五三六	东魏相国高欢自将袭西魏之夏州,东魏以侯景为尚书右仆射,寇梁之楚州,进军淮上,为陈庆之击退,西魏秦州刺史万俟昔奔降东魏,梁丹阳陶弘景卒。
三年	四年	三年	五三七	梁武帝修长干寺、阿育王塔,东魏高欢攻西魏为宇文泰所败于渭南,丧甲士八万,西魏乘胜攻取洛阳。
四年	元象元年	四年	五三八	东魏大行台侯景击败西魏,焚烧洛阳,西魏军再败入关中,侯景治兵于虎牢。
七年	兴和三年	七年	五四一	西魏宇文泰用苏绰议改革时政,置屯田军,又以六条诏书,奉行天下。
八年	四年	八年	五四二	东魏以侯景为河南道大行台,高欢攻西北之玉壁不下。

348

九年	武定元年	九年	五四三	东魏北豫州刺史高仲密以虎牢叛降西魏,宇文泰引兵援仲密至洛阳,与高欢大战于邙山,泰败还关中,东魏侯景复克虎牢,以侯景为司空。
十年	二年	十年	五四四	东魏以高澄为大将军,领中书监。
十一年	三年	十一年	五四五	西魏宇文泰遣使通突厥,东魏高欢纳柔然公主。
中大同元年	四年	十二年	五四六	梁武帝讲经同泰寺,东魏移《石经》于邺,高欢大举攻玉壁五十日不能下,发疾退兵,西魏苏绰卒。
太清元年	五年	十三年	五四七	梁以湘东王萧绎为荆州刺史。东魏大丞相高欢卒,侯景叛魏降梁,梁封景为河南王,梁下诏北伐东魏,进攻彭城,为魏军击退。东魏高澄为丞相,幽孝静帝于金墉城,梁武帝三舍身于同泰寺。
二年	六年	十四年	五四八	东魏慕容绍宗击破侯景,景南走寿阳,梁以侯景为南豫州牧。梁与高澄通使修好,侯景疑惧,反于寿阳,进兵渡江陷建康,围台城,荆州刺史湘东王绎遣兵入援。

三年	七年	十五年	五四九	侯景攻陷台城纵兵大掠,自称大都督,武帝忧愤而卒。太子纲立,是为梁简文帝。湘东王绎自为大都督承制,湘东王又与岳阳王詧相攻,詧乞援于西魏,梁始兴太守陈霸先起兵讨侯景,东魏尽取梁司州淮南之地,东魏丞相高澄为膳奴所杀。
简文帝大宝元年	北齐文宣帝天保元年	十六年	五五〇	东魏太原公高洋为丞相,封齐王。旋篡位,是为北齐文宣帝。侯景自为相国、汉王,称宇宙大将军,西魏宇文泰策封岳阳王詧为梁王,詧入朝于魏,宇文泰建立府兵制。
二年	二年	十七年	五五一	西魏文帝卒,太子钦继立,未建年号,侯景废简文帝,别立豫章王萧栋,旋又废栋自称汉帝。
元帝承圣元年	三年	废帝元年	五五二	陈霸先取江州,为江州刺史,梁湘东王命王僧辩与陈霸先讨侯景,克复建康,侯景败死,湘东王绎称帝于江陵,是为梁元帝。益州刺史武陵王萧纪亦称帝于成都。

350

二年	四年	二年	五五三	梁武陵王萧纪东攻荆州,元帝求助于西魏,武陵王进兵至峡口兵败死,西魏兵南下陷成都。
三年	五年	恭帝元年	五五四	西魏宇文泰废其主钦,立齐王廓复姓拓跋,魏柱国于谨伐梁,陷江陵,杀元帝,立萧詧为帝,是为后梁宣帝。
敬帝绍泰元年	六年	二年	五五五	梁王萧詧始称帝即位江陵,而上表称臣于魏,齐立贞阳侯萧渊明为梁主,送返梁,王僧辩奉迎入建康,陈霸先自京口起兵,杀王僧辩,而另立晋安王方智,是为梁敬帝。齐师来攻,为陈霸先击退,北齐发民一百八十万筑长城,齐王令道士皆剃发为沙门。
太平元年	七年	三年	五五六	西魏以宇文泰为大冢宰,泰旋卒,世子觉继位,齐发丁匠三十万大治宫室,齐师大举攻梁,为梁军所败,梁以陈霸先为丞相,西魏恭帝禅位于宇文觉,是为北周孝愍帝,于是魏亡。

陈武帝永定元年	八年	北周孝愍帝元年明帝武定元年	五五七	陈霸先废敬帝而自立,是为陈武帝,梁亡。北周宇文护弑其主宇文觉,立宁都公毓,是为北周明帝,王琳不就征据郢州叛,陈霸先遣兵讨之,为王琳所败。
二年	九年	二年	五五八	齐发兵送梁永嘉王萧庄于江南为帝,拜王琳为丞相,陈主遣侯瑱等讨王琳,陈武帝杀梁敬帝,陈武帝舍身大庄严寺。
三年	十年	武成元年	五五九	周太师宇文护上表归政,周主始称帝,齐主大杀魏宗室二十五家,七百余人,齐主高洋卒,太子殷继立,是为废帝。
陈文帝天嘉元年	废帝乾明元年(孝昭帝皇建元年)	二年	五六〇	陈武帝卒,兄子临川陈蒨继立,是为陈文帝,陈侯瑱大破王琳,琳与永嘉王庄俱奔齐,侯瑱既平郢州逼湘州,为周将贺若敦所败。齐帝以常山王演为大丞相都督中外军事,旋废其主殷而自立,是为齐孝昭帝。周太师宇文护毒弑其君毓,立鲁公邕,是为周武帝。
二年	武成帝太宁元年	武帝保定元年	五六一	齐主以王琳为扬州刺史,镇寿阳,陈侯瑱取湘州地,周置勋州于玉壁,以韦孝宽为勋州刺史。齐孝昭帝演卒,弟长广王湛立,是为武成帝。

352

三年	河清元年	二年	五六二	后梁主萧詧卒,太子岿即位,齐送安成王陈顼还陈,齐主宠信和士开。
四年	二年	三年	五六三	周订笞杖徒流死五刑,行养老之礼,周连突厥伐齐,下齐二十余城,陈主杀侯安都。
五年	三年	四年	五六四	周攻齐之晋阳,又攻洛阳,皆为段韶斛律光所败。突厥之众十余万人入寇齐之幽州大掠而去。
六年	后主天统元年	五年	五六五	齐武成帝高湛,传位太子纬,是为齐后主。
天康元年	二年	天和元年	五六六	陈文帝蒨卒,太子伯宗继立,是为陈废帝。
废帝光大元年	三年	二年	五六七	齐始以士人为县令,陈安成王顼为司徒,杀刘师知、到仲举、韩于高等,湘州刺史华皎叛,陈顼令吴明彻讨败之,华皎奔江陵。
二年	四年	三年	五六八	周主亲迎突厥可汗女,陈吴明彻攻江陵为梁师所败,安成王顼废陈主伯宗,又杀始兴王伯茂。
宣帝太建元年	五年	四年	五六九	陈安成王顼即帝位是为陈宣帝,广州刺史欧阳纥叛。齐侍中和士开与娄定远等八贵用事。

二年	武平元年	五年	五七〇	陈章昭达讨干欧阳纥。诏封阳春太守冯仆母洗氏为石龙夫人。齐中领军和士开为尚书令。周齐争宜阳交战不已,斛律光出兵汾北攻韦孝宽。
三年	二年	六年	五七一	齐斛律光筑十三城于汾水之北,段韶攻下周之定阳,俘周汾州刺史杨敷。
四年	三年	建德元年	五七二	周武帝杀太师宇文护,周主始亲政,齐主杀左丞相斛律光。
五年	四年	二年	五七三	陈主令吴明彻大举伐齐克复寿阳,俘斩王琳,淮南城镇纷纷降陈。齐穆提婆韩长鸾等用事,齐主杀兰陵王长恭,与崔季舒张雕等,周太子赟纳隋公杨坚之女为妃。
六年	五年	三年	五七四	周禁佛道两教。
七年	六年	四年	五七五	齐主宠淑妃冯小怜,极尽荒淫,号无愁天子,闹主下诏大举伐齐,兵至洛阳因疾还师。
八年	隆化元年	五年	五七六	周主宋将伐齐,齐师大败,周人攻下平阳晋阳,齐主兵溃,奔还邺城。
九年	幼主恒承光元年	六年	五七七	齐后主纬让位于太子恒,周师攻下邺城,齐主纬与恒皆被俘,遂灭齐,周人统一北方,后梁主入朝于邺。

纪年			大事纪
南朝	北朝	公元	
太建十年	北朝(周)宣政元年(宣帝大成元年)	五七八	周大破陈师于徐州,俘吴明彻,陈师退保淮南,周武帝亲将伐突厥,行至云阳不豫,还至长安而卒,太子赟即位,是为周宣帝,立妃杨氏为皇后,后父杨坚为上柱国大司马。
十一年	静帝大象元年	五七九	周以洛阳为东京,治洛阳宫室,徙《石经》还洛阳,恢复佛教,周人攻陷陈之寿阳,周主荒淫,传位于太子阐,是为静帝,而自称天元皇帝。
十二年	二年	五八〇	周天元皇帝暴卒,杨坚为相国总百揆晋爵为王,相州总管尉迟回举兵讨坚,兵败自杀。
十三年	隋文帝开皇元年	五八一	隋王坚逼周主禅位,杨坚称皇帝,是为隋文帝,而周亡,隋文帝尽灭宇文氏之族,隋铸五铢钱,重订五刑。
十四年	二年	五八二	陈宣帝卒,太子叔宝即位,是为陈后主,突厥沙钵略可汗寇隋。
后主至德元年	三年	五八三	隋迁于长安新都,八道出击突厥大败突厥,隋罢诸郡为州,苏威等更订新律。
二年	四年	五八四	后梁主入朝于隋,陈后主起临春、结绮、望仙三阁,隋与突厥修好。

三年	五年	五八五	后梁世宗卒,太子琮立,隋发丁三万戍朔方,筑长城七百里。
祯明元年	七年	五八七	隋发丁十万修长城,隋征后梁主萧琮入朝,令崔弘度戍扛陵,后梁亡。突厥沙钵略可汗卒,其弟莫河可汗立。
二年	八年	五八八	隋文帝下诏大举伐陈,以晋王广秦王俊、清河公杨素为行军元帅,分八道出兵五十一万,旌旗舟辑,横亘数千里。
三年	九年	五八九	隋师陷建康,俘陈后主,陈亡,天下复归一统。